本の虫の本

著
林 哲夫
能邨陽子
荻原魚雷
田中美穂
岡崎武志

イラストレーション
赤井稚佳

ハヤシウンチククサイムシ
ノムラユニークホンヤムシ
オギハラフルホングラシムシ
タナカコケカメムシブンコ
オカザキフルホンコゾウムシ

創元社

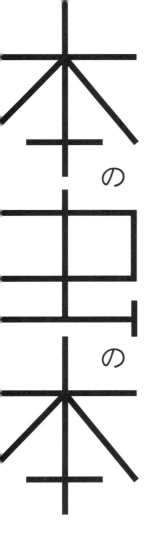

ほんのまえがき

本の虫って、どんな虫でしょう？

英語ではブックウォームというくらいですから、くねくねと本の上をはいずって回る青虫でしょうか。蛍雪時代なんて言葉もあります。本を照らす薄明かりを放つホタルでしょうか。何をバカなこと言ってるの、本の虫っていうのは紙魚《シミ》のことでしょ、と今思った方、あなたはもう立派な本の虫になっていますよ、きっと。本棚の陰に身をひそめると、この上もない幸せを感じませんか？触覚が生えて肌が銀色につやつやと光りはじめていませんか？

五匹の本の虫が寄り集まってこの本を書きました。オカザキフルホンコゾウムシ、オギハラフルホングラシムシ、タナカコケカメムシブンコ、ノムラユニークホンヤムシ、ハヤシウンチククサイムシ。それぞれ形態はもちろん、ジャーナリズム、古本屋、新刊書店、装幀など、活動する領域も異なっていますが、単に本が好きとか、本を愛する、というだけでなく、文字通り、本を食べて本とともに暮らしていると言ってもいいくらいのムシたちです。

本の世界にまつわるテーマを、これらホンノムシレンジャーたちが、自由に取り上げました。項目ごとにひとつの独立した読み物になっています。皆が思い思いに選びながらも、ほとんど重なる話題はありません。調整しようね、と打合せのときには相談していたのですが、調整の必要はありませんでした。ときに、似たテーマを扱っているとしても、ムシそれぞれの捉え方は同じではありません。そのくらいバラバラ、いや、ヴァラエティがありながら、本に対する姿勢には共通するものがしっかりと流れている、この一体感もまた本書の特長です。本の本のブックガイドとしても楽しんでいただけますし、また、元本の風姿を生かしながら自在に躍動するアカイホンカキムシのブック・イラストレーションを眺めるのも贅沢なひとときとなるでしょう。

草原に棲むナイキホンアミアツメムシの発案からこの本は始まりました。「本の用語集を作りたいんです」と蚊の鳴くような声で相談されたときには、正直、多少の不安を感じました。ところが、虫選が進み、徐々に姿がはっきりしてくるにしたがって、本の虫コロリのアイデアを蜘蛛の糸のように次々と繰り出してくれたのです。この本の仕上がりが読者の皆様に刺激と安らぎを与えられるとしたら、それはもう、虫愛ずるナイキムシの読み通りと言えましょう。

読み終わったら、いえ、読んでいる最中にも、書店へ出かけたくてたまらなくなります、ぜったい。そして、そこで発見するでしょう、本に対する、本とともに生きている虫たちに対する、見方がすっかり変わっていることを。本を取り巻く空間が、すみずみまで意味をもってイキイキと感じられるようになっているはずです。これであなたも立派な本の虫です。触覚が生えて肌が銀色に……はなりません、たぶん。

著者虫代表　ウンチククサイムシ

オギハラフルホングラシムシ

【キョムシソオ科】

Kiokuyori Kirokuninokoru Dokushoseyo

伊勢ニ産ス。小学生デ第三ノ新人ヲ愛読シ、喫茶店デ漫画ヲ貪リ、ラジオ投稿虫トナル。高校生デあなきすとヲ志望ス。古本屋・中古れこーど屋ニ日参スルコトヲ夢ミテ神保町ニ隣接スル大学ニ入ル。高円寺ヲ根城ニらいたートシテ活動ス。辻潤、吉行淳之介、鮎川信夫、男おいどん、野球、将棋、トリワケ酒ヲ好ム。巣ニハ窓ヨリモ壁ト廊下ヲ欲スル。

タナカコケカメムシブンコ

【リカジョシ科】

Gikkurigoshi Yatte Ichininmaeninari

備中ニ産ス。幼虫時ヨリ運動ヲ好マズ学級文庫ニ入リ浸リ、アマリニ同ジ本ヲ繰リ返シ読ムタメ親虫ヲ心配サセル。高校デハ生物部、社会問題研究部ニ属ス。倉敷ニテ古書店「蟲文庫」ヲ開キ固着生活ニ入ル。苔、亀、星、猫、南方熊楠、木山捷平、原民喜ラヲ好ミ、「古本屋の少女」ヲ経テ「ガチの本屋」ヘト変態ス。

オカザキフルホンコゾウムシ

【キンイツ科】

Onajihon Nandodemokau Bakadeii

浪花ニ産ス。幼虫時ヨリ漫画ト文学ニ溺レテ生育ス。第三ノ新人、梶井基次郎、庄野潤三、開高健ラヲ好ム。詩ヲ愛シ荒川洋治ヲ師トス。学生時代ヨリてぃっしゅぼっくす転用ノ文庫本箱ヲ愛用ス。映画、落語、音楽ニモ精通ス。多クノ著名人ニ取材シソノ養分ヲ吸ウ。本ガびっしり詰マッタ地下洞ニ棲ム。多数ノ著書ニ加エ、詩集『風来坊』アリ。

『本の虫の本』の ムシ紹介

ハヤシウンチククサイムシ

【カミキリキザミ科】

Honwamita Megadaijito Omoitai

讃岐ニ産ス。瀬戸内ノ海ニ面シタ農村デ種々ノ虫トトモニのほほんト成育。幼虫時ヨリ漫画ヲ好ミ、漫画家ヲ夢ミルモ挫折、画家トナル。三十ヲ過ギテ文学ノ世界ヲ知リ同虫雑誌ニ混ザリ、著述、編集、装幀ノ業ヲ覚エル。京ノ都ニ飛来シテヨリ古書ニ塗レテ本ノウルワシサニ目ヲ開カレ、モッパラじゃけ買イニイソシム。

ノムラユニークホンヤムシ

【ショテンイン科】

Miwataseba Honyade Hitorikirigayoi

加賀ニ産ス。実家ノ寺ニ飾ラレシ文学全集・美術全集ニ囲マレテ育ツ。姉虫ノ影響少ナカラズ、学校図書館、近所ノ本屋ニテ座リ読ミス。幼虫時『ぐりとぐら』ニ衝撃ヲ受ケ、少女漫画、山田風太郎ナド奇想ノ小説ヲ愛ス。履歴書ニ「好きな本屋は三月書房」ト書イテ恵文社一乗寺店ニ採用サレル。以来二十年、すぴんトすりっぷニハ過敏ナリ。

もくじ

003 ほんのまえがき
006 『本の虫の本』のムシ紹介

ハヤシウンチククサイムシ

012 犬耳する
013 つんどく
015 小脇にはさむ
016 全部読んだんですか？
017 失われた時を求めて
020 自転車操業
020 たった一度の広告
022 作家
023 エヴリマン
025 古本は
チョコレートの匂い
026 新刊はゆまりの匂い
028 青木まりこ現象
030 たいせつなことは、
目に見えない
032 読書会
034 本で喧嘩する
035 SM
037 ショトン

ノムラユニークホンヤムシ

040 靴跡
041 この本、ありますか
043 まぼろしの本
045 カバーおかけしますか
047 埃
049 檸檬
051 装丁で並べる
053 不良な本
055 夢にみた本
056 本を贈る
058 客注台帳
060 倉庫さらえ
062 検索
064 みつからない
065 スリップ

オギハラフルホングラシムシ

070 蒐集癖
072 本の山に埋もれて
074 整頓
076 イン＆アウト
078 掘り出し物
080 活字中毒の漫画家
082 倦怠感
084 雨の日
086 小さな町にて
088 ジンクス
090 バラエティブック
092 詩人とミステリー
094 文芸編集者
096 修練
098 作家の不遇時代
100 別名
102 理想の住まい

タナカコケカメムシブンコ

106 インターネット
108 倉庫問題
110 店番危機
112 消しゴム
113 紙袋の判子おし
115 汚れ落とし
117 紙魚
119 腰痛
122 値札
123 買取り
125 本屋の匂い
127 店猫1

オカザキフルホンコゾウムシ

130 手持ち無沙汰
132 同じ本を何冊も買う
134 本の夢
135 ティッシュボックスの
空き箱
136 スクラップブック
138 おすすめの本
140 ご当地小説
142 点と線
144 自作の索引・人物紹介
146 アクセサリーとしての
ポケミス
148 ライト・ヴァース
150 漫画が教えてくれた
152 児童書だって
バカにできない
154 日めくり本

156 半世紀前の未来とは？
158 古い観光ガイド
161 ブックイラストレーション
赤井稚佳

ハヤシウンチククサイムシ

178 本を食べる
180 本占い
181 フィロビブロン
183 天才美少年詩人
185 スーパー読書
187 たのしみは
188 ブック・マン
190 スピン
191 ジャケ買い
194 $\sqrt{2}$矩形
196 ゲタとイキ
198 四百字詰原稿用紙
200 不注意な遺伝子
202 文月
204 本の木
205 空飛ぶ本
207 スクラップ・アンド・ビルド

209 トムとジェリー
211 本棚崩壊
213 受贈本
214 本は泣いているか
216 本の行商人
218 一箱古本市
220 百冊

ノムラユニークホンヤムシ

224 本屋で本は読めるか
226 猫を抱いて本屋になる
227 本を包む
229 フリーペーパー
231 オンラインショップ
233 本屋泣かせの本
235 棚出し
237 面陳
239 本屋と子ども
240 座り読み
242 ZINE
244 本屋で一人きり
246 ちょっとした偶然
248 小さな出版社
250 本屋と喫茶

オギハラフルホングラシムシ

254 はしご健康法
256 せどり今昔物語
258 帯と函
260 ネット古書店
262 ききめ
264 ツブシ
266 書物の敵
268 再読率
270 マタイ効果
272 背表紙
274 電子書籍
276 本の友
278 古書の壁

タナカコケカメムシブンコ

282 本と水
284 組合未加入
286 品揃え
288 変な配置
290 本ではないもの
291 店猫2
295 自著
297 木山捷平案内所

300 記憶の底の古本屋
303 蟲の字
306 町の本屋

オカザキフルホンコゾウムシ

310 野球場内にあった古本屋街
311 格上げ本
312 白い本・黒い本
313 古本の埃
315 ビニカバ
317 自装本
319 豪華本・限定本
321 本のページを開く日
322 編集者
324 単行本
326 「本の虫」名言集
328 本の運命
330 読書の守護神
332 本とつきあう法

xii 本の虫の本棚
viii 付録 ちょっとマニアックな用語集
ii 本の索引
i プロフィール

ふしぎなことに、本を読んでいる彼は若くみえた。

——『マラマッド短編集』新潮文庫所収「最初の7年間」より

ハヤシウンチククサイムシ

【カミキリキザミ科】 *Honwamita Megadaijito Omoitai*

犬耳《ドッグイヤー》する

つんどく

小脇にはさむ

全部読んだんですか?

失われた時を求めて

自転車操業

たった一度の広告

作　家

エヴリマン

古本はチョコレートの匂い

新刊はゆまりの匂い

青木まりこ現象

たいせつなことは、

目に見えない

読書会

本で喧嘩する

SM

ショトン

犬耳《ドッグイヤー》する

習性-01

本のページの角を折り曲げて、しおり代わりにすることをドッグイヤー（Dog ears, Dog-ear）と言います。折ったところが犬の耳のように見えるからです。英語では動詞としても使うようで、「Do You Dog-Ear Pages In Books? あなたは本の頁に犬耳しますか？」というアンケートを見つけました。その結果は次の通りです。[*1]

しない　56％
たまにする　17％
自分の本にだけする　25％
借りた本にもする　3％

理由が面白いです。

反対派……「本は友達。友達を傷つけるなんてできないでしょ」「折りで文字が隠れるし、折目から破れる」「レンブラントの絵にマーカーで印をつけるような愚行だ」「あれは偶然折れ曲がったものだとばかり思っていた、わざとページを折るなんて信じられない」「見つけたらきっと元にもどす」「想像力の欠如だ」「犬耳する人には決して本を貸さない」「犬耳本は読む気がしない」などなど。

実行派……「大事なところに印をつける、海賊が宝を隠した場所に×をするようにね」「犬耳、余白メモ、ポストイット、みんな本を愛している証しよ」「古本を買って、どうしてここに犬耳があるんだろう？って考えるのが好き」「私はやらないけど、自分の本に犬耳するのは自由でしょ」「電子本に犬耳はできないよね、ページを折るって紙の本だからできることだよ」など。[*2] いろいろな考え方があるものです。

ああ、確かにこの本は誰かの手を経て届いたんだなあと。[P.041]

ついでと言っては失礼ですが、本居宣長《もとおりのりなが》先生は「人にかりたる本に、すでによみたるさかいに、をりめをつくるは、いと心なきわざなり」[*3]と申されております。

＊1　inkygirl.comの調査によります。

＊2　馬敬徳の詩「本の耳」（『something25』サムシングプレス、二〇一七年、掲載）には、耳の折られた所ごとに「ジョン、メリー、ハッピー、ドッグ、ヌロンイ」などの名前をつけるという行があり「大人しい本の耳、／こいつも雑種だ　唾をつけても吠えず、ページを破っても噛みつかない　誰かの手まねきに従って家を失った本たちは／耳を伸ばして他の主人に仕えたり、耳を折って別れた主人を恋しがったり」と結ばれています。秀逸な比喩です。

＊3　『玉勝間』一の巻「古書どものこと」

つんどく

習性-02

この言葉はみなさんが思っておられるよりもずっと古いものです。明治三十四年（一九〇一）に田尻稲次郎さんという、ちょっと風変わりな先生が、雑誌『学燈』に「書籍つんどく者を奨説す」という文章を発表したのが初めと考えられています。[*1] 先生いわく「読書に三種あり、音読、黙読、つんどくあり」。このとき「つんどく」で田尻先生の言いたかったのは、日本を代表するような大金持ち（いわゆる財閥です）は、読まなくていいから、出版される本をぜんぶ一冊ずつ買うくらい太っ腹になってもいいんじゃないか、ということらしいです。

その後、およそ今日使われているような意味で「つんどく」を奨励したのが『学燈』を編集していた内田《うちだ》

買った本はもちろん全部読む。積ん読なんて罰当たりなことはできない。[p.081]

魯庵《ろあん》さんです。「ツンドクは決して無用でも呪ふべきものでも無い」「書物は読んで利益があり興味があるのは勿論であるが、読まないでも亦書物から醞釀《ウンジョウ》される雰囲気に陶酔する事が出来るので、此の書物に酣酔して得られる忘我の恍惚境が愛書の三昧である」[*2]……え〜と、要するに「本に囲まれているだけで、ボクは幸せだなあ」ということです。

アナトール・フランス氏は皮肉っぽく「書物を戸棚の中に入れておく以上の立派なことができようか？」[*3]などと書いていますが、驚いたことに、世の中にはもっと徹底した人もおりました。本屋から買って帰った本をそのまま物置に投げ入れて、死ぬまで、その包み紙さえ開かなかった、そんな書物コレクターがハンガリーにいたそうです。[*4] ツンドクどころか、ほうりこんどく。魯庵さんのように雰囲気に陶酔する気もサラサラなかったその人にとって、本とは「買う」もの、買いさえすれば満足だったのでしょう。もし、田尻先生がこれを知ったら「アッパレ！」とおっしゃるかどうか？　きっとおっしゃったと思います。


*1｜『学燈』第五十四号に発表されました。

*2｜内田魯庵『紙魚繁昌記——魯庵随筆』書物展望社、一九三二年三版より。初出は『学燈』大正十五年。

*3｜アナトール・フランス、大塚幸男訳『エピクロスの園』岩波文庫、一九七四年。ただし辰野隆『仏蘭西文学』(白水社、一九四三年)によりますと、ヴァレリーは万巻の書を読破したアナトール・フランスこそ「誠に書籍の人」だったと述べています(アカデミー会員就任演説、フランスの没後、その空席にヴァレリーが着きました)。

*4｜ラート＝ヴェーグ・イシュトヴァーン、早稲田みか訳『書物の喜劇』筑摩書房、一九九五年。

小脇にはさむ

習性-03

小脇にはさむものは何も本とは限ってはいませんが、本が小脇に似合うのは間違いありません。例えば、こんな文章を読んだとき。

「銀座のペーヴメントを、この詩集を手にして、ターキー・ミズノエが颯爽と歩いて行くのを、ボクは見ました。可愛いゝ真紅の匣とクッキリと白い彼女の手と、そして黒いベレ。それをボクは眼を輝かせながら見送りました」[*1]

昭和七年（一九三二）です。「この詩集」とは、ボン書店という小さな出版社が初めて刊行した渡辺修三の『ペリカン嶋』でした。ターキーは松竹レヴューの女王、スーパーアイドル、水の江瀧子さんのニックネーム。真っ赤な詩集を「手にして」とありますが、私は「小脇にはさんで」歩いている姿を思い描いてしまいます。すらりとのびた白い腕がまぶしい。「モダン」というのは、まさにこういうシーンにちがいありません。

ところで、じつは「小脇にはさむ」の「小」がずっと気になっているんです。英訳では「hold（carry, have）a book under her arm」などとなるようですが、これではどうも「小」の感じが出ていません。小脇と言ったときの、ちょっとばかり色っぽいニュアンスを翻訳するのは不可能なのでしょうか。体の部位で言えば、「小首をかしげる」「小肘を回す」そして「小股の切れ上がった」などの言い方もあって、やはり「小」は美しい女性に似つかわしい表現のように思います。ま、「小憎らしい」とか「小賢しい」という使い方もしますけど。

なお、私にとってターキー・水の江瀧子といえば、テレビ番組「ジェスチャー」[*2]のおばさんです。毎週楽

スマホに占有され、読書する人を見かけることが少なくなった今だからこそ、本を持つ女性に心惹かれ、美しくさえ見える。[P.146]

本を読むということが、読んだ人間に残す痕跡というものは当人の自由にならない。[P.277]

しく見ていました。本名は三浦ウメ子[*3]とおっしゃるそうです。

*1―内堀弘『ボン書店の幻――モダニズム出版社の光と影』ちくま文庫、二〇〇八年。
*2―一九五三年から一九六八年までNHKで放送されたクイズ番組。白組リーダーが柳家金語楼、紅組が水の江瀧子、司会は小川宏ら。
*3―晩年は水の江瀧子を法的に本名としました。

全部読んだんですか？

読書-01

本をたくさん持っている人に決してしてはいけない質問です。

こうたずねられて、イエスと答えられる人はまずいない、ということもありますが、質問しているあなたが本について何も考えていないことをさらけ出すようなものだからです。裸の王様に「裸だ！」と言った子どもはまったく無礼なやつですよね。

夏目漱石先生の小説『三四郎』に、こんな会話があります。

「先生是丈みんな御読みになつたですか」

広田先生の持っている本の量に驚いた三四郎が愚かな問いを発しました。先生はこう答えます。

「みんな読めるものか」

当然でしょうね、でも、つづきがあります。三四郎は図書館で借りる本はどれも誰かがもう読んでしまっている、「アフラ、ベーン」という人の本を借りてみたら、やはり誰かが読んだ痕があった、という話をします。すると先生は「アフラ、ベーンなら僕も読んだ」と言うので三四郎は二度びっくり。アフラ・ベーンは十七世紀に活躍しました。女性としてはイギリス初の職業作家だとされているそうです。今では日本語にも翻訳されていますが、おそらく、きっとこれは三四郎が図書館で手にしたおかげでしょう。[*1]

また、同じような質問をされたある読書人は、まえがきとあとがきはていねいに、目次をさっとながめ、本文は指でなでるだけですよ、と笑って答えたそうです。[*2]

あるいは、数知れない本を読んできた達人はこうおっしゃっておられます。「本を沢山読むために何より大切なのは、読む必要がない本の見きわめをなるべく早くつけて、読まないとなったら、その本は断固として読まないことである」[*3]。つまり、たくさん読む秘訣は「読まない」ことなんですね！

*1―アフラ・ベイン、土井治訳『オルノーコ　美しい浮気女』岩波文庫、一九八八年。
*2―東洋史学者・内藤湖南《こなん》の逸話。青江舜二郎『竜の星座――内藤湖南のアジア的生涯』中公文庫、一九八〇年。
*3―立花隆『ぼくが読んだ面白い本・ダメな本そしてぼくの大量読書術・驚異の速読術』文藝春秋、二〇〇一年。

失われた時を求めて

読書-02

停年退職したらたっぷり時間ができる、「プルーストの『失われた時を求めて』を読み通してやるぞ」などと思っておられる読書家の方、少なくないのでは？[*1]

わが国では昭和の初め頃から本格的に翻訳が開始され、あれほど長大な物語なのに、今日まで何種類もの邦訳が出ています。[*2]ところが、にもかかわらず、読み通した読者がほとんどいない（誰もいないとは言いません）、そんな小説も珍しいと思います。[*3]もちろん私も、まだ途中までしか読んでおりません。ただ長いだけでなく、微に入り細にわたる念入りな描写には、抗《あらが》いがたい催眠効果があるようです。

あるプルースト研究家は次のような読み方を勧めています。

プルースト『失われた時を求めて』や、中里介山『大菩薩峠』など、気の遠くなるような大長編は、トイレの読書に向かない。[P.130]

「マルセル・プルウストを十二分に味ふやうになるためには、実際のところ肉体的修練の二大原則を採用すれば足る。一つは漸次に進むこと、も一つは絶えず続けること」[*4]

一週目は一日に二十〜三十頁ずつ、決して無理をしない、そうすると次の週には六十頁近く読めるようになるので、そのペースを守ること。そのうちにだんだんと読むのが楽しくなり、深みにはまるようになってくる。そして一冊読み終わったなら、すぐに次の巻に進まず、また初めから繰り返したりもしないで、読了した一冊を手当たり次第に開いて一行一句に注意してじっくりと読んで反芻すること……。う〜ん、一週目からくじけてしまいそうです。

ほぼ無名だったプルースト氏は、この作品のタイプ原稿をいくつかの出版社に見せたのですが、すべて断られました。ガリマール書店の社主ガストン・ガリマール氏にも渡しました。しかし原稿審査委員会は出版に値しないと却下したのでした。[*5] 結局、第一篇「スワン家の方へ」は一九一三年十一月に自費で出版されます。ところが、それを読んだガリマール氏はビックリしてしまいました、「こりゃ、とんでもない！ たいへんな作品じゃないか」と。そして、グラッセ社から本もろとも出版の権利を買い取り、以後プルースト氏の作品はガリマール書店から刊行されることになったのだそうです。[*6]

原稿審査委員のなかにはアンドレ・ジイド氏もいました。氏は後にこの不明を詫びています。プロ中のプロが読んでも、すぐには真価を見抜けなかったのです。われわれが少々眠くなったとしても、決して責められるべきではないでしょう。『失われた時を求めて』の醍醐味とは、それを読みふけることによって、本当に自らの時を失ってしまう、その絶望的な無意味さのなかにあるのではないでしょうか。これこそ最高の小説の条件です。

*1─玉置保巳『詩集　ぼくの博物誌』編集工房ノア、一九九六年。退職後やりたかったのは「何度も読みかけて放棄してしまったマルセル・プルーストの『失われた時を求めて』を読む仕事だった。しかし、今度、久しぶりに読み返してみて、この書物が、どんな睡眠薬も及ばぬほどの力で、ぼくを眠りの国にひきずり込んでしまふことを、あらためて思ひ知らされた」(あとがき)

*2─原作は一九一三年から一九二七年にかけてフランスで出版されました。大正十二年にはすでに一部が邦訳され、昭和に入って次々と部分訳の単行本が刊行されます。戦後ようやく新潮社より全訳が出ました(一九五三〜五五年)。ところが、それが定本になるどころか、以降も、井上究一郎、鈴木道彦、高遠弘美、吉川一義各氏の個人全訳がつづいています。

*3─ガブリエル・ゼヴィン著、小尾芙佐訳『書店主フィクリーのものがたり』早川書房、二〇一五年、によれば、アメリカでも事情は同じ。この小説の主人公フィクリーは「『失われた時を求めて』は全巻読んだふりをしているが、A.J.は、あの第一巻を読んだにすぎない。そこまで読むのにもたいへんな努力がいった。いま思うのは、少なくとも自分は残りを読む必要がないということだ」などとうそぶいています。

*4─『プルウスト研究』作品社、一九三四年。プルースト翻訳のさきがけの一人である淀野隆三がヴァンデラン(Fernand Vanderem)の意見を引用しています。

*5─ピエール・アスリーヌ、天野恒雄訳『ガストン・ガリマール──フランス出版の半世紀』(みすず書房、一九八六年)によりますと「で、ガリマールの持ってきた原稿はどうなんだね」「どこもかしこも公爵夫人だらけだ。これはわれわれ向きではないな……」という会話が交わされたとされています。原稿を突き返されたプルーストはグラッセ社から自費出版することを決意しました。

*6─井上究一郎『ガリマールの家──ある物語風のクロニクル』筑摩書房、一九八〇年。ただ、アスリーヌは書評を書いたアンリ・ゲオンが雑誌『NRF』編集員のジャック・リヴィエールに強く推薦したとしています。リヴィエールはジイドに読み直しを促し、ようやく重要な作品だと皆が認識したのでした。

何が一番大切かといえば、それは〝継続〟だ。[P.285]

自転車操業

出版-01

目の前のお金のために、その場しのぎで経営することを自転車操業と言います。ペダルをこがないと倒れてしまう危なっかしい運転です。じつはこの言葉、出版界から出たものでした。[*1] 発行すれば赤字になると分かっていても、本を出しつづけなければつぶれてしまう、そんな状況をある出版社の関係者がたくみに言い表しました。

英語には似た意味で「rob Peter to pay Paul　ピーターから奪ってポールへ支払う」という決まり文句があるそうです。元をたどれば、教会に税金を払うための苦心算段から生まれたようです。ピーターもポールも聖人の名前ですが、聖人と言えどもお金の話となるとシビアなんですね。フランス語にもほぼ同じ表現があります。[*2]

なお、自転車操業をしていたその出版社ですが、今では立派な自社ビルを建てています。「本の売れた時代があったんですね！」と社内の知人にたずねてみたら、「いえ、バブル時代に旧社屋の土地を売って移転したんです」との答えでした。

＊1｜松田哲夫『編集狂時代』本の雑誌社、一九九四年。
＊2｜Découvrir Saint Pierre pour couvrir Saint Paul.

著書を持つ者にとって、これほど甘美な言葉もないと思われる「重版」や「増刷」。[P.295]

たった一度の広告

出版-02

『暮しの手帖』は広告を載せない雑誌として知られています。ワンマン編集長だった花森安治氏の美学もあったでしょうし、かつて目玉企画だった商品テストを厳正に行うためには、特定の企業などから広告をもらってはいけなかったわけです。ところが、そんな『暮しの手帖』も、一度だけ、外部の広告を掲載したことがあるのです。

それは創刊第三号です。[*1] 資生堂「ゾートス化粧品」の広告が表4（裏表紙）に掲載されています。どうしてそんなことになったのでしょうか？　結論から言いますと、理由は分かりません。[*2]

ただ、第五号の「あとがき」に次のように書かれています。

「やっと、ここまで来ました。初めて、この雑誌を出してから、やつと一年たちました。雑誌のいのちから言つて、一年は短いものでしょうけれど。私たちには、苦しい長い一年でございました。（中略）

第一号は赤字でした。第二号も赤字でした。今だから申せるのですが、そのために昨年の暮は、正直に申して生れて初めて、私たち、お餅をつくことも出来ませんでした。どうぞ、つぶれないで下さい、というお手紙を、あんなに毎日いただくのでなかつたら、どんなに私たちが意地を張つても、やはり第三号は出せなかつたことでしょう」

第三号を出す時期が最も苦しい経営状態だった、ということがよく分かる文章です。後には百万部を超える雑誌に成長する『暮しの手帖』も、産みの苦しみを経験していました。どんなに意地を張つても、背に腹はかえられない状況だったようです。

この「あとがき」には「S」の署名があります。ふつうには発行名義人の大橋鎮子《おおはししずこ》さんと思えるのですが、暮しの手帖社編集部にかつて在籍されておられたある方は「花森安治が筆を執ったんですよ」とおっしゃっておられました。雑誌が軌道に乗ったうれしさ、とともに、意地を張り通せなかったくやしさも感じさせる文章ではないでしょうか。

ほとんどの作家は不遇な時代を経験している。[P.098]

＊1―『美しい暮しの手帖』第三号、衣裳研究所、一九四九年四月一日。
＊2―暮しの手帖社ホームページに掲載されている「『暮しの手帖』のたったひとつの広告について」(blog 手帖通信、二〇一六年八月二日)には「この広告がどういう経緯で掲載されたのか、花森も大橋も亡くなった今となっては、詳しく知る者はおりません」と書かれています。なお、三号当時の苦境については大橋さんご自身も回想しておられます。それによれば、以前勤めていた興銀から二十万円を借りて、四号、五号をつくることができたそうです(『「暮しの手帖」とわたし』暮しの手帖社、二〇一六年)。

作家

出版-03

「作家」という言葉、近頃はふところが広くなりました。何かを作る人はみな「作家さん」と呼ばれるようです。おそらく「アーティスト」とほぼ同じような意味で使われているのではないかと思います。個人的な感覚からすると、昔は、まず間違いなく小説家のことでした。もちろん、小説家が近代になって登場したのと同じように、作家もそんなに古くから使われていたわけではないでしょう。江戸時代には「作者」とか「戯作者」はいましたが、「作家」はまだいなかったはずです。

「作家」について、なるほどなあ、と感心した解釈があります。『作家の家』[＊1]という本の書評で、村山由佳さんは、日本の作家の多くは住まいに無頓着だ、家作りと小説の創作はよく似ているのに、そう不満を述べつつ、こうシメておられました。

――家を作る、と書いて「作家」と読む。[＊2]

うまい。いや、単なる洒落ではありません。例えば、小川洋子さんは「小説を書く際、私が一番楽しむのは、登場人物たちがどんな家に暮しているかを想像する時である」[＊3]とし、間取りやインテリアの見取り図を作りながら新しい発想を得ることがある、とおっしゃって

編集者には「良書は必ず売れる」という「信念」がないといけない。[P095]

おられます。また、その逆のコースで、作品の舞台となっている家の模型を作り、文章と矛盾しないかをたしかめる出版社の校閲さんもおられるそうです。[*4] まさに「作家＝家作」の証明。

こういう意見もあります。ある編集者は「大工さんは何枚も何枚も設計図を引き直し、材料を仕入れ、切ったり削ったりして、一軒の家を建てる。編集者はどこか大工さんに似ている」[*5]と言い、また『読書の歴史』の著者マングェルは自分の少年時代を語って「書物はまさに私の望み通りに住むことができる家であった」[*6]と書いています。作家だけでなく、編集者も、そして読者までが本を家として見立てるというのは、なんとも興味深いことです。

そうか、だからこそ、誰もがみな「作家」なんですね。納得しました。

*1―フランチェスカ・プレモリ＝ドルーレ文、エリカ・レナード写真、鹿島茂監訳、博多かおる訳『作家の家――創作の現場を訪ねて』西村書店、二〇〇九年。
*2―『朝日新聞』二〇〇九年三月一五日付。
*3―小川洋子『博士の本棚』新潮社、二〇〇七年。
*4―宮木あや子『校閲ガール』KADOKAWA、二〇一四年。
*5―荒竹三郎「無から有を」『月刊エディター』日本エディタースクール出版部、一九七八年八月号。
*6―アルベルト・マングェル、原田範行訳『読書の歴史――あるいは読者の歴史』柏書房、一九九九年。

エヴリマン

出版-04

イギリスのクラシックスの叢書にEveryman's Libraryというのがあります。日本でいえば岩波文庫にあたるようなものです。岩波文庫に掲げられている発刊の辞の冒頭には「真理は万人によって求められることを自

少年時代、家の事情で上の学校に進むことができなかった叔父から岩波文庫を読むようすすめられた。[P086]

子ども時代に味も匂いも風味もわからずひたすらガツガツ喰らった活字は、確実に僕の作品の下地になっている。[P081]

ら欲し、芸術は万人によって愛されることを自ら望む」とありまして、この「万人」が「everyman」に呼応しているようにも思われます。ここの「万人／everyman」は「すべての人みんな」といった意味になるでしょう。

ところが、実際には「エヴリマン」とは有名な道徳劇（morality play）のタイトルなのです。道徳劇のエヴリマンは「みんな」という意味ではなく「平々凡々などこにでもいる平均的な人」でした。[*1]そしてエヴリマンズ・ライブラリーも道徳劇「エヴリマン」のなかの次のセリフにもとづくようです。

Everyman, I will go with thee, and be thy guide,
In thy most need to go by thy side.

これはエヴリマンズ・ライブラリー（ランダムハウス社）のサイトにも掲げられている文章です。[*2]

ようするに、エヴリマン氏[*3]は死出の旅路へ上ることになったのですが、誰もいっしょについて行こうとは言ってくれません（当り前です）。「友」はもちろんのこと「財産」も「美」も「強さ」も。結局、「エヴリマンさん、わたしがごいっしょに行きましょう」と優しい言葉をかけてくれたのは「知識 knowlege」だけだった、というようなお話なんです。知識だけは六フィート地下（お墓）までもっていける……でしょうかね。

*1―『プリンス通信』二六五号（Omego Verlag、二〇〇〇年一月七日）の記事を参考にしました。

*2―http://www.randomhouse.com/knopf/classics/about.html。ただし、カウリー著『エヴリマン』（A.C.Cawlay: *Everyman*. Msnchester University Press, 1968）の底本（ハンティントン・ライブラリー所蔵本）ではこうなっています。

Eueryman, I wyll go with the and be thy gyde,
In thy moost nede to go by thy syde.

*3―山口瞳の「江分利満氏」がここからきているのかどうかは知りません。

古本はチョコレートの匂い

偏愛-01

古本にはさまざまな匂いが滲み込んでおり、しばしば「カビくさい」と形容されたりもしますが、一方で、その匂いには、姿なき痕跡として、かつての所蔵者を偲ばせてくれるようなところもあります。ヘビースモーカーの書棚にあったとすぐに分かる「かうばしい」本にも、かつては、しばしば出会ったものです。[*1]

ロンドン大学ではこの「古書の匂い」を大真面目に研究しているそうです。古本の紙の繊維を七十九人の被験者に嗅いでもらったところ、その匂いを説明する言葉として「チョコレート」「ココア」「チョコレートみたいな」が最も多く、つづいて「コーヒー」「古い」「木材」「焦げた」などが使われたという調査報告を公表しています。[*2] その理由については、紙に含まれているリグニンが時間とともに分解されてVOC[*3]が放出され、そのなかのヴァニリンがチョコレート、ココア、アーモンドやヴァニラに似た芳香の原因であると考えられています。

ホルヘ・ルイス・ボルヘス氏は古いペンギンのペーパーバックの匂い、その「できたてのビスケット」のような香り、がとりわけ好きだと語っていたそうですが、[*4] え？ そうだったかなあ、と思って本棚から古いペンギン・ブックスを何冊か取り出し、鼻を突っ込んでみました。うん、たしかに、これは、なじみのある匂いです。この甘い香り……ひと嗅ぎするとともに、目の前に、洋書を専門とする古書店の静かなたたずまいが甦ってきました。あの独特なオーラはヴァニリンのせいだったんですね。じゃあ、戦前の岩波文庫はどうでしょう？ クンクン、オッ、こちらもまたペンギンとはひと味違う、でもやはり、どこかしら「おいし

中には「この匂い、めっちゃ好き!」と言いながら、すーはーすーはーと深呼吸をされる方まである。[P.125]

あの古い本特有のかびくさい、しめりけを帯びた紙の匂いがわたしを待っていた。[P.276]

そうな」匂いがします。

もし、もしもですよ、古本ソムリエ試験のようなものがあったとしたら、古い紙片の匂いを嗅いで「香ばしく、スパイシイ、甘く完熟している、カビ臭はなし……VOCはヴァニリンとヘキサノールの混合」などとテイスティング・コメントを書き込んだり、「銘柄は夏目漱石の『吾輩は猫である』初版、う〜ん、じゃなくて重版かな」なんて迷うことになる、かも。

*1―林哲夫『古本デッサン帳』青弓社、二〇〇一年、「かうばしい本のにほひ」参照。

*2―『ザ・ガーディアン』紙のサイトに掲載された記事によります(二〇一七年四月七日)。ロンドン大学持続可能遺産研究所(University College London Institute for Sustainable Heritage)のベンバイブル女史(Cecilia Bembibre)とストリーシュ氏(Matija Strlič)による調査研究。「チョコレートみたい」と評されたのはルーマニア作家パナイト・イストラティの『バラカン平原のアザミ』で一九二八年にフランスの出版社グラッセから刊行された版だったそうです(どうしてこの本が選ばれたのかは書かれていません)。一九四〇年代に実施された別の調査では、全員が「木材のような」、多くの人が「焦げ臭い」「土臭い」と感想を述べました。これは揮発性有機化合物ヘキサノールのせいだろうとストリーシュ氏は分析しています。

*3―volatile organic compounds 揮発性有機化合物。

*4―ボルヘスの朗読者だったアルベルト・マングェルの証言です。原文は「fresh rusk biscuits」。

偏愛-02

新刊はゆまりの匂い

本をよむならいまだ
新しい頁をきりはなつとき
紙の花粉は匂ひよく立つ
そとの賑かな新緑まで
ペエジにとぢこめられてゐるやうだ
本は美しい信愛をもつて私を囲んでゐる*1

真新しい印刷物に接する悦びとその匂いがひとつになった想い出を多くの人が語っています。例えば江戸川乱歩さん。

「つづきものの小説を母に読んで聞かせて貰って、現実世界にはないところの、しかしそれよりももっと生々しい夢を生み出す、あの活字というものの不思議な魔力を、あの鼻をくすぐる甘い印刷インキの匂いを、むしろ怖いもの見たさの気持で、どんなにか憧れていたことであろう[*2]」

あるいは、井伏鱒二さんと永井龍男さんの対談にこういうくだりがあります。

「永井　それにね、総合雑誌、文芸雑誌の新年号というものはね、僕ら実に眩しいような気がして目次を開いたものですよね。(中略)十二月二十日過ぎでしたよ、新年号が書店に出るのは。神田の神保町のそばに住んでいたから、とくに本屋は三省堂も東京堂もすぐですからね。十五日過ぎると毎日本屋に行ってみたものだな、まだ出ないか、まだ出ないかと。ああいう、新年号に対する期待というものは、いまの若い人にはないんだろうな。

井伏　インキの匂いを嗅いだな、印刷のね。

永井　その目次のなかに、新人が一人か二人取り上げられていてね。

井伏「新潮」は文壇の登竜門と言われていたな。

永井　ほんとにインキの匂いを嗅ぎましたよ[*3]」

印刷物から漂う香りが若者たちを烈しく刺激していました。ただ、それが嫌いな人もいるようです。

「それに比べて本屋というのは、どうしてこんなに人の気持ちをめいらせるものなのか女は理解できなかった。すべての階の、すべての棚を、どれだけ見つめて歩いてみても何ひとつ手に取るものがない。へんな匂いがするし、どこまでも平坦で、まるみはないし、

「あ、墨の匂いがする」とか「お習字教室の匂い」と、懐かしそうにされる方も少なくない。[P.126]

結婚して最初に住んだマンションには、広めのトイレがあったため、当然のごとく、スリムな本棚を置いていた。[P.130]

人々はなぜだか無理矢理にこんなところに集まって、無理矢理に本を手にとっているように見える」[4]

広大な新刊書店でこんな感じを受けること、たしかにあります。胸苦しくなってしまうような……。

変わり種として、本の匂いを「ゆまり」に喩えておられる方もおられます。

「女の、男の、父や母の、すべての人々ののっぴきならない生き様の果てに成立する一冊。それを書物という。ゆまりである。匂いのない本など、ごめんである」[5]

書物とは排泄物だ、というわけですか。どうりで、匂ひよく立つ。

*1―室生犀星「本」『第二愛の詩集』文武堂、一九一九年。
*2―江戸川乱歩「活字と僕と――年少の読者に贈る」。初出は雑誌『現代』講談社、一九三六年十月号。引用は『素敵な活字中毒者』集英社文庫、一九八三年より。
*3―『井伏鱒二対談集』新潮社、一九九三年。
*4―川上未映子「あなたたちの恋愛は瀕死」『乳と卵』文藝春秋、二〇〇八年。
*5―間村俊一「舟と装幀に関する覚書」『大学出版』一〇八号（大学出版部協会、二〇一六年十月一日）掲載。間村氏は装幀家。「ゆーまり
【尿】（名詞）（「湯まり」の意。「まり」は「まる（排泄スル）」の連用形）小便。にょう。「ゆばり」「いばり」とも」（中田祝夫編『新選古語辞典』小学館）。

青木まりこ現象

書店-01

「私はなぜか長時間本屋にいると便意を催します。三島由紀夫著の格調高き文芸書を手にしているときも、高橋春男のマンガを立ち読みしているときも、それは突然容赦なく私を襲ってくるのです」[1]

これを人呼んで「青木まりこ現象」と申します。実際、ほんとに、書店に入ると便意をもよおすことはしばしばあります。用心して、ちゃんと用を足してから出かけるのですが、それでもやはり、グググッグと下

腹に刺激が走ったりするのです。近頃では、たいていの書店でトイレがオープンになっており、少しは安心なのですが、それでも、小規模な新刊書店や古本屋などでは注意が必要です。[*2]

いったい全体、どうしてそんなことが起きるのでしょうか？　原因については、驚くほどさまざまな方々がさまざまな意見を述べておられます。化学物質、条件反射、緊張感や焦燥感、腸脳相関、不安障害、眼瞼《がんけん》性、幸福否定説などなど。[*3]ざっくり分ければ、匂いなどの環境からくる理由か、緊張などの心理的な理由か、それらがからみ合った理由か、いずれかのようなのですが、スティーヴン・ヤングの『本の虫』には「青木真理子現象（Mariko Aoki syndrome）」という項目が立てられており、こう説明されています。

「さて、これを誘発しているのは実は、書店に棲み着いた本の虫の仕業である。読み虫類書肆虫のなかの特別な能力を持った虫で、真理子虫（Mariko insect）と命名されている。学名は、ニッポニア・マリコ・ニッポン（Nipponia Mariko Nippon）という。真理子虫は、全世界の書店に、必ず存在しているのである」[*4]

人間の体内には三戸《さんし》という虫が棲まっていると言われますので、[*5]ひょっとしたら、本から手、手から口、そして体内へと侵入してきた真理子虫とケンカしたりするのかもしれません。ま、そんなわけないですね。なお、ヤング氏の「全世界の書店に、必ず存在している」という断言に反して、どうやらまだ海外では採集されていないようです。[*6]

*1　『本の雑誌』四十一号、本の雑誌社、一九八五年四月二十日。前号に掲載された青木まりこさんからの読者葉書「書店に行くと便意を催すので困る」に対する感想や同感の声が編集部に多数寄せられたため、この号では「いま書店界を震撼させる「青木まりこ現象」の謎と真実を追う!!」という特集が組まれています。再掲されている葉書の文面より。

長年の「厠上」読書を通じて、最適の本として推奨したいのが岩波新書の『折々のうた』シリーズだ。[P.131]

つづきものの小説を母に読んで聞かせて貰って、現実世界にはないところの、しかしそれよりももっと生々しい夢を生み出す…[P027]

*2─『書店員あるある』廣済堂出版、二〇一二年。「問い合せあるあるある36　お客さまの問い合せの3分の1は、「トイレどこ?」」には「トイレのない小規模書店の場合、その旨を伝えるが、「店員用トイレはあるでしょ?」と食い下がられる場合も」とありますが、食い下がる気持はよく分かります。

*3─ウィキペディア「青木まりこ現象」では、あらゆる側面から詳細に論じられています。一読に値します。

*4─スティーヴン・ヤング、薄井ゆうじ訳『本の虫──その生態と病理 絶滅から守るために』アートン、二〇〇二年。ウィキペディア「青木まりこ現象」では偽書とされています。

*5─中国の道教で古くから信じられてきた伝承。平安朝以来、長らく日本でも庚申待《こうしんまち》という風習として定着しています。三尸のうちの中尸《ちゅうし》は、お腹のなかにいて臓器の病気を引き起こしたりするそうです。

*6─「The Mariko Aoki phenomenon (the bookstore poops)」など「青木まりこ現象」を紹介した文章が海外のサイトでも見受けられます。

たいせつなことは、目に見えない

読書-03

十六歳のアルベルト君はブエノスアイレスの書店で働いていました。ある日の昼下がり、ホルヘ・ルイス・ボルヘス氏が老母とともに店にやってきました。もうほとんど目が見えなくなっていたボルヘス氏は、まるで指で書物の表題を見ることができるかのように片手を書棚から書棚へと滑らせて、何冊かの本を買い、そしてアルベルト君に向って、年老いた母の代わりに、本を読んでくれないかと頼んだのだそうです。以後二年間、少年はボルヘスのために朗読をつづけました。

「私は大きな声で朗読することで書物の中に展開される主題を見いだし、一方ボルヘスは、他の読者が眼を使うように耳を使って、ページの単語、文、そして段落を追い、記憶を確かなものにするのであった。彼は途中で、私を遮って本文にコメントをはさむことがあったが、これは自分の頭の中に注釈を付けるためだったのではないかと思う[*1]」

　中年女性ハンナと十五歳の少年ミヒャエルが出会って愛し合う、ハンナは文字が読めない（そのことを恥じて隠している）、ミヒャエルに朗読をしてくれるよう求める、少年は教科書からはじめて次々といろいろな本を読んで聞かせる、蜜のような日々がつづくが、女は、突然、姿を消す……。映画にもなったベルンハルト・シュリンクの小説『朗読者[*2]』です。この後、ハンナとミヒャエルの関係は別の次元へと展開して行くのですが、その前提にある朗読という行いには深い意味があったんだと思わないではいられません。

　考えてみると、二人の少年、ミヒャエル君もアルベルト君も、朗読することによって、何か非常に大切なものを学びました。どうやら朗読というのは、目の見えない人や文字の読めない人に物語の内容を声で伝える、それだけの行為ではないようです。

　サン＝テグジュペリの『星の王子さま』には二度ほど、たいせつなことは目に見えない、という意味のセリフが現われます。まず、キツネが「心でなくちゃ、ものごとはよく見えないってことさ。かんじんなことは、目に見えないんだよ」と王子さまに向かって言い、その後、星へ旅立つ前の王子さまは「ぼく」に向かって「たいせつなことはね、目に見えないんだよ……」と言い残します[*3]。そして静かに、砂の上へ倒れるのです。

「王子さまの足首のそばには、黄いろい光が、キラッと光っただけでした。王子さまは、ちょっとのあいだ、身動きもしないでいました。声ひとつ、たてませんでした。そして、一本の木が倒れでもするように、しずかに倒れました。音ひとつ、しませんでした。あたり

本がある。どんなときにも読書というものがある。本好きはそれを救いとすることができます。[P.327]

ボルヘスは、他の読者が眼を使うように耳を使って、ページの単語、文、そして段落を追い、記憶を確かなものにするのであった。[P030]

が、砂だったものですから」[*4]

　この悲しみ（愛しさゆえの）はいつまでも消えません。だから王子さまのことがずっと忘れられないのです。

　本当にたいせつなこと、それは人と人の触れ合いなのではないでしょうか。

*1―アルベルト・マングェル、原田範行訳『読書の歴史――あるいは読者の歴史』柏書房、一九九九年。著者自身の回想です。ホルヘ・ルイス・ボルヘスはアルゼンチン出身の作家、小説家、詩人。

*2―ベルンハルト・シュリンク、松永美穂訳『朗読者』新潮社、二〇〇〇年。

*3―サン＝テグジュペリ、内藤濯訳『星の王子さま』岩波書店、一九六二年。池澤夏樹訳（集英社文庫、二〇〇五年）は「ものは心で見る。肝心なことは目では見えない」と「大事なことは目では見えない……」です。ただし原文で読むと二つの文章はかなり違っています。とくにキツネの発言はそうとう凝った言い回しです（キツネは哲学詩人かもしれません）。王子さまはそれをもっとストレートに言い換えているのです。この物語の冒頭で描かれる「ゾウを飲み込んだボア」や「箱のなかのヒツジ」、これらはすでに「ものは心で見る」ことの実例になっています。王子さまは、キツネに諭されるまでもなく、心でしか見ていないのでした。

*4―内藤濯訳、前掲書。

読書会

読書-04

『ジェイン・オースティンの読書会』[*1]は本好きにおすすめしたい映画です。六冊のオースティンの小説、『エマ』『マンスフィールド・パーク』『説得』『高慢と偏見』『分別と多感』『ノーサンガー・アビー』、を五人の女性と一人の男性が毎月一冊ずつ読んで感想を述べ合うというのがストーリーの大枠です。メンバーそれぞれの恋愛の悩みを小説と重ねながら物語は進んで行きます。オースティン好きはもちろん、まったく読んでいなくても映画としては充分に楽しめるでしょう。

　私が釘付けになったのはカリフォルニアのロング・ビーチにあった巨大な古書店「エーカーズ・オブ・ブ

ックス」の場面です。メンバーのなかでただひとりの男性であるグリッグ（ヒュー・ダンシー）はジェイン・オースティンなんかガーリー（少女向け）だと思って読んだことがなかったのですが、誘ってくれた女性ジョスリン（マリア・ベロ）に恋心を抱いて参加しました。グリッグは彼女に「まずはル・グィンから読んでみて欲しい」と自分の熱愛するSci-Fi（SF）を渡すのです。ところがジョスリンは「SFなんて」と見向きもしません。そんな彼女をグリッグ自身がSFの洗礼を受けた聖地「エーカーズ・オブ・ブックス」へ連れて来たシーンです。

すごい本屋で、うっとりしてしまいます。ネット検索してみますと、バートランド・スミス氏がシンシナティで一九二七年に創業、一九三四年にカリフォルニアのロング・ビーチに引越し、一九六〇年にこの映画に登場する最後の店へ移ったそうです。多くの有名人が顧客だったようですが、なかでもレイ・ブラッドベリ氏は「エーカーズ・オブ・ブックス」をこよなく愛しました。[*2] 残念ながら、映画が公開された翌年、二〇〇八年十月十八日に閉店しています。

じつは、ジェイン・オースティンその人も読書会に熱心でした。

「ジェイン・オースティン一家は、日中、お互い朗読し合っては、それぞれ朗読に選んだ箇所の適否について批評し合うことがよくあったという[*3]」

そして、朗読会を楽しんだだけではなく、そこでの経験を自らの小説のなかで登場人物のセリフとして活かしているそうです。いずれにせよ、本の趣味が同じというのは、恋人たちにとっては、たいせつなことですよね。

*1―ロビン・スウィコード監督、二〇〇七年、原作カレン・ジョイ・ファウラー。

声に出して読んで　本と話してみよう［P322］

*2「Acres of Books Documentary」や「Ray Bradbury's last visit to Acres of Books」の映像をYouTubeで見ることができます。
*3アルベルト・マングェル、原田範行訳『読書の歴史――あるいは読者の歴史』柏書房、一九九九年。

本で喧嘩する

習性-04

ゴダール氏のコメディ映画『女は女である』[*1]にこんなシーンがあります。

パリのアパルトマンで同棲しているカップルが喧嘩をはじめます。原因はささいなこと、いえ、じつは、赤ちゃんが欲しい、いらない、という深刻な話なのです。二人は口をききません。小さなベッドでいっしょに寝るのですが、女はガバッと起き上がって本棚へ。一冊抜き取って男に突きつけます。そのタイトルが『モンスター』。男も立ち上がり一冊持ってきます。『エヴァ』とある表紙の文字にペンでちょこっと書き加えます。「エヴァってんじゃねえぞ」[*2]。二人は同時に立ち上がって何冊も抱えてベッドにもどり、たがいにタイトルを見せ合って『死刑執行人』『おぞましいミイラ女』『いわし』などと無言でののしり合うのです。最後に男が二冊の本で『女はみんな』『死ね』と示したところで喧嘩は終わります[*3]。

もし日本語の本でこのシーンを撮るとしたら、どんな本があるでしょう？　ほんの一例[*4]。

「白痴」
「馬鹿一」
「無能の人」
「嘘つき」
「インポテンツ」
「けちん坊」
「悪女」

本のタイトルは必ずしも著者の望んだものが採用されるわけではない…[P.296]

映画ではタイトルの一部を手で隠しているものもありました。それならば、

「パラノイア」

「くず」

なんていうのも可能ですね。で、最後はこれでしょうか。

「ロング・グッドバイ」

*1 『女は女である *Une femme est une femme* 』一九六一年。

*2 実際は『EVA』という本に「te faire foutre」と書き足し、発音が「Eva te faire foutre」となるようにするのです。英語字幕では「EVA-CUATE YOUR ASS OUT OF HERE けつをどけろ」と洒落て訳していましたので、それを真似てみました。

*3 *Monstre, Bourreau, Momies Perverses, Sardine, Toutes les Femmes / Au Poteau*

*4 『白痴』ドストエフスキー、米川正夫訳、新潮文庫、一九一四年。

『馬鹿一』武者小路実篤、河出書房、一九五三年。

『無能の人』つげ義春、日本文芸社、一九八八年。

『嘘つき』ヘンリー・ジェイムズ、行方昭夫訳、福武文庫、一九八九年。

『インポテンツ』野坂昭如、講談社、一九七〇年。

『けちん坊』十返肇、文芸春秋新社、一九六二年。

『悪女』大下宇陀兒、静書房、一九四六年。

『パラノイア創造史』荒俣宏、筑摩書房、一九八五年。

『くずし字字典』柏書房、一九九八年。

『ロング・グッドバイ』レイモンド・チャンドラー、村上春樹訳、早川書房、二〇〇七年。

S M

列伝-01

「よくおぼえておいてもらいたいが、私の魂の魂よ、私が出所してからするだろう最初の買物、私がお前の二つの眼と二つの乳房と二つの臀に接吻してから、最初にするだろう私の自由の行為は、ぜひとも次の書物をただちに購入するということだ[*1]」

これは獄中のサド侯爵が夫人に宛てた手紙の一節です。この後につづけて欲しい本をズラズラッと挙げて

タイトルも、著者も、出版社も、価格も、装丁も、判型も、色も、そして内容も、なにもかも思い出せない。[P043]

います。『物理学の基礎的原理』、ビュフォン『博物誌』、モンテーニュ、ドリール、ダルノー、サン＝ランベール、ドラ、ヴォルテール、J＝J・ルソーらの作品全部、ジョゼフ・ド・ラ・ポルト『旅行者』続編、フランスや東ローマ帝国の歴史……。サド侯爵は旅行記や探険記が好きだったことが分かります。

「私の下宿の部屋はその頃まるでファウスト博士の部屋そっくりでした。セルヴァンカのユダヤ人の古書籍商から叩き値でごっそり買い入れた古本のぎっしり詰まった書棚」「私は手当たり次第に何の脈絡もなく、化学、錬金術、歴史、天文学、哲学、法学、解剖学、文学とあらゆるものに手を出しました。ホメロースを読み、ウェルギリウス、オシアン、シラー、ゲーテ、シェイクスピア、セルバンテス、ヴォルテール、モリエール、コーラン、宇宙論、カザノヴァ回想録を読みました[*2]」

こちらはマゾッホ氏による小説『毛皮を着たヴィーナス』に見られる描写です。

昨今では「ドS」「ドM」などと日本人もふつうに（?）使う「SM」の元祖がこのお二人、サド侯爵とザッヘル＝マゾッホ氏なのです。もちろん、きっと、もっと古くからそういう趣味の方は少なからずおられたに違いありませんが、精神科医クラフト＝エビング先生が、お二人の書いたものをもとにしてサディズムやマゾヒズムという言葉（概念）を提出されましたので、どうしてもスポットライトがお二人に当ってしまいます[*3]。

しかし、実際には、お二人とも人並みはずれたインテリジェンスの持ち主、本大好き貴族だったわけですね。お二人の倒錯した行動は、ひょっとして本を読みすぎたせいでしょうか？　まさか。どのようなタブーにも縛られない「自由」、それこそ彼らが読書からつちかったものだったような気がします。

*1―マルキ・ド・サド、澁澤龍彦訳『サド侯爵の手紙』ちくま文庫、一九八八年。ヴァンセンヌの牢獄において一七八三年十一月二十四日に書かれたものです。

*2―L・ザッヘル＝マゾッホ、種村季弘訳『毛皮を着たヴィーナス』河出文庫、一九八三年。この小説は作者の体験をもとにしていると言われます。

*3―クラフト＝エビング『性的精神病理』(Psychopathia Sexualis)の初版は一八八六年ですが、在世中に増補改訂を重ね十二版を刊行しました。その第六版において本格的にサディズム、マゾヒズムが扱われています。装丁家・著述家として知られるユニット「クラフト・エヴィング商會」もこの先生の名前に由来しているそうです。

ショトン

列伝-02

ショトン。ある出版記念の小さな集まりで初めて耳にしました。

「ショチ、ショロウ、ショトンって言うんですってね」と同意を求められたのです。書痴はよく使われますが、ショロウ（初老?）、ショトン? こちらはきょとんです。漢字を知れば、「書狼、書豚」で、みさかいのない本好きのことだろうなと想像がつきましたが、分からない言葉は検索してみるに限ります。ありました、京都のある古書店主さんがこんなことをおっしゃったそうです。

本好き　五十冊くらい家にある人
読書好き　百〜二百冊くらいある人

蒐集家はたしかにつきものを背中にしよつてゐる人間だ。[P070]

あっという間に、生活に支障をきたすくらい、部屋の中が本だらけになってしまった。[P071]

書豚　千冊くらいある人（家の階段などにも本が積まれている）
書狼　本を並べるだけに家を買う
書痴　世の中に五冊だけの本を全部買い占め、四冊を破って捨てる

なるほどねえ。ですが、これではちょっと書豚と書狼の差が開きすぎていませんか？　ふたつの間に書狼よりも少々軟弱な「書犬」ぐらいあってもいいんじゃないでしょうか。ここ掘れワンワン、珍書の掘り出しが得意な人のこと、とか。

どうやら「書狼書豚」の出典は辰野隆《ゆたか》先生のエッセイかと思われます。辰野先生は「普及版ばかり読んでゐる書狼（ビブリオ・ルウ）」「次第に書癖が高じて、やがて書痴となり書狂となり遂に今日の書豚（ビブリオ・コッション）と成り果てた」*1というふうに使っておられますから、ショトンが最もタチが悪いことになりますね。なんでもかでもガツガツ読み砕くというココロでしょうか。

*1―辰野隆『忘れ得ぬ人々』角川文庫、一九五〇年、所収。調べた限りでは、中国でもフランスでも書狼、書豚という言葉は使われていないようにも思うのですが、詳しいことは分かりません。ふつうには、書淫、書痴（癡）、bibliophile, bibliomane などと言うようです。

ノムラユニークホンヤムシ

【ショテンイン科】 *Miwataseba Honyade Hitorikirigayoi*

靴跡
この本、ありますか
まぼろしの本
カバーおかけしますか
埃
檸檬
装丁で並べる
不良な本

夢にみた本
本を贈る
客注台帳
倉庫さらえ
検索
みつからない
スリップ

靴跡

出版-05

「本や新聞をまたぐものではない」と、ある一定の世代以上はそう教えられた人も多いと思います。私もそうです。またぐのですら怒られるのですから、踏もうものならそれはもう瞬時に父母祖父母から雷が落ちました。そういう時代だったのですね。そんなわけですから、書店勤めを始めてしばらくした頃、荷物のなかに何度か「靴跡」がある本を発見した時は、驚くとともにどきっとしたものでした。あっ踏まれてる、しかも土足で。

　本の裏表紙にくっきりとついた大きな靴跡。それがもし白い本だったら鮮明さと痛々しさはよりいっそうです。誰かが踏んだからついたに決まってますが、版元でなのか取次でなのか輸送時なのか？　いずれにせよ、売り物にはならないので返品となるわけですが、単に「汚損」ではつまらないので「靴跡アリ」などと返品了解書の理由欄には書いてみます。店に届いてからついたものでないことだけは主張せねばなりません。ダストジャケットだけの汚れであれば、版元でカバーを交換してまた市場に出すことも可能です。

　本がかわいそう、商品なのに困る、おじいちゃんにオコラレルゾー……と、この靴跡、確かに困ったもので本来あってはならない現象といえばそうなのですが、男性のものとおぼしきその力強い足跡を見ると、労働者としての奇妙な連帯感を抱くとともに、顔の見えない取次さんや輸送担当者の姿を思い描いて、なにかしら伝わるものがあるような気もしてくるから不思議です。

「仕事は取次です、と答えてまず判る人などいやしない」と、井狩春男さんは勤務先の某取次での日常を描

少し前まで、新刊の一般的な流通経路である取次を通さずに仕入れることは、とても難しかった。[P.307]

いた著書[*1]の冒頭で書いていますが、自分も今の職場に勤めるまで、出版社と書店の間で流通を担う人々について考えたことなどありませんでした。興味があるのは本と著者と出版社だけ。いや、今も不勉強さから、本当にそれらの人々の仕事を理解しているとは言い難いのです。だからこそ、でしょうか。その妙に生々しい靴底の跡に生きている人間の現実味を感じてしまうようです。ああ、確かにこの本は誰かの手を経て届いたんだなあと。同じ汚損のなかでも、「帯ヤブレ」「ページ折れアリ」などではそういった感慨は湧かないのですが。

　この靴跡、さすがに最近は見ることもなくなりましたが、まだ書店員としてスタートしたばかりだった頃の思い出として奇妙に胸に残っています。私自身は祖父母の薫陶のおかげか、本を汚すのを恐れるタチで、踏むのはおろか書き込みすらも出来ない人間なのですが……。あの思い切りよく踏まれた本たちが、その後無事再生したであろうことを祈っています。

*1―井狩春男『返品のない月曜日――ボクの取次日記』筑摩書房、一九八五年。

ある取次さんがいつも運んで来る本の束は見事に「キの字型」に結ばれていてほれぼれします。[P.229]

この本、ありますか

書店-02

世の中には二種類の人間がいます。「本屋で本について尋ねる人と、決してそれをしない人」の。あなたはどちらでしょうか。

　店頭に立っていて、在庫の問い合わせを受けない日はありません。「これ」とタイトルをはっきり告げる方もいれば、「ライオンがサバンナを駆けている写真が載っている本（寝姿は不可）」とか「ヨーロッパのトランプの図案が載っている本」とか「おじいさんと五

「なにか、おすすめの本はありますか?」と返ってくる。そこで私はいつもほとんど絶句する。[P.138]

歳くらいの孫の触れ合いが描かれているはなし」とか、何かに必要なのでしょう、とにかく非常に細かい指定で本を求めに来る方もおられます。聞かれる側としては興味深くいろいろ思い巡らせてもみるのですが、すいませんわかりません、で終わることが大半です。本のコンシェルジュやソムリエよろしく、あるいは波山さん[*1]のように「では……これなどいかがでしょう」と言えればよいのですが、いかんせん力不足です。

　ともあれ、書店で本について尋ねるのもテクニックとタイミング、そして運も重要な気がします。店長に聞くかアルバイトに聞くか、では残念ながら雲泥の差がでるでしょう。しかし、パターン配本を受けない店の宿命かもしれませんが「新聞で見た」「テレビで紹介されていた」など、内容にしろタイトルにしろ「この本」とピンポイントで求めて来られた時は、ご期待に添えない場合も多く。先に挙げたお客さんもそうですが、「必ずある」と信じてこられる人もままおられて、何を根拠にそう思われるのか「この店にならあると思ったんだけど……」と残念そうにされるとこちらも申し訳ない気持ちにかられます。

　猛者に言わせれば「書店で本について聞くほど愚なことはない」「聞くだけムダ」「自分の方が詳しい」……など書店員が聞いたらこうべを垂れるような言葉が連なりますが、さらには「最近の学生が、先生にもらった読書リストを持っていって「この本ありますか」と聞いている図を見ると、蹴とばしてやろうかと思う[*2]」と、乱暴なことを言う人もいます。もちろんそれは「自分から本に出会う」という機会を失ってはいけないという意図からきたものですが、そうですね、「本屋で本について尋ねる」のは欲しい本がある時は便利かもしれませんが、そうでもない時は自分で探してみる、という気持ちも大切でしょう。ただ、問い合わせ自体は個人的には大歓迎です。思いもよらぬ本に自分自身が出会える機会でもありますし、検索では探しきれない細かい指定であればあるほど本というものを探求する面白さも味わえます。書店員として、また一読者として両方の立場を有している身としては、聞くもよし、聞かぬもよし、といったところでしょうか。

ある書店で問い合わせに対し「ないです」と即答されたお客さんが、しばらくして「あったじゃないか！」と本を手にして戻って来たところを見た、一触即発だったなあ、というありがちな話を知人から聞いた時も、お客さんの気持ちもわかりますし、店員としては人ごとではないし……と身につまされたのでした。

＊1―黒谷知也『書店員　波山個間子』角川書店、二〇一七年。

＊2―筑紫哲也「浅田彰」『若者たちの神々』新潮文庫、一九八七年。

まぼろしの本

書店-03

約二十年本屋の店頭に立っていて、ごくたまに受ける問い合わせのひとつに「この前見た本が欲しいのだけど、どうしても思い出せない」というものがあります。タイトルや著者の話じゃありませんよ。その方が言うには「タイトルも、著者も、出版社も、価格も、装丁も、判型も、色も、そして内容も、なにもかも思い出せない」「けどこのあたりにあった本が欲しい」のだそうです。そういった、うろ覚えというにはあまりにも雲をつかむような、というかまるでまぼろしのごとき問い合わせに書店員としては張り切り、「ちょっとでいいから思い出せませんか」「本当にこのへんに置いてましたか」「もう少しヒントを！」などと食い下がるのですが、ご本人どうしても思い出せない。

本を選ぶのは人です。しかし本が、その本を読まなければいけない人を選んでいるのではないか、と思える出会いがありました。[P.328]

抽象画をあしらったデザインと、小口・天地を黄色で染めることで、ひと目でポケミスとわかるのだ。[p.147]

しまいには「気のせいだったかなあ」と照れくさそうに店をあとにするのですが、残されたこちらは未消化なままの思いを引きずりなんとなく落ち着きません。内容すら覚えていない本が本当に欲しいのか、という疑問は当然湧きますが、いや、その人のなかでは「何か」がきっとあるのでしょう。

　ロンドンの古書店で一時期働いていたオーウェルも、本を探すお客さんについてこんなことを書いています。「残念ながらそのご婦人は、タイトルも著者の名前もそれが何についての本だったのかも忘れていたが、その本の表紙が赤色だったことだけは覚えていた」[*1]……似たようなお客さんはいつの世もいるようで、でもこちらの方は色を覚えていただけマシかもしれませんね。

　まぼろしの本、一体それはどんな本なのか。その人の脳裏にはどんな本のシルエットが浮かんでいるのか。もちろん記憶違いであることは大いにありえるのですが、それでも尋ねてきているその瞬間は、その人の頭のなかにその本は「本当にある」わけで、それがどんなものなのか知りたい！　と仕事そっちのけで思ってしまうのは本の虫のなせるわざでしょうか。どんなタイトルでどんな著者でどんなカバーなのか？　しかしそれが判明する日はたぶん永遠に来ないでしょう。

　生涯で一文字も紙に書くことなくすべて頭のなかで執筆し、十四冊の本を著したという男が登場する短編[*2]がパトリシア・ハイスミスにありますが、脳内で出版された自身の本を脳内でページをくりつつ読み返す、ということができるその主人公にとっては、きっとその本の装丁も判型も紙もすべて定まっていて、おそらく価格もついていたことでしょう。しかし人はそれを決して読むことはできない。「思い出せない本」とは別の意味での「まぼろしの本」ですが、他人が計り知れない本、という意味では共通点がある気がします。

頭のなかに正体不明の本がぷかりと一冊浮かんでいる、あなたにもそんなことはありませんか？

*1―George Orwell.: *Bookshop Memories*, 1936.
*2―パトリシア・ハイスミス「頭のなかで小説を書いた男」小尾美佐ほか訳『風に吹かれて』扶桑社ミステリー、一九九二年。

カバー おかけしますか

書店-04

書店ではおなじみのブックカバー、「書皮《しょひ》*1」とはよく言ったもので、くるりと巻かれた姿はまるで衣服を身にまとったようです。最近では外国からのお客さんも増えましたが、「You need bookcover ?」と試しに現物を見せつつ聞いてみてもキョトンとされることも多く、書店のカバーって日本独特のものなのだとあらためて実感します。逆に「えっカバーあるんですか」と驚かれることもあるのですが、一体どんな店だと思われているのでしょうか。

このカバーかけ、熟練した書店員なら目にもとまらぬ早業であっという間にかけてしまう凄腕の持ち主もいたりしますが、私はごく普通のスピードながら、下の部分をやや大きめに折ることで安定感を持たせ、本の判型や開きの向きによって袖の部分の折りを調整したりと、それなりに工夫しています。文庫本でも文春文庫のように他よりちょっとだけ大きめ、という時には決してはみでないように細心の注意を払いつつ、たまに雑誌にかけて欲しいという方がおられれば包装紙で対応し……（だからどうした、なのですが）。もちろん新人のバイトさんにやってもらうことはまずはカバー折り。カバーかけは書店員のいろはの「い」かもしれません。

あるスタッフは「カバーおかけしますか？」と聞い

ビニール・カバーをはづしてから読んで下さい。[P316]

文庫にすべて新刊書店の包装カバーがかかり、背に万年筆でタイトルが書かれてあった。[P.319]

て「そんなことわざわざ聞くまでもない！」と怒られ、聞かなければ聞かなかったで別の人に「かけるかどうかも聞かないなんて！」と怒られ……と、これは笑い話なのですが、書店でかけてもらうブックカバーには人それぞれの基準があるのでしょう。そういえば「カバーはもらって帰って家で自分でかける、なぜなら自分の方がうまいから」と言っていた知人もいました。

ところで買った本にカバーをかけてもらう理由は様々でしょうが、おおむね本の保護のためなのではないでしょうか。学生の頃、大学近くの書店に入ったところ、高名なラテン語の教授が店員さんをつかまえて「君、このカバーをかけたらここでこの本を買ったという証拠になるんだね、確かだね!?」と詰め寄っている光景を目にしましたが、教授はカバーだけで袋に入れないことが解せなかったのでしょうか、確かにカバーは購入証明としての役割も果たしますね。ある女性作家のエッセイで「私は本屋ではカバーはかけない、見られて恥ずかしい本なんて買わないわ」と言っているのを読んだ時も、カバーにはそういう解釈もあるのかと再認識しました。確かに本によっては何を読んでいるか見られたくない気持ちはわかりますが、恥ずかしいからカバーをかける、という人は実際にはどれくらいいるのでしょう。

しかし、あるとき電車に乗っていたら、前に座る人の本にかけられている紙のカバーが妙な雰囲気なのです。どこの書店のカバーだろうとよく見てみたら、それは新聞に挟まれている不動産広告のチラシでした。背表紙には「二階角部屋」などの文字が見えます。用の美とすら言える究極の実用カバー。かけ方の工夫だとか購入証明だとか恥ずかしいからとか、なんだか何もかも超越したようなその姿を、かっこいいと思いました。

*1―もともと中国語で「表紙」を意味する「書皮」を書皮友好協会が書店のブックカバーを指す語として採用したとのこと。『日本のブックカバー』(グラフィック社、二〇一六年)より。

埃

書店-05

本と本屋にとって、切っても切り離せない埃のはなし。

あの書籍の天の部分にうっすら積もる埃を憎く思わない読書家はいないと思いますが、毎日本棚を掃除するわけにも本をまんべんなく触るわけにもいきませんので、何をどうしたってたまっていきますね。本屋も同じで、毎日本が入荷し毎日本棚を触っているにもかかわらず、いつのまにか堆積してゆく埃は悩みの種です。昔の漫画に出てくるような本屋のおやじさんならハタキをかけるのでしょうが、忙しさを言い訳に、こちらは目についた時にダスターを持ち出すだけ。

我々の店は国内の新刊書店としてはやや珍しくアンティークを基調としたインテリアで什器を揃えているため、一般のスチールの本棚などとくらべたら、さらに埃はたまりやすくなっています。どこにたまるか？

まず平台代わりに使っている年代物のテーブルの脚。欧州伝来のでこぼこした装飾は実に埃をためやすく、かがまないと目に入らないのでそのまま放置されることも多い問題の箇所です。次いでランプの傘や窓の桟、または透明なガラスケースの上、あるいは飾りで使うオブジェなど……と、一見本と関係ないところばかりですが、そういったものを組み合わせて店全体の雰囲気を作っているのでゆるがせにはできません。本以外のそれらにうっすら埃が積もっていると、本そのものも心なしか汚れているように見えてきます。そして、

作業としては、埃を除去するためだが、何か、店主が自慢の蔵書に命を吹き込んでいるようにも見えたのだ。[P.314]

やはり本棚。平積み部分の隅っこや本を収めた段の手前、そして低めの棚の一番上などがポイントですが、そこらをさっとはいても、気づけば本の下の花ぎれ部分（テールバンドですね）にこっそりついていたりして、それらがレジではらりと落ちれば何食わぬ顔でさささと払い落としつつも、内心ではすいません……と恥ずかしさが込み上げてきます。取りきれない埃がたまっていた、というのもありますが、いかに長年その本が誰にも触られずにいたか、つまり売れなかったか、がわかります。

本棚の見える部分だけではなく、棚の下も空いた構造になっている箇所が多いため、そこにたまった埃がまるで生き物のように這い出てくることがあり、ぽわぽわと風に吹かれて転げている様を見ると「オドラデク」[*1]ってこんななのかな、と思ってしまいますが、傍観している場合ではありません。しかし、ある時など大きな埃が棚の平積み部分にまで乗っかっていたので、あれあれと思いとろうとしたら、埃ではなく人の握りこぶし大の蜘蛛だった、ということもありました。本棚の蜘蛛は害虫を駆除してくれるからいいんだよ、と後で人に聞きましたが、いや、あの時は本当にたまげました。ギッシングの短編に、狭い家に本を置きすぎて遂には妻が病気になってしまう男の話がありますが、[*2]カビ臭さとともに本にたまる埃も病の原因だったことでしょう。本屋住まいの蜘蛛は許すとして、埃との闘いはこれからも密かに続けねばなりません。

＊1 —「父の気がかり」池内紀編訳『カフカ短篇集』岩波文庫、一九八七年。

＊2 —「クリストファーソン」小池滋訳『ギッシング短篇集』岩波文庫、一九九七年。

檸檬

習性-05

棚に置かれた檸檬は、その後丸善の店員に発見されどうなったでしょうか。捨てられた、家に持ち帰られた、本当に爆弾となって消滅した……。「檸檬」にならって、実際の京都丸善にもレモンが置かれることが多かったそうですが、小説に魅了されたと同時に「店になにか置いて帰る」という戯れが魅力的な行為だったのかもしれません。

我々の店にも、もう随分前ですが、覚えている限りでこれまで二度レモンが置かれていました。ご丁寧に梶井基次郎の本の付近に、です。あの丸善に見立ててもらったなんて光栄ですが、この文学的遊戯になんとなく気恥ずかしい気持ちにもなるというか。レモン自体も、もし「八百卯《やおう》*1」で買ったものだとしたら本格的です。

レモンは象徴的ですが、それ以外にも、いろいろな物がいろいろなところに置かれてきました。ミニカー、リボン、ネックレスなど。置かれた、というか落ちていたものを拾って誰かが置いてくれたというあたりが真相でしょうが、購入予定一覧らしき書名がびっしり書かれたメモが置いてあった時は、もしや入れてしかるべき本リスト？　あるいは何かのメッセージ？　とあらぬ空想の元となります。さらには窓際にどこかの店のフライヤーを知らぬ間に置かれたり、外壁のはしっこにアートなステッカーを貼られたり、あげくには表に置いたプランターに紛れて植木鉢を複数勝手に置かれたり（つまり「捨て鉢」です）……などなど。

そしてそれとは別に、たとえば平積みした本の上にまったく違う本が置かれていたり、いつのまにか本の並びを変えられていたり、とこちらの考えすぎかもし

梶井基次郎『檸檬』なんて、新潮文庫、角川文庫、集英社文庫、ちくま文庫の一冊本の『梶井基次郎全集』を含め、いったい何冊あるか。[P.132]

梶井基次郎日記の原本が古書市に出たときには「家を売って買おうかと思う」くらいの昂奮ぶりでした。[P.220]

れませんが、いやしかし意図的としか思えないよね、といったこともありました。「何か置く」のではなく「どこかいじる」わけですが、これに関しては、常連さんによれば「確信犯だよ、きっとそうだよ、なんかやりたくなるんだよ、特に（隠された側の本の）その作家が嫌いだとかね」だそうです。なんだか間違い探しみたいですが、もしそれが本当だとしたら、まあ気持ちはわからなくもありません。あーあこんな並べ方しちゃって、仕方ないから直してあげよう、とお客さんなりの苦言ないし親心でしょうか。

店になにか勝手に置いてくる、という意味でのいわゆる「万置き」的行為を初めて知ったのは、大島弓子の作品[*2]の中でしたが、調べてみれば、「万置き」は今は「万引き」の対義語として独り立ちし、海外では（日本でも？）自己表現的なアート活動の一環としても捉えられているとのこと。ゲリラ的に店に何か置いてくる、という行為がアートにまで格上げされるのですね。

最初の檸檬から随分はなしが飛びましたが、もし我々の書店が何かいじりたくなる店、と思われているならそれはそれでありがたいことです。最近はこんなイタズラめいたことも少なくなり、なんとなく寂しいような気も。あの美しいレモンイエロウを棚に見つけた日を懐かしく思います。

＊1　八百卯　「檸檬」のなかで主人公が檸檬を買ったとされる京都・寺町通りの果物店。二〇〇九年閉店。

＊2　大島弓子「赤すいか黄すいか」『夏のおわりのト短調』白泉社文庫、一九九五年。

装丁で並べる

書店-06

「ジャケ買い」はレコードのみならず本もまたしかり。我が職場も昔から「表紙がイイ」という理由で本を選ぶことも多い店でした。今ではそういう考え方も選書の一条件として当たり前かと思いますが、九〇年代当時はまだあまり浸透していなかった気もします。本は中身でしょ、と。デザイナーや美大の学生など、書店員以外の顔も持っているスタッフが多かったというのもあるかもしれません。古書サイトでもビジュアルを重視したお店がポツポツ出だした頃でした。

装画、装丁、ブックデザイン、エディトリアルデザインなど、それぞれ「誰が」やったのか、そしてどうやっているのか、で本の表情は大きく変わります。それらも選ぶ基準として大きなウェイトを占める以上は、表紙だけでフェアをやってみたことも。和田誠や宇野亜喜良など今も活躍するデザイナー、まだほとんど真鍋博の装画だった頃のハヤカワ文庫のクリスティ、同じくハヤカワ文庫の北園克衛表紙、当時まだギリギリ流通していた福武文庫の内田百閒など、完全にスタッフの好みで選んだ本を平台代わりのテーブルにずらりと並べ悦に入っていたものでした。売れる売れないは別にして、それらのカバーが並んだ様は本当にきれいでした。

そんななかで個人的にも好きだったのが、新潮文庫の海外作家短編集のシリーズです。オコナー、アンダスン、ハーディにフォークナーなど作家自身の顔写真を大写しにしたものを紫や緑などの単色で刷り上げただけという、非常に無駄のない粋な表紙でした。今は絶版ないし表紙を変えたものばかりになりましたが、九〇年代の終わり頃はまだ生きていたタイトルも多く、

世の中に流通している普通のたたずまいの本に惹きつけられるのだ。[P.321]

誤植はときに詩的発想を飛躍させ、思索を深化させる。[P.201]

並べてみたら、美しいだけでなく、現代アートのような趣すら。海外文学を普段読まないというお客さんにも「並んだ様子を見ると読んでみたくなる」と言ってもらえましたが、表紙の持つ力、そして並べ方次第ではさらにそれらが相互的に生きてくることを知った経験でもありました。

挙げた例はすべて文庫ですが、最近はついつい「昔の表紙の方がよかったなあ」と何かにつけ感じてしまいがちです。一書店員が考えることでもないとは思いつつ、一読者としての目線もどうしても入ってしまいます。文庫本は作品自体はなくならずとも表紙のリニューアルを重ねることが宿命のジャンルですが、あれもこれも昔の方がよかったかも、とブツブツ胸のうちで思いながら荷開け、棚出しをしております。

しかしもう随分前になりますが、新潮社装幀室の取材に同行させてもらう機会があり、当時の室長さんに「文庫の装丁はなぜ変えるのですか？ 変えなくても、と思うこともあるのですが」と素人丸出しで聞いたことがあります。「同じではダメなんです、変えるということが必要なのです」というシンプルな答えでしたが、本という大きな市場で作品が生き残るには、見た目の変化も時には求められる、それはある意味当然であると納得しました。古い表紙がよかったというのは個人的感傷にすぎず、だからこそ失われたものを懐かしく思う。そして時には古書市場で新たな価値が出るのですから、それもまた本の持つ面白さと魅力ですね。

不良な本

偏愛-03

本の奥付に必ず書いてある「落丁・乱丁本はお取替えいたします」を見て、本当に替えてもらうことってあるのかしらと、読書に足を踏み入れたばかりの若き日には思っていました。実際には、諸々の技術の向上から今は少なくなったと思われますが、あるべきところにあるものがない、といった本当の意味での「落丁・乱丁」よりも、紙をカットし切れていない、文字のカスレや二重印刷など「不良」的なこと、あるいは編集ミスによる訂正が必要なものなどが主になってきているかもしれません。誤植程度なら数え切れないほどでしょうし、『誤植読本』[*1]にはそんな様々な痛恨事例が収められていて楽しめます。

「現に僕は本の表紙が「トスマ・ウルフ」となっているトマス・ウルフの単行本を持っている」[*2]。これなど肝心の著者名ですから本文の間違いとは比較にならないダメージでしょう。正誤表も入れづらいですし。にわかには信じがたいミスもあるものだと読んだ時は思いましたが、ともあれ表紙関連の誤植はインパクトがあります。「この年表には重大な誤植があって、天野忠の「忠」が「患」となっていた」[*3]。これなども複雑なエピソードです。よりによってこの字、という。他にも名前の掲載ミスから生まれるであろう様々な物語にも興味は尽きません。

個人的にはタイトルのミスなんて大物にはまだ出会ったことはありませんが、誤植をみつけるとちょっと得した気持ちになり、上下逆さまの洋書が入荷したときは、売り物にならないそれを喜んで半値ほどで引き取りました。なんだか嬉しいのです。「違うところ」があるのを見ると。切手は印刷ミスがあると莫大な値

植字工は原稿の中の字がわからないとき活字をひっくりかえすため、その底部が印刷される。[P.197]

いつの頃からか、私は本の夢を見ることがなくなり、かわりに本を納れるスペースの夢を見ることが多くなった。[P.134]

がつくらしいですが、その心理と似ているのでしょう、額は桁違いに小さいですが。そういえば、普段あまり本を買わない友人が、ある書店でフランスから入ったとおぼしきペーパーバックを見て「これ、ページが全部切れてない、不良品かなあ、お店の人に教えてあげよか」と言ったのを慌てて止めたことがありますが、もしそれがフランス装と見せかけてただの不良本だったら、私が買うべきだったかもしれません。惜しいことをしました。

先日こんなことがありました。あるお客さんがレジで一冊の新刊の文庫を買ったあとで、もう我慢できないという風に「僕これ探してたんですよ、もうどこも置いてなくて」と話し始めました。聞くと、そのある文芸作品の文庫本は本文に印刷された著者の顔写真が別人のものだったため、版元が回収と差し替えの要請を出したものだったのです。つまり、我々はその要請に気づかず棚に差し続けていたわけですが、その鈍感さが功を奏したのですね。「一冊一冊見て回ってて、でも全部差し替えられてて。やっと見つけました」と本当に嬉しそうで、こちらもそれはよかったですね、などと書店としていいんだか悪いんだか分からない応対をしたのですが、でもお客さんが喜んだのだからいいのではないでしょうか……。それよりも、そのはなしを知っていたら、それ、私が買ったのに、と少し残念な気持ちになったのはもっといけないことですよね。

*1 高橋輝次編著『誤植読本』東京書籍、二〇〇〇年。
*2 中島らも『変!!』双葉社、一九八九年。
*3 山田稔『北園町九十三番地 —— 天野忠さんのこと』編集工房ノア、二〇〇〇年。

夢にみた本

習性-06

最近、ネットの掲示板で「夢のなかで本を読んだことのある方、それはどんな本でしたか？」という問いかけを見て興味を覚えたのですが、夢占いでは「夢に本が出てきた場合」という項目が多岐にわたってあるのですね。小説を読んでいる夢、本屋にいる夢、本棚の夢、など。多くは知性や努力の象徴とされるようです。しかし本そのものは出てきても、その内容まで覚えている夢となるとなかなか難しい気もします。夢占いでも本の中身にまではあまり言及していません。

夢のなかで本を読む。だけでなくその内容まで覚えている、となったら俄然楽しそうです。植草甚一は「古本屋に行きたくなるのは本を買った夢を思い出した瞬間[*1]」と言っていたそうですが、それはどんな本だったのか。常に本を追い求めているコレクターは、探求書をまさに「夢にまでみる」状態になることもあるでしょう。これについては夢をよくみる人とみない人とでもわかれてしまいそうです。

夢のなかで誰かが読んでいる手紙を後ろから覗こうとしているけれど、どうしても読めない……それと同じで、夢のなかの出来事というのは、なかなか走れない、なかなか食べられない、などもどかしいことが多いもの。それでも夢のなかで霊感を得てそれが形となったというエピソードは、小説や音楽、和歌や詩句など古今から数知れず。だとしたら、夢で本を読んでそれを明晰に覚えている人がいたとしても不思議はないかもしれません。

私自身は夢をみない日はないのですが、本が出てくる夢、となると頻度は多くはありません。みるとしたら「レジ打ちが延々と終わらず焦る」とか「在庫が見

「夢中に読書する天才」という話があります。夢中と言っても、我を忘れて、ではなく、睡眠中に、という意味です。[P.185]

当たらず焦る」など、本の夢、というよりやはり「本屋の夢」、つまり単に職場の夢をみているだけなのでした。授業に遅れそうな夢を四十を過ぎてもみる、と似たようなものです。どうせみるなら「文字禍[*2]」のごとく、古代アッシリアの薄暗い図書館におびただしい文字と書物とともに閉じ込められる夢でもみて焦りたいものです。

しかし随分昔にみた夢は少し変わっていました。どこか森のようなところを歩いていると、いきなり小ぶりな本棚が現れます。その横には可愛がってくれた叔母が笑って立っているのですが、その本棚をよく見てみると、小さい頃から自分自身が読んだことのある本ばかりが上から順に並んでいるではないですか。あれ、これは……と思ったところで目が覚めました。さすがに子ども時代からの読書量は、その六段ほどしかない本棚におさまるものでもないはずですが、段の半ばまでしか見なかったので、下の方がどうなっていたのか気になります。未来に読む本が並んでいたのかそれとも。まるで読書走馬灯のようなその夢に、自分は今日死ぬのだろうか、と胸騒ぎを覚え、同時になんとも言えず懐かしい気持ちにも包まれたのでした。

*1 植草甚一『ワンダー植草・甚一ランド』晶文社、一九七一年。
*2 中島敦『山月記・李陵 他九篇』岩波文庫、一九九四年。

本を贈る

習性-07

日々本屋の店頭に立っていてあらためて思うのは、人は本を贈る生き物なのだなあ、ということです。オリジナルの包装紙を使用していることもあってか「ラッピングお願いします」と言われる場合も多く、絵本やアート書はともかくとして「え、これを?」「しかもあなたが?」と思わず持ってきた人の顔を二度見してしまうような品もしばしば。誰にどういったシチュエーションで贈るのだろうと頭のなかでは妄想しますが、もちろん顔には一切出しません。そういう意味では、案外本というものは意外性を遊べる贈り物かもしれないですね。贈られた側の反応やいかに。

とはいえ、本を贈ることにハードルの高さを感じる人もいるでしょう。私もその一人です。スペインから始まったとされる、本を贈り合う記念日「サン・ジョルディの日」は、八〇年代から遅れてスタートした日本では(本屋が言うのもなんですが)あまり浸透しきれていないように思えますが、しかしイベントとは関係なく本を贈るという行為は、日常に潤いと、そして少しのスリルももたらしてくれるような気がします。

真冬のシカゴの街で、ある中規模の新刊書店に入った時のこと。時期は十二月半ばというのもあって、店内にはラッピング専用のブースが設けられ、おそらく臨時で雇われたとおぼしき中高年の女性たちがそれは楽しそうにおしゃべりしながら大きなテーブルでそれぞれ包装に励んでいました。あんなに大掛かりな専用の場所を作らないといけないほどクリスマスに本を贈る人が多いのか、ということに同じ本屋としてまず感心し、次いでその幸せそうな、まるでカポーティの小説に出てくるようなキラキラした情景をまぶしく感じたものです。これは「潤い」の部類。

あるいは、映画『恋におちて』[*1]では、冒頭でデ・ニーロ扮する建築家とメリル・ストリープ扮するデザイナーがクリスマスのプレゼント用に書店で包んでもらった本を取り違えてしまい、それをきっかけに二人は道ならぬ恋におちてしまいますが、こちらは「スリル」の部類……というのはちょっとこじつけでしょうか。シカゴの本屋のおばちゃんたちからはそんなロマ

百円ぐらいで見つけては買って、ちょうど会った人(女性である)に何度かプレゼントした(喜ばれるに違いないという前提で)。[P.133]

ンチックな雰囲気は感じられませんでしたが、いずれにせよ、書物を贈り合う文化が根づいているであろう欧米ならではの光景です。

　真鍋博に『動物園』[*2]という古い作品があります。六〇年代の真鍋作品らしく裸の男女が登場するちょっとエロチックで風刺の効いた内容ですが、私が古書店で買ったものの見返しにはこんなメッセージが書かれています。「おばあちゃま、早くよくなってください、いつも心配しています」。病床の祖母にこの本を贈る孫って……と入手した時は思ったものですが、その愛らしい筆跡に、このお孫さんなりのおばあちゃんを思う気持ちが伝わり見るたびになんとも言えない気持ちになるのでした。これはさしづめ潤いとスリリングさ両方が揃った本の贈り物かもしれません。

*1　ウール・グロスバード監督『恋におちて』アメリカ、一九八四年。
*2　真鍋博『動物園』書肆ユリイカ、一九六八年。

相変わらずネット販売はしていない。[P.107]

書店-07

客注台帳

書店に目当ての本がなかったら、どうしますか。今は送料無料のネット注文で済ませることもできますし、取次のサイトから発注し、本を実際の店頭で受け取ることのできる便利なサービスも盛んです。そういう意味では、書店のカウンターで本を注文する人というのは全体的には減っているのではないかと。我々に限って言えば、お客さんからの注文、いわゆる「客注」はもともと少ない店でしたが、今も少ないままあまり変わらず。厚み一センチほどの専用の客注台帳は一冊消費するのに数年を要します。

　しかしこの客注台帳、眺めてみれば面白いもので、様々な情報の宝庫でもあります。わざわざ注文するのだから、基本的には普段店に置かないような本が対象となるわけで、あの本もこの本も、受けてみて初めて知るタイトルも実に多い。新聞広告に載っていた本、メディアで取り上げられた本、知り合いに薦められた本、図書館で読んで面白かったという本、なかには息子さんが書いた本、というのもありました。ほほうこんな本があるんですね、と言いながら、いま自分は書店員としての無知ぶりをさらけ出しているのだろうかとも思いつつ、縦書きで台帳にタイトルや出版社名を書き込んでいきます。取次に在庫さえあれば何日後に届くかもいまは事前に伝えることができるので、「いつ頃入りますか?」「うーん二週間くらいみていただいて……」「そんなに?」といったやりとりはもうあまりありません。便利な時代です（小出版社や在庫僅少本はまだこんな感じですが）。

この、一冊を埋め尽くすのに長い時間がかかる客注台帳ですが、たとえば過去二、三十年分を全部取っておいたらさぞ興味深いアーカイブになったでしょう。その頃に流行った本もあれば、我々の店ならではの懐かしい取り扱い品、あるいは見覚えのあるお客さんの名前や地元では名の通った人、などアルバムのごとく見所は様々。一気にのぞいてみたら何かすごい発見があったりして……と暇な時間には妄想します。それもこれも、やはりそもそも客注が少ない店だからこそでしょう。数では比較にならない大型書店などはどんな感じなのか、恥ずかしながら想像もつきません。もちろん、台帳は個人情報の取り扱いにも関わるため、残念ながら使い終われば基本的には処分します。でも、もし処分から漏れたものが百年後に見つかった、なんてことがあったら、きっと面白い風俗資料に……とまたまた妄想。

思えばこの「客注」によって、自分の知らない本を教えてもらい、そこから読書の幅が広がったことも何

古い本の特性であるが、手頃で安価なタイムマシーンとなりうるのだ。[P.157]

わざわざ倉庫まで運ぶということは「すぐに出すようなこともないけど、捨てるのはちょっと惜しい」本ばかりに違いない。[P.110]

度かありました。もちろんそれらは店の棚づくりにも活かされます。多様な問い合わせに応えるためにも、普段店にあまり置かないような本をこそ知っておきたいと常々思っていますが、お客さんからの個人的な注文が、そういったことの一助となってきたわけです。ありがたいことです。

倉庫さらえ

出版-06

「これを置いてみたい」と思う古い既刊本が入るかどうか。版元在庫がオンラインでまだ見られなかった時代、出版社に直接聞いてみることがよくありました。むろんそれらはもう他の新刊書店ではまず見ることのないタイトルばかり。古書店で見つけた本を「もしかして……まだありますか?」と問い合わせることもあり、それが倉庫に残っていて新刊書として売ることができれば感慨もひとしおです。もちろんいずれも在庫僅少なので、売れるといっても短い期間だけ、しかも「状態はよくないですよ」と百パーセント言われます。それでもいいのです、売りたい本を売れる限りは売るのです、そして絶対に売れると自信があるから入れるのです。

ざっと思い出すだけでも、柳原良平『船の本』[*1]、新読書社の一連のソビエトの絵本[*2]、春陽文庫の源氏鶏太本、雪華社《せっかしゃ》や南柯《なんか》書局の本（この二社は倉庫をさらえるというより、取り扱い自体が間に合った、と形容してもよい気がします）などが浮かびます。ある版元に電話した時は「探せばあると思いますが……一体どうするんですか?」としみじみ不思議そうに言われました。どうもこうも、売るのです。後日「お礼に」と、そこのオリジナル巾着袋をもらったことは良い思い出です。

電話に出た人がたまたま熱心、というか面白がってくれる人だったらラッキーです。「よし、倉庫を片っ端から探してみましょう！　待っててくださいね！」と力強く請け負ってくれ、数冊でも残っていれば大収穫。本を活かすことができた、という思いでお互いに笑いあえます。のんきな光景に思われるかもしれませんが、まだ二〇〇〇年代の始め頃はこういったことが可能だった時代なのかもしれません。さすがに今は電話して倉庫を探してもらう、ということはほぼなくなりました。思いつく作品がなかなかないというのもありますが、版元が人知れず持ち続けている古い在庫というもの自体ももう少ないでしょう。

　一冊の古い本のために版元に電話して、取次に搬入あるいは直接卸してもらう、しかも売値は当時のままなので数百円ということもあり得る、そんな手間ははなはだ効率も利益率も悪く、一小売としては歓迎できないものかもしれません。すべては、パターン配本を受けず自由度の高い棚作りを目指している店ならではともいえるでしょう。そのおかげで、ただの本好きとしてもいい経験をさせてもらったなあと、手前味噌ですが、自分の職場に、そして応えてくださった当時の版元の皆さんにも感謝したい気持ちです。

　でももしかしたら、まだどこかの倉庫に何かがあるかもしれません。そしてこれから新たな眠れる逸品も生まれるかもしれません。そう思うとうかうかしてられないですね。

＊1―柳原良平『船の本』全五巻、至誠堂、一九六八年刊行開始。

＊2―一九八〇年代、当時のソ連の版元と共同制作で新読書社から、トルストイ『おばけどり』やマルシャーク他多数のロシア絵本が出版された。

ひとりの作家の本をすべて読破したいとおもっても、残りの二、三冊が「ほんとうに実在するのか」と疑いたくなるくらい見つからない。[P.279]

検索

書店-08

ある日インターネットで検索したら、自分の探求書の大半は、お金さえあれば、けっこう買えることがわかった。［P071］

欲しい本がある時、特定の著者の作品を調べたい時、クリックひとつで一気に検索、一網打尽できる今の時代はやはり便利ですね。なんて感慨は、検索が当たり前の若い世代にはピンとこないものかもしれませんが、ついこのあいだに思える自分の学生時代、図書館でも本屋でも調べるときはなんでも紙に頼ってたわけで。少し大きめの本屋さんに必ず置いてあった「日本書籍総目録」は、覚えている世代とそうでない世代にわかれると思いますが、あの片手では持てない厚みのいわば紙のデータベースを繰っていた頃が嘘のようです。

店頭に立っていても、取次のデータベースを検索・閲覧しない日はありません。発注のため、問い合わせに応じるため、など様々ですが、ある書籍がまだ流通しているのかどうか（絶版になっていないかどうか）を調べることも多く、実に助けられます。一般のネット書店などでもそれはわかりますが、やはり取次主体のものはより詳細に調べられるため、まだ職場がその情報提供サービスに加入していなかった時代をギリギリ知っているスタッフとしては便利だなあとしみじみ。日販でいえばシステム自体は八〇年代からあったようでその早さには驚きますが、いまはこれなくしては店頭業務は成り立ちません。

しかし検索そのものではまごつくこともしばしば。こちらの探すタイトルとデータが一致してはじめてヒットするわけですが、なかなかコツが必要で、探す方の知識や経験ものを言います。時にはあるはずなのにどれだけ検索をかけても出てこない。全角が半角だったり、「ヴ」が「ブ」だったり、「編」が「篇」だったり、表外漢字がカナに置き換えられていたり（例：

『ぼく東綺譚』)、そもそものデータに入力ミスがあった場合などが原因ですが、キーを打つこちらは「これで間違いないのに」と思って探すので、お客さんが待っているという焦りとともに時だけが無情に過ぎてゆきます。しまいには題名や著者名に急に自信がなくなり、それをまた別ページを開いて検索して探したり。曖昧検索ができる場合はいいのですが、できないときは迷宮をさまよいます。ゆえにタイトル一部だけを入力する、著者名の特殊な文字は避ける、昔の翻訳書は要注意(例:プレヴェール or プレベール)、など裏技とも呼べない技を駆使することになりますが、それもこれも検索できる時代になったからこそ起こること。精度は年々上がってきているので利便性も増していますが、だからこそ思うように動いてくれない時にはストレスを感じるわけで、まことに贅沢になったものです。

言っていいのかわかりませんが、一度だけ、某取次のデータベース内での明らかな著者名の入力ミスがどうしても気になって、一般読者を装ってメールで連絡したことがあります。このままではこの人の本は検索結果に出てこないことになる。普通に書店員として営業担当者にでも言えばいいのに変なこだわりです。若かったんですね。答えは「本の現物を見て打ち込んでいるのでこれで間違ってません」でした。いえ、どう見ても間違っているのですが……。今はもちろんすべて直っています。

ネット検索できない時代に、脳からアウトプットできるのがすごい。[P.155]

みつからない

書店-09

読書家の皆さんは、家のなかであるはずの本がみつからない、といったことはまま経験されると思います。本屋も同じです。店内検索があるでしょう、なんてそれは大型書店だけのはなしで、中小の本屋にはまずそんな設備はありません。棚をきっちりジャンル分けし、版元別さらには著者を五十音順に並べている本屋さんでは一冊の本をみつけることは比較的容易と思われます。あるいは一人の店主のみで回している店も同様でしょう。しかし、我々の店は、ジャンルはない、著者別もない、文庫新書の区別もない、そして棚に出す人間はバラバラときているので、時として「あるはずなのにみつからない！」という状況に陥ります。

取次の検索システムにアクセスすれば店内在庫の有無はわかるのです（もちろんデータのずれ、ないし万引きなどで本が紛失ということもなくはないのですが）。ただ、大手書店や図書館のように、それをどの棚に配置したかまではデータ化していないのでわかりません。在庫の有無がわかるだけ今はマシで、そのシステムを導入していない時代はそれこそ「あるか、ないか」は経験だけがものを言う、探してみないとわからないこともしばしばでした。もちろん狭い店なので大体のものはわかります。それでもわからないことが、たまにある、それが怖い。

お客さんに質問され、「えーと、確かこのへんに……」と探し出してから延々と続くその時間。後ろで待っているお客さん。焦りつつも「なんとかみつけたい」という意地のようなもの。結果「あ、ありました」とお客さん自身がみつけてしまった時は気まずいものです。あればまだよし、結局なかったということ

整理するから忘れるのです。［P.329］

になれば申し訳なさと徒労感は倍増です。逆に「ないですねえ」となった後に思わぬ場所に発見し「ありましたあ！」と外までお客さんを追いかけて走ったことも何度か。雪の降るなか追いかけていって「ちゃんとしなさい！」と怒られた日もありました。

それもこれも、勤務年数こそベテランですが、パートタイムゆえ出勤日数が少ない自分自身の日頃の確認不足や不勉強が招いたことです。しかし、同時に、一冊の本を誰が出すかどの場所に出すか、それはフェアの状況や他の本との関連づけなどで日々変わるのも確かであり、そしてそんな様々な要素がからんだ結果、微妙に出す場所が変化してゆく、その小さな流動性こそ生きた棚づくりの面白さと言えるのではとも思います……とは少し自己弁護も含んでますが。とはいえ、棚のすべてを把握し即答できる書店員は理想でもあります。

そういえば「なんでいつもおんなじとこに置かないの」と雑誌などでもお客さんに呆れられたことがありました。雑誌すら内容によっては置く場所を動かしてしまう店。ご不便おかけして申し訳ありません。でも、ちゃんとみつけますから！

スリップ

書店-10

立ち読みしていてちょうど真んなかにあるスリップが邪魔だなあと思ったことはないですか。抜き取って適当なところに挟み直したりして。そうこうするうちにいつの間にかこぼれ落ちてなくなってしまうこともままあるのですが、そうなると、スリップなき本は返品不可、とされている日本の書店事情では大変困ります。なので、働き出して一番最初に教えられたのが毎

本というものは不思議で、売れない本を買ってやると、本自身はよほど有難いとみえ、あたかも犬のように、道先案内をしてくれるのである。[P088]

その日にお客さんが手に取られた本がどれなのか、これまで以上によくわかるようになったため、むしろ楽しみが増えた。[P.122]

日入る本のスリップを一番後ろのページにまわすこと、でした。しかし同じことをやっている書店はあまり見たことがありませんし、今は若手のスタッフもそれをしません。せっせとスリップを奥付部分に差す習慣を受け継いでいるのは気づけばもはや自分だけ。本の天からぴょこんと飛び出ているスリップも見つけ次第後ろにまわします。嫌いな作業ではありません。

　そもそもこのスリップ、取次への補充連絡と店頭での売り上げ管理が主な役割ですが、ＰＯＳレジ導入に伴うデータ化が進みすべてがＰＣ一台で事足りるいまでは、(そのシステムを採用している店では)その元々の用途は事実上消えつつあると思われます。しかし大規模店はいざ知らず我々のような小さな店では、日々の売れ行きを目で確認できる証拠の品であり、次の補充につなげる大切な道具でもあり、そして個々の店員としては、自身の棚づくりの手応えのようなものを直に感じられる貴重な証でもありました。自分の贔屓にしている版元のスリップを翌朝出勤して発見すると嬉しかったものです。と、過去形で語っていますが、個人的にはそれは今も続いていて、数社のスリップの行方は絶えず気にしています。データ上でいくらでも見られる時代になっても売れたスリップは目で確かめたいもの。自分だけのアナクロな戦利品です。そのスリップの現物から仕事が広がる時もあり、それはデータでは生み出せないものとも言えます。

　たかがスリップ、されどスリップ。あの小さい紙切れに詰まった物語はおそらく本屋の数だけあることでしょう。版元ごとのデザインの差や構成の違いなど「モノ」としてみても面白く、本を彩る大切な要素のひとつであることは間違いありません。「著者名が書かれていないスリップを見て誰の本だったか当てる」「レジで引き抜くとき破けるとゲンが悪い」など、スタッフ間の遊びやジンクスにも使われます。そうそう、上にちょんと顔を出している丸い切り取り部分（「ぼうず」と呼ぶそうです）、あれは手で作ろうと思うとなかなか難しいものですが、ああいう細かいところまでやってしまうのが、日本ならではでしょうか。

ところでこの日本の出版界特有のスリップなるもの、海外のお客さんには珍しがられることもやはり多く、しかし「コレハナンデスカ」と聞かれて説明したくとも語学力が追いつきません。そういえば、以前レジでスリップを抜こうとしたら、フランスから来たというお客さんに「NON!」と大きな声で制されたのに気圧され、思わずそのまま渡してしまったことがありました。スリップつきで欲しかったのでしょう、佐伯俊男画伯の本でした。わかる気がします。ごく稀にスリップ込みでどうしても売って欲しいと仰るお客さんもいたりして、その気持ちもまたわからなくもありません。古書で当時のスリップが挟まれていると、ちょっと嬉しいですね。

紙質や紙のサイズ、値札に書いてある自分の文字などで、おおよその時代がわかって面白い。[P.123]

オギハラフルホングラシムシ

【キョムシソオ科】 *Kiokuyori Kirokuninokoru Dokushoseyo*

蒐集癖
本の山に埋もれて
整頓
イン&アウト
掘り出し物
活字中毒の漫画家
倦怠感
雨の日
小さな町にて

ジンクス
バラエティブック
詩人とミステリー
文芸編集者
修練
作家の不遇時代
別名
理想の住まい

「「本は図書館で済ます」と決意したこともあった」が無理だった。やっぱり欲しい本は手元に置いておきたい。[P.327]

蒐集癖

習性-08

中国文学者の奥野信太郎の『こんにゃく横丁』（文藝春秋新社、一九五三年）に「蒐集癖」という随筆がある。

世の中には、マッチラベル、切手や古銭など、さまざまなコレクター（奥野信太郎は「コレクトマニア」という言葉をつかっている）といわれる人種がいる。

「なるほどものといふものはすべて三つや四つもつてゐたところで別にどうといふことはないけれども、これが五十となり百となり二百三百となるにしたがつて、その多数からそこに自ら異と同とが生まれ、また頻多と稀少が分かれてくる」

蒐集のジャンルには書籍もある。

本も数が増えると、新しい意味が生じてくる。コレクターは勝手に共通項を見つけたり、ジャンルを作ったりする。はじめは読むために本を買っていたのに、だんだんコレクションの完成度を高めることが目的で本を集めるようになる。

奥野信太郎は「蒐集家はたしかにつきものを背中にしよつてゐる人間だ。そのつきものの命ずるところ眞に水火と辭《じ》せずして突進する。蒐集家の生きがひはそこにのみ存在してゐる」という。

わたしも「つきもの」にとりつかれたかのように、古本を買い集めていた時期がある。

自分がどこかおかしくなっている気がしていても、止まらない。デートの最中だろうが、仕事に行く途中だろうが、目の前に古本屋があれば、入らずにはいられない。

ところが、三十歳のときにアパート（昔の学生寮を二階丸ごと借りていた）の立ち退きでダンボール二百箱分くらい蔵書を手放すことになった。

その結果、「つきもの」が落ちた。

立ち退きがなかったとしても、いずれは経済力や収容力の壁にぶつかり、古本蒐集家の道は行きづまっていたとおもう。

当時、ちょうどインターネットの古本屋が普及しはじめていた。それまではどんな古本であっても探す時間や手間を要した。どんなに疲れていても「あと一軒、もう一軒」と古本屋をハシゴした。古本との出会いは、一期一会である。見つけたときに買わないと次にいつ買えるかわからない。ところが、ある日インターネットで検索したら、自分の探求書の大半は、お金さえあれば、けっこう買えることがわかった。すごい世の中になったとおもうと同時にむなしさをおぼえた。

これまでの苦労はなんだったのかと……。

そうこうするうち、新しい本（古本）を読まなくても、これまで読んだ本を何度も再読すればいいとおもいはじめた。

毎日がつまらない。

蒐集の情熱を失ったとたん、無気力な人間になってしまった。これではいかんと考え直し、古本屋通いを再開した。あっという間に、生活に支障をきたすくらい、部屋の中が本だらけになってしまった。

「蒐集家が生涯の情熱を傾けつくした蒐集品もその當人の歿後といふものはいたつてさびしいものである」

中年になると、そういうことも考えるようになる。

蒐集は楽しいけど、時折、むなしくなったり、さびしくなったりする。床に積まれた本の山に足の指をぶつけるたびに、やりきれない気持ちになる。


何らかの事情で蔵書の処分を決心される人の年齢と自分の年齢とがだいぶ近づいてきたんだな、と最近よく思う。［P.124］

本の山に埋もれて

苦悩-01

南陀楼綾繁＋積ん読プレス著『山からお宝――本を読まずにはいられない人のために』（けものみち文庫、二〇〇八年）は、本に埋もれる生活を送る四十三人の寄稿＆アンケートをまとめたミニコミである。

部屋の掃除をしていたら出てきて、読みふけってしまう。

「本棚にきちんと収まった本ではなく、「本の山」に埋もれている本の中にこそ、そのヒトを形づくっている本質的な要素が見えるのかもしれない」

本の山、本の塔、本塚……。好きな本のジャンルはちがっても、本好きの悩みは、本棚から溢れ出し、日々の生活を圧迫する本をどうするかに尽きる。

読み返すたびに笑ってしまうのが、新刊書店や古本屋で働く退屈男さんの「小さな工夫を重ねて」というエッセイだ。布団（万年床）のまわりに「本の山」ができている。からだを横にしないと通れない。「本の山」でクローゼットが開かない。「本の山」でテレビの画面が半分くらいしか見えない。ベランダの非常用ハシゴの点検にきた業者さんに「お客さんの布団の上を踏んづけて歩いたなんて、これがはじめてですよ」といわれる。

退屈男さんの家には本棚がなく、部屋全体が「本の山」だらけなのである（現在はちがう）。

書肆紅屋さんの「全治一生」も読ませる。本を買っているときは収容スペースのことを忘れてしまう。気がつけば、「本の山」ができている。かつてトランクルームに本を預けていたこともあるが、必要なときに手元に本がないストレスが溜まって解約し、大量の本を手放した。

右へ左へと体をくねらせながら本の山の間を行き来するのにも次第に慣れる。[P.109]

「今後、広い書斎と蔵書を保管できるスペースを持てる身分になることはまずないだろう。もしそれだけのお金があれば本を買ってしまうからだ」

本の置き場所が増えれば、それだけ本を買う。結局、あっという間に買った分だけ売る生活に戻る。

『山からお宝』に登場する本好きの中には、地震の心配している人が何人かいた。

「これで地震が来たら本の下で圧死だなと想ったが、それほどいやなことだとも感じなかった」（中相作）

書肆紅屋さんは「積み上げた本の山は、地震の時に無意識に押さえるクセがついてしまった。本の山の揺れで震度が測定できてしまうほど」という。

これまでの経験上、だいたい震度四以上で「本の山」は崩れるらしい。同じ揺れでも直下型よりも遠隔地が震源地の長い揺れのほうが崩れやすい。勉強になる。

いずれにせよ「本の山」に住む人たちは、ベッドや布団のまわりには肩の高さより上には本を置かないほうがいいだろう。

わたしも何度か寝ているときに本が落ちてきたことがある。単行本や函入りの本は当たるとけっこう痛いので、寝る場所の近くには文庫か新書を積んだほうがいいだろう。できれば、積まないほうがいい。

どうにかして本を減らしたい。少々減らしたところで焼け石に水であることもわかっている。どうしたものかと途方に暮れる。

書物は液化した後ふたたび結晶したかのように隙間なく玄関を埋め尽くしている。［P.211］

整頓

苦悩-02

串田孫一随想集『あるきながら　たべながら』（鶴書房、一九六六年）に「本の顔」というエッセイがある。

本を買ったまま、読まずに積んでおく。書棚につめこめるうちはいいが、床に置くようになると、それをよけて生活しなければいけなくなるし、本の重みで家屋が害をこうむることにもなりかねない。

「いつか読もうと思っている本が、あっちこっちに積んであって、若干うらめしそうにこちらを見ているからこそ、本を読まなければという気持にもなるし、読んでもう少し利口になり、物知りになろうと、明日を楽しみにした今日がある」

本は一冊では完結しない。ある本を読むことで別の本が読みたくなる。著者と関わりのあった人物のことが知りたくなる。そうこうするうちに、本はどんどん増えていく。

串田孫一著『日記の中の散歩』（講談社、一九八三年）には「整頓」というエッセイが収録されている。

「私の日記には、始終、部屋を整頓しなければならない、これでは仕事の能率が低下するばかりだということが書いてある」

わたしも掃除がしたい、本と資料の整理がしたい——と常々おもっている。物欲よりも、整頓欲のほうが強い。といって、きれい好きではなく、適度に、机のまわりに本が散乱しているくらいが心地いい。ところが、適度な散乱を維持することがむずかしい。

「すべてのことをきれいに整頓してしまえば、何かをする意欲がなくなってしまうような気もするが、こんなに散らかし過ぎた中にいては、これもまた極めて能率が悪く、何の意欲も湧いて来ない。（中略）考えてみると、小学生の頃に六畳の畳の部屋の隅に机を一つ置いて貰ったその時から、かれこれ六十年、机とその周囲を整頓することにずっと追われて来たような生活であった。今更もうどうしようもないが、奇妙な生き方をして来たものだと思う」

　本を手にとる。たぶん読み返すことはないなとおもって、本の後ろのほうを見ると、古本屋のシールが貼ってある。今はない店、旅先で寄った店……いろいろ記憶がよみがえってくる。蔵書の整理をはじめると、あっという間に一日がすぎてしまう。

『あるきながら　たべながら』の「わかれみち」というエッセイには、こんなことが書いてある。

「人生の岐路などというものは、上の学校へ入るか、働きに出るかというような時にあるものではなく、毎日の、殆ど瞬間ごとにめぐり合うのである。

　このわかれみちをいつもしっかりと見つめる心構えは、同時に自分の中の、自分で持っている大切なものをよく知ることに通じている」

　本の整理もそうかもしれない。何を残し、何を手放すか。その取捨選択も自分にとって「何が大切で何が大切ではないか」を見つめ直す作業といえるだろう。モノが多すぎると、快適な空間が得られないだけでなく、時間も失う。必要なときに必要なものが出てこない。モノを減らすと、モノを探す時間も減らせる。

　それにしても忙しいときほど、机や身の回りの整理がしたくなるのはなぜなのか。たぶん現実逃避なんでしょうね。

本を沢山読むために何より大切なのは、読む必要がない本の見きわめをなるべく早くつけて、読まないとなったら、その本は断固として読まないことである。［p017］

買取りの時にはなるべく渋い顔をしていたほうがいいというのだけれど、やはりそんなことはすっかり忘れて、思わず万歳でもしそうな勢いになることすらある。[P.124]

イン＆アウト

苦悩-03

整理術には「イン＆アウト」といわれる法則がある。新しく何かを買ったら、その分、減らすこと。そうすれば、部屋中がものだらけになることはない。

本に関しても、かれこれ二十年くらい、わたしは「イン＆アウト」の法則を実行している。つまり買った分だけ売る。そうしないと、部屋中、本だらけになり、日常生活に支障をきたしてしまう。

古くからの知り合いの古書店主に教わった本を売るコツは、以下のとおりだ。

一、本を直接店に持ち込む。

二、店の棚の傾向を把握し、専門書は専門店に売る。

三、まとめて大量に売らない。

四、なるべく引っ越しシーズンはさける。

宅買いだと、ガソリン代や人件費などの分、買い取りが安くなる。文芸、美術、社会科学、自然科学、スポーツ、芸能、漫画など、ジャンルごとに、専門店で売ったほうが、当然、いい値段で引き取ってもらえる可能性が高い。一度に大量に売ると、店は在庫をかかえるため、買い取りは安くなる傾向がある（引っ越しシーズンも同じ）。

自分にとってどんなに大事な本であっても、市場にたくさん出まわっている本であれば、安くて当然だし、店に在庫がダブついているような本は買い取りも安くなる。本の中身のよしあしとは関係ない。

何を売るかはいつも迷う。蔵書を減らしたいとおもって、本の仕分けをしているうちに、だんだん手元に残しておきたくなる。

アメリカのコラムニスト、アンディ・ルーニーに『下着は嘘をつかない――アンディ・ルーニーの「男の枕草子』』（晶文社、一九九〇年）所収の「本を追放する」というエッセイで、「生活や身のまわりのものを整頓するための虚しい努力のなかで、一冊の本を捨てることほどむずかしい問題はない。（中略）けっして手放さない本、手放してはならない本というものがある」と述べている。

では、どの本を「追放」すればいいのか。

1　金持ちになるには、痩せるには、幸せな結婚するには、といった類の本。

2　カヴァーに〝灼熱のロマンス〟と謳ってある本。

3　題名を見てもプロットや登場人物をいっこうに思い出さない本。

4　『――の分析』『――の宝庫』『変貌する――』という題名の本。

5　すでに見てしまった映画の原作本。

これはあくまでもアンディー・ルーニーの意見だが、「3」の「題名を見てもプロットや登場人物をいっこうに思い出さない本」という本を処分する基準は、蔵書の処分法としてはとても優れているとおもっている。

出久根達郎著『隅っこの昭和――モノが語るあの頃』（草思社文庫、二〇一五年）でも「一度読んだ本は保存し、読んでない本を片づけなさい」と古書店主ではなく、本好きの立場から助言している。読み終えた本は後日その知識をいろいろと活用できるが、未読の本だと中身がわからないので活用できない。

よく片づけ術の本に、一年着なかった服は処分しろとあるが、わたしは買ってから一年以上未読のままの本は、自分には縁がなかったと考え、売ることにしている。ただし、入手難で再び買い戻す自信のない本は

浪費家だった啄木氏は、小遣い銭に困って自分の著書『あこがれ』も古本屋に持ち込むくらいですから、他人の本など売って当たり前でした。［P.213］

とっておいたほうがいい。

掘り出し物

古本-01

一生のうちに読める本の量は限られている。一日は二十四時間しかない。あらゆるジャンルのあらゆる本を追いかけるには人生は短すぎる。

消去法で「あれは読まないこれも読まない、おもしろそうだけど、このジャンルは自分は手を出さない」といったかんじで読む本と読まない本を仕分けする。

この先、行き止まりではないけれど、進もうとすればとんでもなくお金と時間がかかりそうだとおもったら「このへんが自分の限界」と踏みとどまる。

しかし世の中にはどこまでも好きな道を歩むことを止めない人がいる。

でも、本当にやせ我慢ではなくて、ぼくは限定品の豪華本や稀覯本には、それほど興味がない。[P.321]

『趣味馬鹿半代記』（東京文献センター、一九六八年）の酒井徳男は、まさにそういう人物である。別名は水曜荘主人。一九三九年国民新聞（後に、都新聞と合併し、東京新聞になる）に入社。一九六七年秋まで東京新聞に在籍していた。

プロフィールには『古書道楽』『こけし人形の話』『郷玩』『徳利』『蒐集物語』などの著作が掲載されている。古本や蒐集に関する本は読んでみたいとおもい、インターネットの古本屋を見る。『趣味と人生』二万円、『書物之賦』二万六千円、『掘り出し物』二万円……。

いずれも限定本（もしくは非売品）で、ほとんどの本の値段が五桁だ。

『趣味馬鹿半代記』に「掘り出し物」という随筆がある。

「そのへんにざらに転がつていないからこそ、掘り出し物、というのかも知れぬ。が、本当はいつも、掘り出し物は、全く手近にあることが多い」

そして因業堂（仮名）という古本屋の話になる。昭和のはじめの不況によって因業堂の主人は生活苦に陥る。そんなときに細君が妊娠する。すでに子どもは三人いた。もうひとり育てるのは厳しい状況だった。

そこで古本界の重鎮の斉藤昌三（書物展望社社長）に産婦人科を紹介してほしいと泣きついた。

「いっぺんは、手術台に乗ったそうだ。が、突然、因業堂が奇声を発して、「先生！　おろすのは止めた。あつしの子なンだ。立派に生んで育てやす！」でこの一件は未遂におわつた」

それからしばらくして因業堂の主人のところに女の子が生まれた。

先に生まれた男児たちは戦争でみんな命を落とした。細君にも先立たれ、因業堂は娘とふたりきりになる。

その娘は「テキパキと品物の出し入れから客の応対まで、いかにもソツがない」働き者に育った。

因業堂からの帰り道、斉藤昌三が酒井徳男に語るセリフがたまらない。

「ねえ。酒井君。いろいろの掘り出し物の話はきくけど、古書の掘り出し物なんて、たかが知れてるよ。見ろよ。因業堂が掘り出したあの娘。あれが人生の掘り出し物だ……」

ちなみに、五十年前に刊行された『趣味馬鹿半代記』は今でも新刊で買える（図書出版・東京文献センター公式ブログから注文可）。千五百円（税込）。

古本にかぎらず、趣味で人生を踏み外しかけそうになっている人がいたら、ぜひとも読んでほしい。

ちょっとみ清潔そうな新刊書よりも、ほこりをかぶったり色あせた古本にしばしば掘り出し物がみつかります。［P.254］

真性の本好きというのは、本を持たずに時間をつぶす、ということができない。[P.130]

活字中毒の漫画家

列伝-03

石森章太郎著『レオナルド・ダ・ビンチになりたかった』（ポプラ社、一九八三年）に次のような一節がある。

> 一日一、二時間はかならず本を読む。
> どんな本でも、読む。
> 酒をのんで、ベロンベロンに酔っぱらって帰宅して、それでも、読む。
> 徹夜して、大量の仕事をやっとこさおわらせて、くたくたにつかれて……、でも、読む。
> とにかく一日に一度は、〝活字〟に目をとおさないと、落ち着かないのだ。
> 原稿料が入ると、すぐ本屋に行く。マンガを描き、映画を見て、本を読み、音楽を聴く。原稿料は、すべて自分の興味と好奇心のために注ぎ込んだ。
> 乱読、乱読、また乱読。
> 一度、読んでしまった本も、とてももったいなくてすてられず、ついに、三つの部屋が本に〝占領〟されてしまっている。

石森（後に石ノ森）章太郎の宮城の生家には戦前の古い雑誌が物置につまっていた。若き日の彼にとって、それは宝の山だった。中学生になると、父の本棚にあった日本文学全集やカントやヘーゲルなどの哲学書を手あたり次第に読んだ。

石ノ森章太郎著『絆――不肖の息子から不肖の息子たちへ』（鳥影社、二〇〇三年）には、小学校の高学年のころ、父に「しばらく本を読んだりしないでいたほうがいいんじゃないか」といわれた逸話が綴られている。

父の蔵書を読み漁っているうちに、少年時代の彼は「宇宙の果ては、いったいどうなっているんだろう……」という難問におもいをはせるようになり、眠れなくなってしまったのだ。

さらに中学生のとき、レオナルド・ダ・ヴィンチの伝記を読み、「僕はダ・ヴィンチになろう！」と心に決めた。漫画家になってからも、あらゆるジャンルの作品に挑戦し続けたのは、ダ・ヴィンチの影響なのだ。

「子ども時代に味も匂いも風味もわからずひたすらガツガツ喰らった活字は、確実に僕の作品の下地になっている」

トキワ荘のころから活字中毒で知られていた。漫画家になる前から一日一冊読みおえるまで眠らなかった。自分でも「ほとんど病気だ」という。

上京当初、石森章太郎は映画監督か小説家を目指していた。もともとマンガ家になったのは、漫画の原稿料で大学に通おうと考えていたからだ。

つのだじろうがトキワ荘にふらっと遊びに行くと、石森章太郎はいつも本と雑誌の山に埋もれ、寝っころがって、一心不乱に何かを読んでいたと回想している。

『絆』の「至福の本と映画三昧の日々」には、彼の「本の虫」っぷりが綴られている。

「SFに限らず、純文学からノンフィクションまで面白そうな本はなんでも読んだ。傾向も傾倒もめちゃくちゃに、そのときの興味だけで読みあさる乱読多読はいまだに続いている」

書店に行くと「山盛り」で本を買い、一日二冊ずつ読んだ。

「買った本はもちろん全部読む。積ん読なんて罰当たりなことはできない」

石ノ森章太郎は、若い人へのメッセージを頼まれる

漫画と文学は隣接したジャンルであるとわかる。もちろん私は両方から、多大な影響を受けてきた。[P.151]

と、かならず、こんなふうに語った。

「人生は木のようなもので、まっすぐに伸びた幹だけの木よりも、枝があちこちに伸びている木のほうがおもしろい」

好奇心のおもむくままに、あちこちに枝をのばすような読書を続けてきた石森章太郎らしいエールだ。

倦怠感

列伝-04

正宗《まさむね》白鳥《はくちょう》はしょっちゅうボヤいている。倦怠感が絶妙な味になっている。

『今年の秋』（中公文庫、一九八〇年）の「迫られたる感想」は好きな随筆だ。

「今月も何か書けと強要され、半日ほど机に向って考えて見たものの、書きたい事何もなく、徒らに時を消費した。私は他人が長ったらしく事々しく書いたものを読んでも、書かなくってもいい事を書いたのではないかと思う事多し」

こういう文章を読むと、なぜかほっとする。やる気が出ず、気持がふさぎがちなときに、白鳥の随筆を読むと、いろいろなことがどうでもよくなる。

正宗白鳥は、子どものころから本が好きで、書物であれば何でも読んでいた。しかし読んでも読んでも充たされることはなく、不満をつのらせる。そこが白鳥らしい。

「文学生活六十年」では「自分はここに偶然生まれた、生まれたくなくても、仕方がない生まれてきたんだから、ほんとうの人生というのはこれだというものを探さねばならない。それでたくさんの人間を見、小説を読んだわけなんだが、一つの自分だけの人生がそこにできたかというと、それがいつも物足りない」と述懐

漢字の成り立ちから言えば、「本」とは木の根元に点を打っている形です。枝葉ではなく、木の根本を示しているのです。[P.204]

している。

正宗白鳥の『一つの秘密』（新潮社、一九六二年）では、読書についての愚痴を延々とこぼしている。

手当たりしだいに文学書を読み続けていたが、だんだん飽きてきた。愛別離苦の世相描写など、くどくど書かれなくても、もうわかっている。齢とともに、記憶はおとろえ、昔読んだ名作も忘れた。今となってはそれらを読み返す気力もない。

「気力のないのは、悲しむべき事であるともいえるが、何よりも小説本なんか読むのは飽いたという気持になるのである」

『一つの秘密』は、晩年の正宗白鳥の創作随筆評論をおさめた本で遺作集となった。飽きるほど本を読み、飽きるほどものを考えた人の境地がそこにある。

「腸胃が衰弱すると食物の味も十分には味わえず、栄養も取れなくなるように、頭脳が老衰すると、読書の面白味も薄らぎ、読書から精神的栄養を吸収するような、いい気持を体験することもまれになるのである」

正宗白鳥は、他の作家がどうでもいいものを書き続けているのが不思議だといい、自身も心の底から書きたいとおもったことがないのに書き続けているのは奇怪だという。

ほそぼそながら自分が長生きしているのは、過度に精神を労しなかったからだともいう。徹夜して読書執筆はしない。書きづらくなったら、いいかげんなところでちょん切る。だから長篇はほとんど中途半端だと自ら認めている。

はじめて白鳥の文章を読んだときは、なんとなくモヤモヤした気分になったが、しだいに、その尻切れとんぼな文章がおもしろくおもえるようになった。といっても、白鳥の作品すべてがおもしろいとはおもわない。読み通せたのは随筆と評論くらいで、小説は途中

人々はなぜだか無理矢理にこんなところに集まって、無理矢理に本を手にとっているように見える。[p.028]

この本を面白いと思えないのは、自分の方に非がある。自分の読みが浅い、あるいは鑑賞眼に難があるのかも知れないと、少し気弱になる日もある。[P331]

で挫折したもののほうが多い。

何がどうおもしろいのかわからないまま、つい読んでしまう。胃腸が弱っているときにおかゆを食うように白鳥の作品を読む。つまり、白鳥を読みたくなるときは調子があまりよくない。

雨の日

習性-09

家にこもりがちの日が続くと、外に出るのが億劫になる。そんなときは散歩エッセイが読みたくなる。

ひさしぶりに本棚から西江雅之著『異郷の景色』(晶文社、一九七九年)をとりだして読んでみた。目次をみると「神保町　雨あがりの古本街」というエッセイがある。

せっかくの休日なのに外はどしゃぶり。しかしどこかに行きたい。映画に行くか、新宿の高層ビルを階段でのぼるか、駅の地下街を散歩するか。

「しかし、一番いいのは、結局は古本屋巡りではないかと思い付く」

このエッセイの初出は『面白半分』の一九七六年八月号。当時、西江さんが住んでいたアパートは目白にあった。部屋から簡単に行ける古本屋の密集地は神保町、本郷、早稲田、中央線沿線——さて、どこへ行くか。

散歩でふらっと古本屋に行く。何を買うかはわからない。途中、寄り道したり、ものおもいにふけったりする。どこにたどり着くかわからない。そんなかんじで家を出るまでの思案の過程が綴られている。

それにしても、どしゃぶりの中、古本屋巡りをすることが「一番いい」とおもうのはちょっとヘンだ。植草甚一の『雨降りだからミステリーでも勉強しよう』

（ちくま文庫、二〇一五年）や種村季弘の『雨の日はソファで散歩』（ちくま文庫、二〇一〇年）という本があるが、雨の日は部屋で読書が「一番いい」気がする。

ときどきわたしも雨の日に古本屋をまわることはあるが、いつも「なんでこんな日にこんなことをしているのだろう」とおもう。傘をさしながら、本を持つのは楽ではない。本が雨に濡れるのも困る。それでもむしょうに古本屋に行きたくなる。

「本好きというのはある種の病気に違いない。もっとも一口に本好きといってもそのなかには本の内容が好きな者と、物としての本自体が好きな者がいる。そしてその各々の側の中にはまた趣味の違いから互いに袂を分かつ者がいるのでその実態は複雑だ」

雨の日だろうが、台風だろうが、大雪だろうが、行きたくなったら書店に行く。たぶん、この病気は一度かかると治らない。

西江さんはコレクターではなく「本の内容」派だった。ひたすら読みたい本を読んでいた。さらに読まない本も買った。外国語の本を専門に扱う店も好きだった。ロシア、イタリア、スペイン、中南米、中国、東南アジア関係の本を探す。

「一方では実際に足で歩く散歩をしながら、他方では足を停めて本の中で想像の世界や思い出の世界を散歩する」

神保町を歩きながら、外国を散歩している気分になれる。古本屋めぐりには、そういう楽しみ方もある。

それから雨の日に新刊書店や古本屋に行くときは傘に注意すること。本にとって水は大敵。新刊書店は傘用のビニール袋を置いている店が増えたが、古本屋はない店のほうが多い。傘立てに傘を入れず、濡れた傘を店内に持ち込むのは本好き失格である。たまに雨に濡れたカバンを本の上に置く人がいる。鬼畜の所業で

雨の日の傘はもちろん、夏場にお客さんが手に持たれているペットボトルにもいつもひやひやしている。[P.283]

長雨に閉じ込められたリゾートホテルで、男と女が出会う。そこには図書室があるのだが、大した本はない。[P.147]

ある。そもそも本の上にカバンを置いてはいけない。とはいえ、昔、わたしも古本屋の店内に傘を持ち込んで怒られたことがあります。

小さな町にて

列伝-05

「そのころ、私の町には本屋が二軒しかなかった。三十年あまり昔のことである」

野呂《のろ》邦暢《くにのぶ》の『小さな町にて』（文藝春秋、一九八二年）におさめられた「H書店のこと」の書き出しである。

野呂邦暢は一九三七年長崎生まれ。生家を原爆で失い、疎開先の母方の郷里、諫早ですごした。高校卒業後、京都、東京で暮らしたこともあるが、その後、再び諫早に戻り、作家になる。

少年時代、家の事情で上の学校に進むことができなかった叔父から岩波文庫を読むようすすめられた。高校時代、博多まで出たが旅費をつかいはたし、本を買う余裕はなくなったが、都会の書店の棚をうっとり眺めていた。

新聞配達のアルバイトをして本を買った。

『小さな町にて』はどの頁をひらいても本の話が出てくる。

「私は旅行したらその土地の記念に本を買うことにしている」（フィリップ）

「理想をいえば、自分が一度読んで感銘をうけた本は手ばなすべきではない」（魔の山）

「京都では名所旧跡を訪れたことがない。下宿と古本屋と喫茶店と映画館を結ぶ線をマメに往復していた」（ブリューゲル）

「本を読んでいると、時間がたつのは速かった。浮世ばなれしたデュアメルの詩的散文を愉しむうち、すぐ

午前二時になった」（阿蘭陀組曲）

昭和三十一年に高校を卒業、京都の大学を受験したが、結果は不合格。それから三ヶ月くらい京都で暮らす。郷里には予備校に通っているといい、毎日、映画を見て、喫茶店で古本を読んでいた。だが、父が事業に失敗し、大病を患う。

「いつまでも京都にとどまって、心ゆくまで古本屋かよいをし、散歩と映画見物をしたいというのは虫の良すぎる考えであった」（アドルフ）

長崎に帰って、佐世保の陸上自衛隊に入隊する。その後、自衛隊員だったころの経験を元にした「草のつるぎ」で芥川賞を受賞するのだから、人生、何がどう幸いするか（しないか）わからない。

二十代半ばの野呂邦暢は、小説を書こうとして書けなかった。そんな不遇とおもわれるような時期であっても、詩や本を手あたりしだいに読み続け、いつの日か自分は書くだろうという予感を持ち続けた。

「何が足りないのか。それがわかっていたら世話はない。書出しだけ二、三十枚書くと、もういいやという感じがしてペンを投げ出してしまう。必ずそういう壁にぶつかるのだ」（シチリア舞曲）

当時、長崎の小さな町で家賃が月一万円の借家に住んでいた都会と比べて生活費もかからない。作家になってから、何度となく、周囲に上京をすすめられたが、諫早にとどまった。町の図書館に通い、ときどき息ぬきに長崎市内に出かけ、長崎の自然を味わいながら、小説を書き続ける道を選んだ。

好きなことを追求するのに、場所は関係ない。野呂邦暢のように、自分を磨り減らさないこと、志を持ち続けることが大切なのだ。

そのむずかしさも、場所は関係ない。

河原町丸善から「築地」へ、天王寺ユーゴー書店から「田園」へ、という風にお気に入りの本屋からの帰り道は大体決まっていました。［P.250］

一冊の新しい本を、ぱッ、とひらいた、そこのところに自分にとって仕合せな何かが必ず書いてある、というのが若者の信念なのだった[P.180]

ジンクス

列伝-06

『ワンダー植草・甚一ランド』(晶文社、一九七一年)所収の「植草さんと古本屋を歩く」(和田誠)にこんな一文がある。

「最初に欲しくないものを買っておくと、あとでいいものが見つかるという、これは植草さんのジンクスなんだそうだ」

最初に入った店で何でもいいから本を買う。買おうとおもって本を見ることで、頭が冴えてくるのかもしれない。

植草甚一は「わが道はすべて古本屋に通ず」(『ぼくの読書法』晶文社、一九七六年)というエッセイで本に関するジンクスについて綴っている。

「ぼくは、あまり欲しくはないが、その売れ残りの本をできるだけ一冊は買うことにしている。なぜなら、本というものは不思議で、売れない本を買ってやると、本自身はよほど有難いとみえ、あたかも犬のように、道先案内をしてくれるのである。最初入った店で、買うのを止めてしまった日は、いくら捜し回っても掘出物がないことが多い」

そんな植草甚一が古本屋めぐりをしたくなるのは、こんなときだ——。

一、寝不足の日の正午前後。
二、ひとりぼっちで酒を飲みだしたとき。
　五時半から六時にかけて。
三、三、四日つづいた雨あがりの日。
四、本を買った夢を思い出した瞬間。
五、そして古本を調子よく買っているとき、
　ますます歩きたくなる。十時ごろまで

古本屋を歩きまわり、洋書や外国雑誌を買い漁る。ひと月かふた月に一度くらいは、東京中の古本屋を歩いても、ほしい本がまったく買えない日々が続くこともあるという。

そういうときは横浜に行って、古本屋めぐりをする。本でもなんでも、評価のさだまっているものより、まだあまり注目されていない粗削りの新人を探すことを好んだ。

最初に入った店で本を買う「ジンクス」をはじめ、植草甚一は自分だけのルールをいろいろ作り、生活をゲームのように楽しんでいるようなところもある。

もちろん、生活を楽しむためには、こんなことも自分に課していた。

「原稿はすこしずつでも書いてゆかないと、すぐ遊びたくなるし、そうなると締切に間にあわなくなるので、遊べば苦しくなるし、苦しくなれば遊びたくなるという悪循環が、たえず起こってくるのです。この調節がうまくゆくと、気持よく遊べたり、気持よく原稿が書けたりするのですが、いままでの経験から、どうしたら悪循環がなくなるのか、わかるようになりました。（中略）要するに毎月きまってやらなければいけないことは、できるだけ早く着手するようにしろ、不意にたのまれた仕事にたいしては、それがやれる自信があるかどうか、すぐ自分で判断ができるようにしておけということです」（「そのときになってからではもう遅い」『ワンダー植草・甚一ランド』）

あと仕事を安請け合いしないことも大切だと忠告している（できない仕事を受けると頼んだ相手にも迷惑をかける）。

植草甚一のように、のんびり散歩をしたり、古本屋に通ったり、喫茶店でコーヒーを飲んだりしたいとおもったら、その前に「やらなければいけないことは、できるだけ早く着手する」しかない。

　長年、植草甚一のことを自由気ままな遊び人だとおもっていたが、遊ぶための努力は惜しまない人だった。

バラエティブック

読書-05

　古本屋、新刊書店問わず、雑文集を見つけたら、迷わず買う。近年、バラエティブックは激減し、なかなかお目にかかれない。ひとつのテーマで一冊の本を作る。それはそれでいい。しかし長い人生、もっとデタラメでごった煮の本が読みたいときだってある。

　わたしのお気に入りのバラエティブックといえば、かんべむさし著『むさし走査線』（奇想天外社、一九七九年）である。

　あちこちの新聞や雑誌などに発表した原稿をまとめた本で、テーマはバラバラ。文字組も一段組、二段組、三段組に分かれ、囲み記事もある。本文中、イラスト（永美ハルオ、皆川幸輝、畑田国男）や写真も豊富でちょっと雑誌っぽい。この本は徳間文庫（一九八一年）もあるが、こちらはイラストや写真はない。

　古本屋でこの本を見つけたとき、巻頭の「動けば食える」というエッセイに心がひかれた。かんべむさしは作家になるにあたり、会社を辞めるかどうかで迷っていた。

「頭のなかに、サラリーマンと自由業の対照表を作り、どちらが自分にとって望ましい姿であるかを、いろんな項目についてチェックしていった。

　満足感・対人関係・適性etc
　その結果は、圧倒的に自由業が優勢だった」

　しかし自由業をやったことがないと、どのくらい不安定な仕事なのかすらわからない。かんべむさしはい

永遠に、本屋と喫茶の幸せな往復を続けて欲しい、そう心から思います。[P.251]

ろいろな人に相談する。

友人のデザイナーは悩んでいた彼にこんな一言をいった。

「動けば食える」

もう一冊、SF作家のバラエティブックといえば、横田《よこた》順彌《じゅんや》『ヨコジュンのびっくりハウス』（双葉社、一九八〇年）も名著である。角川文庫（一九八三年）も出ているけど、こちらも単行本のほうがおすすめ。

創作、パロディ、SF研究、コラム、エッセイ、旅行記、対談、何でもあり。文字組も一段組、二段組、三段組とあって、ところどころに畑田国男や著者自身のイラスト、写真も入っている。

「古書に息づく青春の記憶」というコラムは、横田順彌が学校帰りに寄った古本屋で見つけた押川《おしかわ》春浪《しゅんろう》の『海底軍艦』（一九〇〇年）に感激し、古典SF蒐集にのめりこんでいく話を綴っている。

「十五歳から三十歳という、人生のもっともすばらしい時期を古本集めなどしてなにが楽しいのだ、と多くの友人たちに笑われた。青春時代の記憶が古本の山だけじゃ、歳をとってから後悔するぞ、と忠告してくれる友人も少なくない。

でも、これらは自分の手で、その歴史に新しい一ページを発見する喜びを知らない人間のいうことばだ」

かんべむさしも横田順彌もSFというジャンルではギャグやパロディを軸にした〝型破り〟な作品を書く作家で「ドタバタSF」とか「ハチャメチャSF」とかいわれていた。

別に単行本は四六判の一段組で作らなければいけないというルールはない。もっとデタラメでいい。この時代のバラエティブックを読むと、懐かしさと新鮮さがいりまじった不思議な感覚になる。そして何より「おもしろい本を作りたい」という情熱が伝わってくる。

横田順彌は、もとはSF作家であったが、古典SFの研究から古書を漁りだし、ついに明治、大正の資料探索にハマって、どちらが本業がわからなくなった。[P.314]

店は、詩や小説や芝居を書きたがっている少年たちのたまり場となり、棚の本もだんだん充実してくる。[P.276]

詩人とミステリー

読書-06

長年、古本屋通いはしているのだが、ミステリーは苦手意識がある。有名な作品もほとんど知らない。ただし詩が好きなので、詩人が関係しているミステリーの本はけっこう読んできた。

『田村隆一 ミステリーの料理事典――探偵小説を楽しむガイドブック』（三省堂、一九八四年）もその一冊だ。二段組でその上にさらに脚注やイラストも付いている手のこんだ作りの本で、パラパラ見ているだけでも楽しい。

エラリー・クイーンがふたり組であることを知ったのもこの本のおかげだ（ほんとうにミステリーには疎いのである）。このジャンルに才能豊かな作家が結集していることもよくわかった。

後に加筆・改題した『殺人は面白い《僕のミステリ・マップ》』（徳間文庫、一九九一年）という本も出ている。

ミステリー雑誌の編集長時代や翻訳の苦労話、江戸川乱歩や植草甚一の思い出、名作のブックガイド、文末に様々な探偵作家の〈一言〉や〈寸言〉などもおさめられている。

ミステリーの編集や翻訳をはじめた理由をきかれ、「〝神のパン〟を得るために、つまり飲みたい一心で翻訳を始めたわけですよ」と答えている。

田村隆一は「荒地」という現代詩のグループの一員で、同メンバーの鮎川信夫、黒田三郎、中桐雅夫、北村太郎らもミステリーの翻訳をしていた。

田村隆一は、食うために編集や翻訳をしていたというが、ミステリーの初心者にもわかりやすく、その魅力を教えてくれる。

「探偵小説のロジック（論法）は、詩のロジックに似ているんです。何が似ているかというと、意外性、飛躍性がまず第一。それから、ある部分が、ところを得れば、全体がわかるというところね」

さらに田村隆一はこんな卓見を述べる。

「古典落語とイギリス探偵小説の古典には、相通ずるところがある。ちゃんと落ちがあって、どんでん返しがあるでしょう。一つの文化なんですよ」

探偵と犯人は、両方頭がよくないとおもしろくない。そのふたりの呼吸がうまく合うかどうかということでいえば、漫才のボケとツッコミに似ているとも……。

またミステリーの世界には、エドガー・アラン・ポーや『野獣死すべし』のニコラス・ブレイクといった詩人がけっこういる。

ちなみに、ニコラス・ブレイクはミステリーのときにつかう別名。本名はセシル・デイ・ルイス（C・D・ルイス）。詩人にしてオックスフォード大学の詩学教授でもある。

田村隆一によると、探偵小説は、あと味（読後感）がよくて、読み終わったら忘れるようなものを作るのが、作家の腕の見せどころなのだそうだ。

「ミステリーはユーモア文学である」というのが持論だった。ユーモアはある意味苦いもので、苦味があるから飽きない。「視点を変える」ことも大事。そういう感受性がないと、読んでも書いてもおもしろくない。

そして読者はかならず第一ページから読むのがルールだという。

「そう言えば、古本屋で買う時は気をつけてください。登場人物のページで犯人に○印がついていることがある（笑）」

小説やエッセイを主食とするならば、詩はビタミン剤だと思う。[P.148]

文芸 編集者

出版-07

編集者の存在が気になり始めると、本の味わい方が濃くなるのだ。[P.323]

河出書房新社の『文藝』の編集者だった寺田博に『昼間の酒宴』（小沢書店、一九九七年）という本がある。寺田博は、その後、作品社の『作品』、福武書店（現・ベネッセ）の『海燕』などの編集長もつとめている。中上健次、島田雅彦、吉本ばななをはじめ、数々の新人作家のデビューに関わったことから「文学界の名伯楽」と呼ばれた文芸編集者である。

表題の「昼間の酒宴」は、吉田健一の担当をしていたころを回想したエッセイである。

寺田博は毎週木曜日に神保町のランチョンで吉田健一と会っていた。『ユリイカ』の清水康、『すばる』の安引宏もいっしょだった。昼すぎから午後二時すぎまでビールを飲みながら文学談義をする。吉田健一は酒宴のあと、中央大学の大学院の講義に出かける。酒宴のメンバーは増え続け、いろいろな出版社の編集者が参加するようになった。原稿の受け渡しもランチョンだった。

占領期の日本を描いた吉田健一の『瓦礫の中』（中公文庫、一九七七年）は、「瓦礫の中」が『文藝』、「町の中」が『すばる』、「人の中」が『海』に発表され、一九七〇年に三作合せて中央公論社（後、中央公論新社）から単行本が刊行された。別々の雑誌に発表された小説が一冊にまとまる。これも酒宴の成果といえるかもしれない。

寺田博は「自分の中の文学青年性とのせめぎ合いが続いていた」と述懐している。商業主義と文学出版の関係をどう考えるか。文芸雑誌は大部数売れるものではないし、かならずしも良質の文学が売れるとは限らない。

かけだしのころの寺田博が編集長にその疑問をぶつけると、即座に「良い作品は必ず売れる」という答えが返ってきた。

編集者には「良書は必ず売れる」という「信念」がないといけない。もっとも何が良書で何が良書でないかという判断はむずかしい。「信念」は必要だが、それだけでは足りない。編集者にとって「信念」と同じくらい大切なものは何か。

「文章を自ら書くことのない編集者にとっての創造行為とは、企画であるといっていいだろう」

若き日の寺田博は「〝新しさ〟を求めはしたが、ともすれば既知の企画の応用編に陥りがちだった」と反省する。

いい企画には、既知の応用ではなく、アッと驚くような〝新しさ〟がある。

では、文芸編集者の「使命」とは？

「一つはいうまでもなく、文化遺産として後世に読み継がれるような名作を発掘することと言っていいだろう。もう一つは、それらの書き手である新人作家（評論家）を発掘し、育成することである」

この話は、文芸編集者だけでなく、古本屋にもいえるかもしれない。

後世に名作を伝え、埋もれた傑作を掘り起こす。まだ評価の定まっていない古本の世界における「新人作家」に価値をつける。

そのためには「信念」と「企画」も必要だとおもう。

あと何より大切なことは昼から酒を飲むことである。いや、酒を飲むかどうかはさておき、仕事が楽しくなければ、おもしろいものは作れないし、遊び心がないといい「企画」は生まれないのである。

売りたい本を売れる限りは売るのです、そして絶対に売れると自信があるから入れるのです。[P.060]

欧陽脩の有名な言葉に「三上」があり、「馬上・枕上・厠上」が、文章を考えるのにもっとも適したシチュエーションだという。[P.130]

修練

出版-08

長く仕事を続けている人たちには、それなりに職業上の秘密がある。

ヘイズ・B・ジェイコブズ著『ノンフィクションの書き方』（大出健・白野恵子訳、講談社、一九八四年）には、次のような格言が記されている。

「やる気が出るまで待つな」

そのとおりだ。やる気が出るまで待っていたら仕事は終わらない。やる気がなくても手を動かしているうちに、調子が出てくることはよくある。

『ノンフィクションの書き方』は、一九六八年にアメリカで刊行され、かなりのロングセラーを記録した本。ジェイコブズは、『ニューヨーカー』や『ハーパーズ』や『エスクァイア』などの雑誌に寄稿しながら、文章スクールの講師をしていた。

長年、ジェイコブズは大学で何百人ものライターの卵を相手に教えていた。

「わたしの言いたいのは修練ということである。ライターは修練を積まなければ、なにものも書き上げることはできない（書くことは、わたしの恩師のハワード・マンフォード・ジョーンズの指摘どおり、「生物学上の基本的欲求ではない」のだ）。だからこそ、書くことを規則的な習慣にしてしまわなければならないのだ。毎日、同じ時刻に書き始め、同じ時刻に終えるという、決められた日課を喜んでこなすことである」

頭の中には書きたい題材がある。こんなふうに仕上げたいというイメージもある。それをなかなか完成させることができないのは、「書く習慣」が身についていないからなのである。

さらにジェイコブズはこう続ける。

「同じ時刻に終える？　ライターは残業すべきではないというのだろうか？　わたしはそう考えている。長時間にわたって机にかじりついていれば、大量の原稿は書けるが、かなり疲労することにもなる」

するると、どうなるか。

次の日、書くのがいやになる。これはけっこう心当たりのある人がいるのではないだろうか。文章の執筆にかぎらず、何でもそうかもしれない。学生だったら、勉強やスポーツにもいえる。いきなりハードな課題や練習をこなしても、それは続かない。

読書もそうだろう。とにかくたくさん読めばいいというわけではない。読みすぎると、頭や目が疲れて、内容が入ってこなくなる。

結局、適度に休息をとりながら、決まった時間内に仕事をしたほうがいいというのが、ジェイコブズの教えだ。つまり、何事もアクセルだけでなく、ブレーキも大切なのだ。

この本はノンフィクション（フィクション以外の散文）、あるいは小説の書き方、テクニックだけでなく、物書きの仕事を続けていくための「職業上の秘密」についても惜しみなく披露している。

「ライターの読書は、たいていの読者がやめてしまうところから始まる。つまり、予想もつかない新しいことを探究し、調査するのがライターの読書なのだ。わたしの知るかぎり、優秀なライターは、手に触れるものならほとんど何でも貪欲に読んでいる」

ジェイコブズによると、着実に仕事を続けている作家は、手当たりしだいに乱読をしているそうだ。

今月も何か書けと強要され、半日ほど机に向って考えて見たものの、書きたい事何もなく、徒らに時を消費した。［P082］

作家の不遇時代

出版-09

我が身の不遇についてさえ、常に飄々としたユーモアでもって客観的に書いている…[P.300]

苦節何年――。

ほとんどの作家は不遇な時代を経験している。このテーマを考えるさい、避けては通れない本といえば、長野祐二著『新人作家はなぜ認められない――作家の不遇時代考』（村松書館、一九七七年）である。

著者は一九四四年生まれ、一九七三年まで「夕刊フジ」に勤務していた。その後、フリーランスになり、小説の習作「教室」「オフィス」を同人誌に発表したとプロフィールにある。

島崎藤村は『破戒』を自費出版した。正宗白鳥は、七年間、新聞記者として働いた。永井荷風は一時期、銀行勤めをしていたのは有名だ。文壇に颯爽と登場した印象の強い谷崎潤一郎ですら小説の投稿に二度失敗し、自信をなくしていた時期があった。

この本は、文学史を通して作家が「認められる」までの不遇時代を追いかけている。

「尾崎一雄が『暢気眼鏡』で世に出るまでの足跡をたどると、そこにまさに文学青年の不遇時代の典型を見ぬわけにはいかない」

尾崎一雄は、三十歳前後、五年間の空白期を抜け、ようやく出世作となる「暢気眼鏡」を書き上げたが、ずっと貧乏で生活はめちゃくちゃだった。

すこし時代が飛んで、「第三の新人」の話――。

「「第三の新人」の困難（不遇）は、本当のところ、いわゆる戦後が終わった時点の文学の創業者の苦労に他ならなかったということだ」

安岡章太郎はデビュー作「ガラスの靴」で注目を集めたが、その後「同じようなのを」という注文が続いて苦労した。

また「第三の新人」後の作家、開高健は大学時代、生活苦と憂鬱症に苦しみ、同人誌『えんぴつ』に執筆しながら、いろいろな仕事をして食いつないだ。卒業後、洋書輸入商の北尾書店などを経て、妻（詩人の牧羊子）が勤める壽屋（現サントリー）に入社し、コピーライター、ＰＲ誌『洋酒天国』の編集をする。再び小説を書きはじめたのは二十七歳のときである。

　立原正秋は十九歳で作家を志し、昭和三十年から夜間警備員を三年つとめ、そのあいだの三十一年にデビュー作を発表した。

「注目すべきは翌三十二年までに、「約七千枚の草稿を書きため、約五千五百枚を後年順次公表」していることだ。不遇時代の最も賢明な過ごし方であろう」

　逆に「不遇」ではなく「幸運」な作家の例は、大江健三郎だ。大江健三郎は大学を卒業し、社会に放り出されることが不安だった。

「大江の非凡さは、本当に大学卒業時をデッド・ライン（原稿の締め切り）と仮想して、それまでに活路を開くべく（すなわち自身の思想を世に認めさすべく）、執拗に発表場所を探し求めたことだ。それも大きな規模の文学賞などではなく、あくまでも大学内のコンクールという成功の確率の高いところに狙いを合わせたのである」

　デビュー前の苦労、デビューしてからの苦労――そのどちらがたいへんなのかは比べられるものではないが、「不遇時代」という視点の文学史は考えさせられることが多い。

　作家生活において「不遇時代」がその後の創作活動の養分になっていることだけはまちがいない。

ほぼ無名だったプルースト氏は、この作品のタイプ原稿をいくつかの出版社に見せたのですが、すべて断られました。[P.018]

別名

出版-10

「狐」というペンネームで、「日刊ゲンダイ」という夕刊紙に、毎週八百字ほどの書評を二十二年余りも書き続けた人がいる。[P327]

将来、古本屋になりたいとおもっている人は作家の本名や別名を調べておいて損はない。もしかしたら単行本未収録の作品が見つかる可能性がある。

佐川章『作家のペンネーム辞典』（創拓社、一九九〇年）は読み物としてもおもしろい辞典だ。

純文学は本名の色川武大、ギャンブル小説は阿佐田哲也の名前で書き分けていたのは有名な話。色川武大は井上志摩夫名義でも時代小説を発表している（他にもペンネームがあるといわれている）。

直木賞作家の胡桃《くるみ》沢耕史《ざわこうし》は「昭和三十年代、〈清水正二郎〉の本名で官能小説」を執筆し、「その数、実に五百篇」にのぼる。

林不忘《はやしふぼう》（本名・長谷川海太郎）は『丹下左膳』などの時代小説を林不忘、『テキサス無宿』などのメリケン物を谷譲二、『地上の星座』などの現代小説を牧逸馬《まきいつま》と三つのペンネームを使い分け、いずれもヒット作を生み、新潮社から『一人三人全集』（全十六巻）という全集を刊行した。

ちなみに、林不忘は長男だが、次男の長谷川潾二郎は画家、三男はロシア文学者の長谷川濬《しゅん》、末弟が作家の長谷川四郎。四兄弟全員著名人である。

福永武彦は、加田伶太郎《かだれいたろう》、船田学《ふなだがく》の筆名で推理小説やSF小説を発表していた。

「二つのペンネームはミステリーファンらしくアナグラムにより考案したもの。ちなみに〈加田伶太郎〉は「ダレダロウカ」、〈船田学〉のほうは「フクナガダ」による」

山本周五郎の本名は清水三十六《さとむ》だが、「他のペンネームに〈清水きよし、清水清、清水逸平、俵屋宗八、横西五郎、土生清三、青江俊一郎〉などを用いた」とある。山本周五郎の筆名は「彼が少年時代、徒弟として住み込んでいた山本質店の当主〝山本周五郎〟」からとった。

吉川英治（本名は吉川英次）はペンネームが定着するまで、吉川雉子郎、吉川白浪、望月十三七、橘八郎、柳鷺一、雪屋紺之助、不語仙亭、吉川亮平、杉田玄八、中条仙太郎、杉村亭々、朝山李四、寺島語堂、大貫一郎、木戸鬢風、吉川英路、来栖凡平、杉村多摩夫、浜帆一、橘薫一、中島民一、都筑馨、宮下丑太郎、本間羅久治、加藤謙一、宇田川鈞、橋本求、加藤郁次郎、岡島清市、淵田忠良、岡田刀川、広瀬昭太郎などの名をつかっていた。

それにしても本名の「英次」から「英治」になるまでずいぶん遠回りしたものだ。筆名の変遷だけでも吉川英治が世に出るまでの苦労がわかる。

司馬遼太郎の本名は福田定一で産経新聞の記者時代、福田名義で『名言随筆　サラリーマン』（六月社、一九五五年）という本を出している。稀少本で古書価は三十万～四十万円していたが、二〇一六年に司馬遼太郎名義で文春新書が『ビジネスエリートの新論語』と改題し、復刻されている。

「〈司馬遼太郎〉のペンネームは処女作『ペルシャの幻術師』（昭和三十一年）で初めて使用」

『作家のペンネーム辞典』には入っていなかったが、ＳＭ小説の第一人者団鬼六は一九五七年に投稿した小説が「オール讀物」に入賞し『宿命の壁』という題で刊行された。この本は黒岩松次郎（団鬼六の本名は黒岩幸彦）名義だった。現在、入手難で古書価が高い。

本と本のあいだに自分がまだ知らない何かがきっとある。[P.272]

理想の住まい

列伝-07

書物はまさに私の望み通りに住むことができる家であった。[P023]

一時期、知り合いの古本屋さんに「これから誰がくるとおもう?」と訊かれるたびに「アホウドリ、きますよ」と答えていた。「くる」というのは「古書価が上がりそうな」というような意味だ。

アホウドリは、ノンフィクション作家の阿奈井文彦の異名である。

阿奈井文彦著『喫茶店まで歩いて3分20秒』(PHP研究所、一九七八年)の「古本屋で文学全集」にはこんな一節がある。

「何をするにも億劫な気分になったとき、下駄をつっかけて、なんとなく古本屋の棚の前で時間をすごし、それから映画館に入る。べつに上映時間をあらかじめ調べてきたわけでもないのに、切符を買って館内に入ると、頃合いよく休憩時間で、客席からタバコの煙がゆっくりとのぼっていたりする」

阿奈井文彦はこの本の表題のエッセイで、理想の住まいについて綴っている。

その条件は「一ツ、近くに感じのよい喫茶店があること」「二ツ、古本屋が二、三軒あるとよい」「三ツ、当然のことながら、銭湯の位置も近辺にあってほしい」「四ツ、下駄ばきで歩いてゆけるほどの距離に二本立て三百円くらいの名画座と、東映と日活ロマン・ポルノの封切館があれば、なお結構」とのこと。

当時の阿奈井さんはこの条件をすべて充たしていた学生街・早稲田の風呂なしアパートに住んでいた。齢は、三十八歳くらいか。

朝十一時ごろ、起きるとかならず喫茶店に行く。家で仕事をしている文筆業ゆえ、区切りをつけるために喫茶店は欠かせない。そうしないと気分転換できないのだ。何もしなかったり、人と会ったり、原稿を書いたりする。

わたしもたいてい起きると、喫茶店か古本屋に行く。家の中にずっといると頭がまわらない。仕事をする気になれない。

しかしよくよく考えてみると、この四つの条件は、都会のかなり限られた地域にしか成立しない。昔と比べると、銭湯があるような町に映画館を二、三軒も望むことはかなりむずかしくなった。

古本屋も銭湯もどんどん減っている。チェーン店は増えているが、昔ながらの喫茶店も減っている。

阿奈井文彦著『アホウドリにあいにいった』（晶文社、一九七五年）には「喫茶店の話」というエッセイがある。

学生時代、京都で暮らし、上京後、中央線沿線の中野界隈に引っ越す。

「とにかく、ぼくの住居は身分不相応に広大で、寝室と食堂が別棟になっており、寝巻き姿で出かけるわけにはゆかぬ。寝室と食堂のあいだには、当然、庭もあり、一本の道路も敷かれ、あまつさえ、信号機もあるのである。（中略）寝室と風呂場がまた、設計のミスではないけれど、ひどく離れていて、雨の日には傘をさして出かけねばならず、宏大な邸宅に住む不便をかこっていたのである」

四畳半の下宿は書斎兼寝室、居間は喫茶店、浴室は銭湯だった。

住まい探しのさい、部屋の広さや日当りよりも、町の環境を重視した。

阿奈井文彦にとって、町が自分の家のようなものだった。


今後、広い書斎と蔵書を保管できるスペースを持てる身分になることはまずないだろう。もしそれだけのお金があれば本を買ってしまうからだ。[p073]

タナカコケカメムシブンコ

【リカジョシ科】 *Gikkurigoshi Yatte Ichininmaeninari*

インターネット

倉庫問題

店番危機

消しゴム

紙袋の判子おし

汚れ落とし

紙魚

腰痛

値札

買取り

本屋の匂い

店猫1

北尾さんは一九九九年十月に「杉並北尾堂」をオープン。部屋のいっぱいになった本棚を見て「オンラインで売ったらどうだろう」とひらめく。[P260]

インターネット

古本-02

いまから二十五年ほど前のある日、突如思い立って店舗を借り、手もとにあったわずかばかりの本を並べて古本屋をはじめた。

当時から、この無謀さには散々呆れられてきたが、最近では「なぜネットでやろうと思わなかったんですか？」とよく尋ねられるようになった。そう質問をするのは、もちろんわたしよりも若い世代の方だ。

「当時はまだインターネットがなかったんです。それで」と答えると、一瞬間があいて、三十代くらいの方なら「ああ！　そうか！（ウィンドウズ）98より前か！」と驚かれ、もっと若い方は、モノクロームで思い描かれる過去の時代の話を聞かされて、どう反応していいのかわからないというような、曖昧な表情をされる。

ちなみに、店は一九九四年二月のオープン。ちょうど、インターネットのダイヤルアップIP接続サービスが開始され、ごく一部の人が利用しはじめた年だ。だから、先ほどの「インターネットがなかった」というのは、本当は「インターネットがまだ普及していなかった」と言うほうが正しい。

わたし自身は二〇〇〇年に知人のおさがりである自作デスクトップ機でWindows 98を使いはじめ、その後、二〇〇三年くらいにMac OS 9、ほどなくしてOS Xに移行し現在にいたる。

インターネットの一般への普及以降、古本屋の世界も激変した。「パソコン出来なきゃ、もうダメだよ」とよく年長の同業者に言われた。たしかにその通りになった。決して機械に強いほうではないけれど、好きなほうではあったし、初期設定なども、根気強く取り組めば自分でできた。しかも、店をはじめる前に数ヶ月間だけ情報処理の会社で働いたことがあったため、手元を見ずにキーボードを打つことも難ないことだった。そのおかげで蟲文庫が存続できたという面もある。ほんとうによかった。

ただ、相変わらずネット販売はしていない。お問い合わせのあった本がたまたま店にあれば、もちろん喜んで通信販売をしているが、専用のページを作って、在庫をリストアップして、というところまでにはいまだ至っていないのだ。

先日、ある同業の方に「なぜ?」と尋ねられた。そこで、ちょっと躊躇しながらも「メールの返信が安定したペースでできないので、いまのネット販売のスピードについて行く自信がない」と正直に答えた。

店舗の維持費のことはさておいても、対面での販売が苦手という理由でネット販売を選択する人もおられると思うが、わたしの場合は細かい事務が苦手なばかりに店舗を持ってやっている、というところがある。だから、インターネットがあたりまえの時代になってから古本屋をはじめたとしても、やはり実店舗での開業を選択したのではないかと思う。

では、なぜインターネットのおかげで、店を継続できているのかというと、どこへも行かず、あまり費用もかけず、じっとしたまま店の宣伝が出来るようになった、ということが大きい。

いまやなんでもなくなったようなことなのだが、しかし、かつて店の宣伝といえば、新聞の折り込みチラシや職業別電話帳、タウン情報誌などへの広告掲載くらいしかなかったし、そういえば、開業当初は、こんな店にも「バスに看板広告を出しませんか」という営業の電話がかかってきていた。路線バスの車体に掲げ

ネットなくして「一箱古本市」は考えられなかった(はるかに困難だった)にちがいない。[P.219]

きれい好きではなく、適度に、机のまわりに本が散乱しているくらいが心地いい。ところが、適度な散乱を維持することがむずかしい。[P074]

てあるあれだ。あまりにも思いがけなくて、最初は、素っ頓狂な声で「えっ！　バス？」と聞き返してしまったのをおぼえている。

　また、地方にいながら文章を書く仕事ができるようになったのも、やはりこうした世の中の変化のおかげなのだ。

　もしあの時、パソコンを使うことに抵抗を感じていたとしたら、観光地とはいえ、地方の町の、駅からも離れた場所にあるこんな小さな古本屋などとうの昔につぶれていただろうし、いまのように文章を書き、それが本になることなども一生なかったと思う。

　ほんとうにありがとう、意外と機械好きのわたし。

倉庫問題

苦悩-04

お若い方からは「この雑然とした感じがいいですね」と言われ、ご年配の方からは「これはまたずいぶんきれいに片づいた古本屋さんですね」と感心されるわが蟲文庫。自分では、まあそこそこ片づいているほうだと思っている。

　在庫がないとはじまらない仕事だけに、その保管と管理には常に頭を痛めている。

　専用の倉庫は持っていないので、店の二階や自宅の庭の物置などに分散させて、長年だましだまし、なんとかやりくりしてきた。

　しかし、家一軒分やバンの荷台に満杯などのまとまった買取りがある度に、「ああ、もうやっぱりちゃんとした倉庫を借りなくては」という、倉庫問題の波がやってきて、「店から自転車、いやできれば台車を押して行ける範囲の地域で、予算は」などと考えながら不動産屋を訪ねたりもする。しかし、店は地代や家賃の安くない市街地にあり、そんな都合の良い物件などそうあるものではない。

　最近では、不動産屋の人からも「ああ、またこの人」という顔をされている。自分でも「こういうタイプのお客さん、古本屋にもいるよな」と思いながら、ひととおり物件のスクラップなどを見せてもらう。いくつかは実際に見に行ったりもする。そしてやはり毎回借りずに帰ってくる。

　大量の本が入ってしばらくは、こうして「とにかくなんとかしなくては」と焦るのだが、もともと本が積み上がっていてもなんの違和感もない場所ではあるし、右へ左へと体をくねらせながら本の山の間を行き来するのにも次第に慣れる。そうこうしているうちに、それらもすっかり日常の景色になってしまうのだ。

　そのため、たまに店内で行う音楽のイベントなどのため、必要にかられて片づけると「あらっ、この本！」と、思いがけない良書が発掘されることも珍しくはない。

「あの棚、いまいっぱいだから」とか「ちょっと惜しいから、少しずつ出して行こう」などと、いらないことを考えているうちに、また次の買取りの山がやってきて、下のほうへ、奥のほうへと埋もれていく。

　良さそうな本は、無理矢理詰め込んででも、さっさと売り場に出さねばならない、とその都度反省する。

　そして、わたしの店が「そこそこ片づいている」のは、こうしたイベントのおかげだなとも思う。整理整頓は、あまり得意なほうではない。

　帳場に積んであるものすら、こんなふうに、よっぽ

床に積まれた本の山に足の指をぶつけるたびに、やりきれない気持ちになる。[P071]

書店で働くようになって嬉しかったことのひとつに「本屋で一人っきりになれる」というものがあります。[P244]

ど思いきらないと触りもしないのだから、ふだん目に入らない倉庫の中など、意識することなどめったになさそうだ。しかも、わざわざ倉庫まで運ぶということは「すぐに出すようなこともないけど、捨てるのはちょっと惜しい」本ばかりに違いない。

　そもそも、この店自体、だましだまし、なんとかかんとかやりくりしてきているのだから、在庫置き場だってそれでなんとかやっていったほうがいいような気がする。たぶんそれが似合っている。

　でも、やはりこうして古本屋を続けている限りは、また時々倉庫問題の波がやってきて不動産屋を覗きに行くのだろうと思う。

店番危機

苦悩-05

古本屋としての仕事にもいろいろあるが、店番が特に好きだ。

　店舗をもってやっているので、これが苦手だったら話にならないのだけれど、なにしろ、店番というのは、まったく手を動かさず、ただぼんやりと座っているだけでも、とりあえず「仕事」をしていることにはなるのだ。たとえその日の売上げがゼロに近くとも、「ああ、今日は何もやらなかった」とか「進捗なし」などと必要以上に自分を責めないですむ。いちおう「店番」だけはやった。

　そして、やる気がでてくれば、本の手入れや値段付け、棚の整理整頓、補充、お買い上げいただいた本に添える栞の製作など、その都度達成感を得られるこまごまとした作業はいくらでもある。常々、わたしは店番に向いていると思っていた。

ところが、ここ数年、その心境に少し変化が現れていた。

長年、店は「観光地の外れ」にあった。しかし移転したわけでもないのに、いまでは「観光地のまっただ中」にある。「観光地」のほうが、こちらへと広がってきたのだ。そのため、行楽シーズンの週末や連休などには、ふだんは本そのものになじみのない方や、生まれて初めて古本屋に入るという方が覗いていかれることが増えた。そして、それなりに面白がられる場合もあれば、「なぜ観光地でわざわざ本など売っているのか」と腹立たしげに出て行かれることもある。

店の周囲の人の流れが、特にこんなふうになったのは四、五年ほど前からだろうか。正直なところ、はじめはしんどかった。とにかく、表を行き交い、店に出入りされる人々のテンションと古本屋のテンションとにギャップがありすぎる。そんな家族連れやグループが二組も入ればもう満員だ。あまりの喧騒に呆然とすることもあった。もちろん、全くと言っていいほど売れない。好きなはずの店番が苦痛になる日もあり、このまま続けていくことができるだろうか、と不安になった。

とはいえ、相変わらずオフシーズンや平日は静かなものだし、自分自身もだんだんと慣れてきた。ひどく賑やかな日は、店の中も往来だと思うことにして、その〝道端〟で本の補修をしたり、値段をつけたり、紙袋に判子をおしたりしている。たいへんはかどる。

そうしているうちに、人混みをかきわけ、かきわけ、古本を求めてくださる方もある。「あ、天使がきた」と心の中で思う。

業務の合間をぬって、カウンターでぱらっと本をめくり出したら最後…[P.224]

そんなわけで、環境の変化から起きた一時的な危機を乗り越え、最近はまたのんびりとした気持ちで座っている。

そういえば、ここ数年、海外からの家族連れの方も増えたので、表から、いろいろな言語の「こどもの歌」が聞こえてくるのも楽しみになった。

消しゴム

古本-03

大人になって、こんなにも消しゴムを使うのは、いまどき古本屋くらいではないかと思う。かつては漫画家やデザイナー、建築や機械設計などの図面を引く方には相当な需要があっただろうけれど、いまも手描きをされているという方はかなり少ないと思う。

本に線を引いてしまうと、古本屋へ売却する際、「本の値段は悲劇的に下落する」…[P.329]

消しゴムを何に使うかというと、鉛筆による線引きを消すためだ。きれいに消えて新品同様になるのならば数百円から数千円をつけることができ、無理なら百円くらいで出すしかない。

たいていは本の前半に多く、後半になるにしたがい力尽きていった様子がうかがえる。しかし、たまに最後の最後、「あとがき」や参考文献一覧にまで熱心に引いてあるものもある。「ずいぶん勉強家なんだな」と感心するとともに、大きなため息が出る。

消しゴムで消せるとはいえ、シャープペンシルのような、細く硬い芯による線の場合は、どんなにしても跡が残るため、最初からあきらめる。しかし、がんばればなんとか消える、くらいのほどほどの濃さと強さの線が全編にわたって引いてある場合は、何時間もかけて消して行くことになる。消しゴムのカスの量もかなりのものだ。見開きページの隙間に入り込んだ消しカスを、薄い定規などで一生懸命取り除くことも多い。

そして、せっかくがんばったのに、あとちょっとというところで力が入りすぎてうっかりページを破ってしまうこともある。これはもう大変な徒労感だ。「なにやってんだ」という気持ちにもなる。

それでも、最後まで無事に消すことができ、それなりの価格の値札を付ける時はほんとうに気持ちがいい。「よし、よし」と撫でさすってしまう。

消しゴムは昔ながらの水色と白のパッケージのものを愛用している。家具や洋服、食品なども販売している、某良品のものもわりと使いやすい。

紙袋の判子おし

古本-04

「鯛焼き袋」と勝手に呼んでいる、ハトロン紙の紙袋。縦縞の入ったいちばん薄い茶封筒のあの紙。

お買い上げいただいた本を入れてお渡しする袋は、長年この紙で出来た「カクケイ」という商品名のものを使っている。包装材料屋さんなどに行くと、さまざまな大きさのものが売られている。

わたしの店では、Ａ５くらいの雑誌が入る「カクケイ特大」、単行本が二冊程度入る「カクケイ1号」、文庫や新書が二、三冊入る「カクケイ3号」という三種類のサイズを使用している。

それぞれ、百枚組が五束入って一セットになっており、一度に数種まとめて買うと、なかなかの重量になる。といっても、自転車で買いに行くので別になんて

レジで「この袋しかなくて……大丈夫ですか?」「お気をつけてお持ち帰りください」とお声かけするのもどことなく楽しいものです。[P235]

ことはない。

買って帰ると、数が少なくなっているサイズのものから一枚ずつ判子をおして行く。友人や家族に描いてもらった亀やカワウソやマヌルネコの絵をもとにしたゴム印を用意している。店とはまるで関係がない動物たちだけれど、単純作業に飽きないように、好きな生き物の絵にしている。いつも判子をおしながら「かわいい」「わ、かわいい」とひとりで喜んでいる。最近は、時々あずかっている小学生の甥が手伝ってくれることもある。

以前は、店のオリジナルの袋を外注するなんて、まるでどこか違う世界のことのように贅沢に思えたけれど、印刷代というのも、以前と比べれば嘘みたいに安くなった。もしかしたら、いまなら外注しても金額はそんなに変わらないのかもしれない。

でも、この少なくはない枚数の紙袋がいつのまにか減って行き、「ああ、また買いに行かないと」そして「判子おさないと」と思うのは、それはそれだけ本が売れて行ったということの実感にもつながるので、なかなかいいものなのだ。いったい、これまでの年月に、何枚の紙袋に判子をおしてきたのだろうか、と思うと、自然に感謝の気持ちがわいてくる。ありがたいことだなと思う。

店の袋は、これら「鯛焼き袋」三種の他、大判の本や大量購入された場合に入れる手提げの紙袋やナイロン袋、また鞄をお持ちでない方や雨の日などにお渡しする薄いレジ袋のようなタイプも用意している。

店の袋といえば、たまに包装紙コレクターのような方から「保管用にもう一枚もらえませんか?」とか「前の時はカワウソだったので、今日は他の絵にしてもらっていいですか?」などと言われることもある。

仕事柄、気持ちはなんとなく理解できるので、たいて

本屋はつねに本を包む商売。[P227]

いは喜んで応じている。

汚れ落とし

古本-05

日々店頭でさまざまな人と直接古本の売り買いをしていると、本の汚れに対する感覚は本当に人それぞれだなと感じる。

神経質な人はもちろん相当に神経質だけれど、気にならない人というのも、こちらもとことんというくらいに気にならないようだ。

おかげで、インターネットや目録で売るには「ちょっと無理かも」と思うような、ぼろぼろに傷んだ本でも、店頭ならばいちおう出しておくことが出来る。その方が手に取ったうえで納得して買われるのだから、「思ったより汚かった」ということにはならない。実際、意外となんでもなく売れて行く。もちろん安めの値段をつけてはいるけれど。

とはいえ、売り物であるからには、きれいであればあるほど望ましい。

最近はタバコのヤニでまっ黄色になったような本はずいぶん減ったけれど、部屋の中に置いているだけでも、なぜかだんだん汚れてくるものだ。

入ってきた本は、値段を付けて棚に並べる前にできる限りの努力をして汚れを落とす。まずは全体の埃を払い、硬く絞った布やキッチン用の除菌アルコールを染み込ませたティッシュペーパーでカバーまわりの汚れ拭きとる。

これだけでは落ちない頑固な汚れの場合は、「洗剤のいらない」という謳い文句の白い研磨スポンジを使うこともある。ＰＰ加工された水をはじくタイプの紙であれば、タバコのヤニによる分厚い汚れも、なかな

古本を買って、どうしてここに犬耳があるんだろう？　って考えるのが好き。[P.012]

あれが同様に肺の壁に付着していると想像すると恐しくなり、禁煙しようと思ったものだった。［P.317］

かきれいに落ちる。「研磨」というだけに、拭きとるのではなく、表面を薄く削るようなものなのだ。

見返しのチリの部分もよく汚れているので、必ず確認する。天や小口などの汚れも可能な限り落とす。基本的には乾いた布で拭きとるだけだが、この部分は人間の血液や害虫によるしみなどがついていることがあるので、あんまり気になる場合は目の細かい紙やすりで削ることもある。

ほとんどの人は紙で指先を切ってしまった経験があると思うが、本は血液による汚れもけっこう多いのだ。

また、ページが外れかけていたり、カバーが破れていたり、函が壊れていたりすると、なるべく目立たない場所に和紙を貼るなどして補修する。

さらに、それでもどうしても外見のダメージが強い場合は硫酸紙を巻く。わたしの店では、貴重な本、定価より少し高い値段をつける本などの保護のために巻く場合が多いので、汚れを隠すためなのに、なんだか少し高級感まで感じられてすばらしい。

硫酸紙のような半透明の紙は他にパラフィン紙やグラシン紙などもある。どれも見た目はよく似ているが、これは紙を半透明にするための手法に違いがある。紙の繊維を溶かして隙間を小さくするために硫酸などの薬品に浸すのが「硫酸紙」、繊維と屈折率の似た石油パラフィンや樹脂などを染み込ませるのが「パラフィン紙」、機械のローラーで圧力をかけて隙間を潰すのが「グラシン紙」なのだそうだ。

ちなみに、いつも「硫酸紙ください」と買いに行く近所の紙問屋さんは、たいへん有名なお笑い芸人であり、著作も多い某博士のご実家である。

それから、「汚れ」ではないけれど、ダメージの中でやっかいなものには本にしみついた臭いがある。この場合、いまでも多いのはタバコで、あまり強くしみついている場合は買取りをお断わりすることもある。それから「これは明らかにカレー屋さん……」と思うような、飲食店出身の本も困ることが多い。しかし、なにより困るのは猫のオシッコの臭いだ。飼い猫による粗相もあるし、物置や納屋などに置いてあった場合は野良猫によるマーキングということもある。これには、臭いだけでなく、液体によるダメージも加わるので、どんなに惜しい本でも、これだけはどうしようもない。見なかったことにして処分する。

信じられないという方もおられると思うが、きちんと保管されていた本ばかりを引取るわけではないので、実際に時々は出くわすケースなのだ。

そうやって、数々の困難をくぐり抜けてこの店までやってきて、そして出来る限りの手入れをほどこした本が店に並んでいる。だから、たとえ店頭に相当ぼろぼろの本を並べていても、いちおうこれだけの段階を踏んだうえでのものであるということをご理解いただければうれしい。

でも、そのまま売れずにずっと本棚に並んでいると、またたんだんと汚れてくるのだけれど。

紙魚

古本-06

フナムシを細く小さくしたような、銀色のあれ。シミ目シミ科の昆虫で、英名は silverfish。寿命は七、八年と思ったより長い。

ふだんよく見かけるのは、まさにこの silverfish と呼ぶにふさわしい銀白色のもので、どうやらセイヨウシミという移入種らしい。在来のヤマトシミなどはもう少し褐色がかっているそうだ。そういえば、少し錆び

置きにくい、売りにくい、保管しにくいの三拍子。けれどもあえて泣かされましょう。[P.235]

たような色のものも何度か見かけたことがある。

その名前からして、いかにも本の天敵のようであるけれど、しかし、活字の上にうねうねとした喰い跡を残したり、穴を開けたりするのはシバンムシという茶色くてころっとした甲虫の仕業なのだ。わたしの店では本ばかりか古い板壁なども食害にあっている。築百数十年の建物なので、あちこちいい具合に朽ちてきており、食べやすいのだろう。漢字では死番虫と書き、禍々しさがいやましてくる。そして紙魚のほうはといえば、もう少し地味というのか、本の背の糊や和紙などをなめたり、台所の乾物を食べたりする程度らしい。洗面所などの水まわりでもよく見かける。

もうずいぶん前のことだが、鹿児島の大隅諸島に属するある島に住んでいる友人から、「同じ集落の知り合いの女性から、本の処分を相談された。あなたの店で引取ってもらえないか」という連絡があった。その方は予後のよくないご病気だということだった。事情も事情なので「もちろん」と返事をし、ほどなく数箱が届いた。添えられていたご本人からの丁寧なお手紙によれば、ほとんどはその方のお父様の蔵書だそうで、東京から移住する際、どうしても手放しがたく、一部を運んで来られたということだった。自然科学関連の専門書の他、坪内逍遥訳の『シェイクスピア全集』などもあった。

かなり後になってわかったことだが、そのお父様というのは、わたしも敬愛する、さる高名な学者だった。気がついた時には、いまさらながら手が震えた。

そして、この件で、もうひとつ驚いたことがあった。南の島から届いた本の隙間からはい出してきた紙魚は、ふだん見かけるものよりも、ひとまわり以上も大きかったのだ。しかもかなり黒っぽい。たぶんヤマトシミだ。

「あっ！」と思ってつかまえようとしたのだが、するすると帳場に積み上げた本の間に消えてしまった。できれば標本にしたかったのだが仕方ない。南の島のT博士の本の隙間で育った立派な紙魚は、それからしばらくは蟲文庫の中で暮らしていたのだろうと思う。もしかしたらいまも子孫はいるのかもしれない。

そういえば、以前、東京の同業の方々に尋ねてみたところ、紙魚はほとんど見ることがないそうなのだ。古書も扱う道具屋の知人も「明治期の本の間から平たくなったやつが出てきたことは二、三回ありますね」と言っていた。そして関西地域では「ああ、時々見るよね」という返事が大半。どちらかというと南方系の生き物なのだろう。やはり、糸魚川―静岡構造線や関ヶ原のあたりが境目なのかしら。

苦悩-06

腰痛

「古本屋をやっていくうえで、大変だと思うことは何ですか？」と尋ねられたら、「本が重い」「腰に悪い」と即答する。とにかく古本屋というのは、一年中、くる日もくる日もひたすら重い本を運んでいる。

運ぶといっても、わたしの場合、車輪のついたもので自ら操縦できるのは自転車と台車だけなので、量は少なく、動きのほうも小さく狭いほうではある。

他の項目でも少し書いたのだが、じつは、いまだに古書組合に加入していない理由のひとつに車の運転ができないということがある。都市部の場合はわからないけれど、岡山などの地方にある古書会館（古書業者の間で本の売買いをする市が開かれる場所）は駅から離れたところにあることが多い。そのため、市場への搬入出

ブレイズは、この本の中で、〝書物の敵〟として、火、水、ガスと熱、塵となおざり、無知、紙魚(しみ)・その他の害虫、集書家などをあげている。[P.266]

本の包みが少々重くても、タクシーを拾ったりしない。電車で帰る。私は「古書体操」と呼んでいる。［P.254］

にも自動車の運転が必須になるのだ。

じつは運転免許はある。しかし取得直後に二回ほど運転したことがあるだけで、以来、もうかれこれ二十五年以上になるゴールドカード所持者だ。「まずは車の購入とペーパードライバー講習か……」と思うと、なかなかハードルが高い。しかも、運動神経が非常に鈍いため、運転そのものが好きではなく、恐怖心すらもっている。周りの迷惑にもなるだろうし、できれば一生車の運転をしないですませたいというのが本音なのだ。

ただ、運転免許証というのは、自営業者やフリーランスにとっては、他に替え難い便利な身分証明になるので、数々の補習券を切りながらどうにかこうにか取得しておいてほんとうによかったと思っているし、数年に一度の更新も、決して忘れない。

そんなわけだから、「宅買い」と呼ばれる、お客さんのご自宅に直接伺って本を引取ることはめったにしない。どうしても必要な場合、友人に運転を頼むことはあるが、こうした地方の町では、自家用車どころか、ひとりにつき一台車を持っていることが多いため、相当な量でも、たいていはご自身で直接持ち込んでくださるのだ。

たまに、近所の老婦人などに声をかけられてお宅に下見に行き、買取れそうなら自転車や台車で何往復もしながら蟻のように地道に運ぶことはある。しかしこれは「宅買い」と呼んでいいのかどうか、ちょっとわからない。

ともあれ、日常的に市場で売り買いし、古書展にも出店し、宅買いにも行くような店と比べれば、本を運ぶという作業はかなり少ないほうだろう。

それでも、もうかれこれ二十五年ほどの間、毎日ひたすら本の山を、あっちへやったり、こっちへやったりしてきたことには違いない。その証拠、かどうかはわからないけれど腰が悪い。

「古本屋は、ぎっくり腰をやって、やっと一人前」という言葉は、いつどこで誰から聞いたのだったか、もう思い出せないのだけれど、ぎっくり腰ならすでに三回、そのうちの一回はたいへんな重傷で、おおよそ普段通りの生活に戻ることができるまでに三週間近くかかった。

　ようやくなんとか布団の上で体を起こして座れるようになったとき、さぞ退屈だろうと家族が渡してくれた一冊の写真集すら自力で支えられずに取り落とし、呆然とした。たしかに、本によってこれだけ体を傷めれば、一人前といっていいかもしれない。まったくうれしくはないけれど。

　横着が一番腰に悪い。重い物を持ち上がる時は、そのものに対してまっすぐ正面を向き、ちゃんと腰を落とし、膝を曲げて、ということはもちろん重々承知している。それでもつい焦ったり、うっかり他のことを考えながら、斜め前方や斜め後方にあるものを、体をひねったまま持ち上げようとしてしまうのだ。人は、「いま、ここ」に意識を集中させていなければ、ろくなことにはならない。

　古本屋を続ける限り、右へ左へ上へ下へと本を運び続けることになる。先日も宅配便のおにいさんと「お互い、気をつけましょうね」と励ましあったばかりだ。うちを出入りする荷物はいつだって重い。

一方では実際に足で歩く散歩をしながら、他方では足を停めて本の中で想像の世界や思い出の世界を散歩する。［P.085］

値札

古本-07

古本につける値札は長い間、裏の見返しに糊で貼る方式だったのだが、剝がした跡が残るのを嫌う方もおられ、わたしもだんだんと「跡が残らないならそれに越したことはない」と思うようになり、数年前から新刊書のスリップのように、二つ折りにした紙を挟む方式にした。

このタイプはお客さんが棚から出して本を開き、また閉じて棚に戻す時、かなりの確率で挟んである値札がずれて天から飛び出してしまう。そのため、一日の終わりなどにスピンのはみ出した本がないか、カバーが上にずれて危険なことになってはいないか、などと確認してまわる時の作業がひとつ増えたのだが、その日にお客さんが手に取られた本がどれなのか、これまで以上によくわかるようになったため、むしろ楽しみが増えた。「ああ、あの本を買ってくれた人、こっちと迷ったのかな」などと勝手な想像をして喜んでいる。挟む方式に変えてほんとによかったと思う。

そういえば以前は、これだと紙の分量をとるのでもったいないと思っていたのだ。いまは、おかげさまで値札をつくるための白い紙くらいは、あまり気にせず買えるようになったし、二つ折りにした裏側は何も書いていないので、切ってメモ用紙にすればいいことにも気がついた。

値札には、本のタイトル、著者、出版社と場合によっては発行年も書いており、売れると、それらを日々の売上げノートに書き写している。店をはじめた頃、一冊でも多く本のことを覚えようとしてはじめた習慣だ。

挟む方式に変えたとはいえ、あまりきっちりとした性格ではないこともあり、糊で貼っていた頃のものはそのままにしている。糊で貼る方式は、かれこれ二十年以上は続けていたので、紙質や紙のサイズ、値札に書いてある自分の文字などで、おおよその時代がわかって面白い。店をはじめた時からずっと棚に並んでいる本もまだ少しあり、一年に一冊くらいは売れて行く。その値札はかなり特徴があるので、お会計の時についつい「あっ!」と声が出てしまう。これまで苦楽をともにした二十数年モノの本だ。傷みや埃が目立つ場合は、頼まれもしないのに少し値引きし、そして、お渡しする時「よかったね、お達者で」と心の中で手を振る。

買取り

古本-08

いま、店の棚に『木山捷平全集』と旺文社文庫の『内田百閒』全三十九巻に『百鬼園寫眞帖』、平山三郎『実歴 阿房列車先生』『百鬼園の手紙』『百鬼園先生よもやま話』『回想の百鬼園先生』、中村武志『百鬼園先生と目白三平』をセットにしたものが並んでいる。

いずれも店頭での買取りだ。それぞれ別の方なのだが、自転車のカゴや荷台に乗せてふらっと持って来られた。びっくりした。こんな日が来るとは思いもしなかったし、これから先、店を続けていても、もう二度とこんなことはないかもしれないと思いながら毎日眺めている。

「いい買取りが増えたね」と親しい同業者からも時々

何を売るかはいつも迷う。蔵書を減らしたいとおもって、本の仕分けをしているうちに、だんだん手元に残しておきたくなる。[P076]

井上は新版が出た際、旧版を処分した。それが流れ流れてアメリカの大学へ売却されたらしい。[P330]

言われる。たしかにそう思う。

　また、特別貴重というわけではなくても、その方の好みにぴったりの本が並んでいたりすると「こんな本を手放す人がいるんですか？」と驚かれることもある。そういえば、わたしもかつてはそんなことを思ったことがあったけれど、でも、人の一生は思ったより長くはないし、そうでなくても、本というのはじつにさまざまな事情によって持ち主の手を離れて行く。引っ越しや住宅事情などをはじめ、ご自身で処分される場合も、やむにやまれず、ということがほとんどだ。

　先日、ある方から、「重い病気になってしまって、もう自分の力では文庫本くらいしか持てないんですよ」とたくさんの本を譲っていただいた。その方は「ずっと読んできた本は、私のきょうだいみたいなものだからね。行き先が見つかってほんとによかった」と喜んでくださったけれど、買取った本を前に、思わず居ずまいを正すようなことも増えた。

　何らかの事情で蔵書の処分を決心される人の年齢と自分の年齢とがだいぶ近づいてきたんだな、と最近よく思う。まだまだお元気な方でも「家族はまったく本に興味がないから、自分にもしものことがあったらゴミにされてしまうだろうと思う」といってダンボールに何箱もお持ちくださることは珍しくない。たいてい、かつて憧れた、あの本だったりこの本だったりする。

　これもあくまで商売なのだから、安く買えるに越したことはない。買取りの時にはなるべく渋い顔をしていたほうがいいというのだけれど、やはりそんなことはすっかり忘れて、思わず万歳でもしそうな勢いになることすらある。でも、もちろん常に誠実買取りいたしております。

生まれつき体力がないから運動嫌いなのか、運動嫌いだから体力がないのか、とにかく子供の頃からずっと体力がなくて運動が嫌いだ。しかしさすがに最近、日々の養生ばかりではなく、少しは体を鍛えなくてはと思うようになった。なにしろこの仕事、責任重大だ。

まさか自分の店の棚に並んだ『木山捷平全集』と旺文社文庫の『内田百閒』を見て「まずはウォーキングとストレッチか」と思う中年期を迎えるとは思いもしなかった。とにかく健康第一でがんばっていきたいと思う。

苦悩-07

本屋の匂い

近隣の散策ついでに入って来られたような方から、よく「わあ、本の匂いがする」とか「いい匂い」と言われる。中には「この匂い、めっちゃ好き！」と言いながら、すーはーすーはーと深呼吸をされる方まである。先日は、外国人の方から「Smells good!」と親指と人差し指とで丸をつくるジェスチャーとともに、お褒めにあずかった。

ふだんから本屋や古本屋に出入りされている方ならば、じつは本の匂いではないのはすぐにおわかりになると思うが、これは店の中にわざと漂わせているパチュリという植物精油の匂いなのだ。

古い本の埃っぽいような甘い匂いは、別に嫌いではないし、長年のことでもうすっかり日常の匂いになってしまい、ふだんはまったく気にならない。ただ、この店は時折、本の匂いに覆いかぶさるほどの強い臭気に悩まされるためなのだ。

店は鶴形山という小高い丘陵地を背にして建っており、近隣のノラや半ノラの猫たちは、普段からこの山際をつたい、連なる家々の裏手を行き来している。わ

ロンドン大学ではこの「古書の匂い」を大真面目に研究しているそうです。[P025]

たしの店はちょうどこの裏手にあたるところが小さな庭になっており、いつの間にか、ここでひと休みして行く猫が増えた。彼らも、わたしが猫に甘い人間だということをよくわかっているのだろう。

うちでよく休んでいるのは、たいてい雌猫なのだが、節分の頃などの繁殖期になると、雄猫は縄張りを争って、あちこちに「スプレー」と呼ばれる、非常に臭気の強い尿をかけ、マーキングをしてまわる。

おかげで、普段から雌たちの憩いの場になっている店の裏庭は、格好の標的となり、ものすごく臭くなる。最盛期には目に沁みるほどだ。

窓や扉はできるだけ閉め切っておくけれど、しかし「気密性って何のこと?」と言いたくなるほど隙間だらけの古い建物なので、やはりなんとなく店の中まで漂ってきているようで気になる。そこで、苦肉の策というのか、古典的な方法でごまかしている、というわけだ。

パチュリはインドが原産のシソ科の植物で、この精油は書道で使用する墨の香りづけに古くから使われている。この場合もやはり、墨の原料である膠《にかわ》のにおいを和らげる目的があるそうだ。

そのせいで、「あ、墨の匂いがする」とか「お習字教室の匂い」と、懐かしそうにされる方も少なくない。香料の中では古本屋には一番違和感の少ないものではないかと思っている。そのうえ防虫効果もあるそうだ。

最近あらためて気がついたのだが、お客さんの口から頻繁に「いい匂い」「いい匂い」というポジティブな言葉を聞くのは、店番をしているわたしの精神衛生にとてもいいのだ。怪我の功名のようでもある。

店猫 1

古本-09

先日、悪夢にうなされていたら、数年前に死んだはずの猫のナドさんが、ぴょんと布団の上に飛び乗って顔を近づけ、起こしてくれた。もちろんこれも夢だ。でも、これまで猫が夢に出てくることはなかったので、かえって妙な現実感があった。

ともあれ、おかげで目が覚めて、ひどい夢に疲れてぐったりとしつつも、どこか甘やかな気持ちになり、いまも時々その感覚を呼び起こしては反芻している。

店の看板猫だったナドさんは、やや赤みのあるキジトラの雌猫だった。丸顔でぽっちゃりとした可愛らしい容姿に反して野性味が強く、狩猟の能力が高かった。店に出没するネズミや害虫を退治してくれるのはありがたかったけれど、とてもそれだけでは飽き足らず、表へ出かけては、さまざまな昆虫や小動物を捕えてきた。意気揚々とハトをくわえて帰ってきたことまである。

といっても、決してそれらを食べはしない。古本屋をはじめたばかりの貧しいわたしに食べさせようとしていたように見えた。彼女自身は茹でたブロッコリーが好きだった。

狩猟能力が高いせいだろう、武器となる爪の手入れにはことさら熱心だった。これにはほんとうに閉口させられた。柱や畳や襖、ダンボールなど、爪とぎに使う場所は、それぞれの猫によって好みがあるのだが、彼女は畳やゴザの他、人間の膝よりも少し高く積んである本がお気に入りのようだった。古本屋にとって、これは大変な脅威だ。

早い段階でそのことには気がついていたので、猫の

ホントですよ、ネズミは本をかじります。［P.209］

まるで読書走馬灯のようなその夢に、自分は今日死ぬのだろうか、と胸騒ぎを覚え、同時になんとも言えず懐かしい気持ちにも包まれたのでした。[P056]

爪とぎゴコロをくすぐらないぎりぎりの高さに積むように常に注意はしていた。しかし、長年のうちにはうっかりすることだってある。本の背にひっかき跡をつけられて、やむなく百円で出すことになった本は数知れない。もちろん、市販の爪とぎ器も用意はしていたが、主食に対する香の物くらいの扱いだった。

以前、岡崎武志さんにお目にかかった時、飼い猫の話題になったので伺ってみたところ、岡崎さんのお宅の歴代の猫はみな、本で爪をとぐことはないそうだ。さすがだなと思った。当時のわたしは、まだ本との間柄に距離があり、「これは重要なものだ」ということが猫に通じなかったのかもしれない。

ナドさんは、十七歳まで生きたが、後半の七年間は自宅でのんびりと過ごしていた。わりあい神経質な性格でもあったので、歳をとるにつれ、知らない人の出入りが多い店で過ごすのをいやがるようになったせいだ。

もう一匹のミルさんのほうは、断然ダンボール派だったこともあり、本で爪をとがれる心配はほとんどなくなった。店の中、特に在庫置き場は、いまやたいへんな山になっている。

日本でも海外でも、猫を飼っている古本屋やレコード屋は少なくないようだ。あの猫たちはどうなのだろうか。とはいえ、たまに爪とぎ跡のある古本が入ってくると、「あーあ」と思いながらも、少し懐かしい気持ちになり、その裂けたところを触ってみるのだけれど。

ああ、ほんとうに久しぶりにナドさんに会えたな。無愛想だけど気のやさしい猫だった。また、たまには覗いてくれるとうれしい。よかったら店のほうへもぜひ。

オカザキフルホンコゾウムシ

【キンイツ科】 *Onajihon Nandodemokau Bakadeii*

手持ち無沙汰

同じ本を何冊も買う

本の夢

ティッシュボックスの空き箱

スクラップブック

おすすめの本

ご当地小説

点と線

自作の索引・人物紹介

アクセサリーとしての

ポケミス

ライト・ヴァース

漫画が教えてくれた

児童書だってバカにできない

日めくり本

半世紀前の未来とは？

古い観光ガイド

手持ち無沙汰

習性-10

限られた空間と時間のなかでこそ人は集中力が高まるというあの現象と同じでしょうか。[P225]

真性の本好きというのは、本を持たずに時間をつぶす、ということができない。食堂に入って注文した料理が出てくるのを待つ、駅のホームで次の電車を待つ、そのほんのわずかな時間も、手持ち無沙汰で、本を読もうとしてしまう。死語ではあるが、「活字中毒」者は、本当に存在する（私もそうだ）。

欧陽脩《おうようしゅう》の有名な言葉に「三上」があり、「馬上・枕上・厠上《しじょう》」が、文章を考えるのにもっとも適したシチュエーションだという。つまり、乗馬、寝床、便所の三パターンですね。これは、「読書」の「三上」にも置き換えられる。「馬」は、現代なら「電車」ということになろうか。私ももっぱら、この「三上」では、本を読んでいる。

「便所」の「大」の場合はわかるが、「小」はどうか。一分に満たない時間だが、それでも手に本がないと不安になるのである。これ、わかる人にはわかるだろう。したがって、「小」の場合でも便座にしゃがんで、本を開く。結婚して最初に住んだマンションには、広めのトイレがあったため、当然のごとく、スリムな本棚を置いていた。百冊ぐらいは取り揃えていただろうか。今は、トイレの前に文庫・新書用本棚がある。

景山民夫は、いしいひさいちのマンガ選集『ドーナツブックス』（双葉社）を、トイレの本棚に常備し、愛読しているとどこかで書いていた。新書判の四コママンガだから、たしかに一ページがすぐ読めるし、どこで止めてもいい。これは「あり」である。

プルースト『失われた時を求めて』や、中里介山『大菩薩峠』など、気の遠くなるような大長編は、トイレの読書に向かない。小間切れに読んだのでは、頭に入ってこないし、いつまでたっても読み終わらないと、トイレに行くのがストレスになる。少しでも余計に読もうと長く座っていると、ボラギノールのお世話になりかねない。

長年の「厠上」読書を通じて、最適の本として推奨したいのが岩波新書の『折々のうた』シリーズだ。詩人で評論家の大岡信が、「朝日新聞」紙上で、一九七九年から二〇〇七年にかけて長期連載したコラムで、随時、岩波新書で書籍化された。一回二百字程度の字数で、短歌、俳句、漢詩、川柳、近現代詩、歌謡を取り上げて絶妙の解説を加えた。よって短時間で読める。選択眼の広さと冴え、短い原稿に盛り込まれた情報の硬度と凝縮は、ほぼ毎日の仕事と考えると、ほとんど神業であった。

いま手近にあるのは『新　折々のうた2』（一九九五年）。各ページに二作紹介され、私はところどころ、詩歌句の上にエンピツで丸印をつけている。心に留まった、ということだろう。「むかしから穴もあかずよ秋の空」は鬼貫《おにつら》の句。「秋空のどこまでも深い青」を感じさせると鑑賞し、同時にこの芭蕉と並ぶ江戸俳諧の巨匠は、「摂津（兵庫県）伊丹の酒造業の家に生まれたが、揉み療治の医者を業とした」と簡潔な略歴を付す。「読み捨てに似て実際は脱俗高雅」と、鬼貫の特徴を書くことも忘れない。「神業」というゆえん。

「印捺せる蔵書を売りぬマークして海に放ち魚さながらに」（石本隆一）と、未知の歌人が詠んだ古本屋に関する作品も、『折々のうた』がなければ知り得なかった。「花冷えの底まで落ちて眠るかな」（古舘曹人《ふるたちそうじん》）も同様。いい句だ。

ジェイコブズによると、着実に仕事を続けている作家は、手当たりしだいに乱読をしているそうだ。[P097]

読書家の皆さんは、家のなかであるはずの本がみつからない、といったことはまま経験されると思います。本屋も同じです。[P.064]

同じ本を何冊も買う

習性-11

これは説明しにくい。合理的に考えれば、ムダ、徒労、愚かなことだ。食べ物なら、たとえば、好きなラーメン屋のラーメンを何度でも食べる。同じ味のラーメンだ。しかし、食べものは、一回、いっかい味わえば腹に消える。あとかたもない。味の記憶だけが残る。本の優れていて、また厄介な点は、味わったあとも寸分違わず元の姿のまま残ることである。古本屋に売る、他人に譲ることだってできる。食べ物ではありえない。回りくどい書き方をしたが、「本の虫」なら、「いや、言ってることはすぐわかりますよ」と通じるはず。つまり、同じ中身の本を何度でも買うのが、この「虫」の習性だ。

膨大な蔵書の中のどこかにあることは間違いなくわかっている。しかし、それを探す努力より、買ってしまった方が早いという消極的理由を含め、出先で、どうしても読みたくなって、今読まないと、この気分は消えるという場合にも、所持している本を買う。しかもわりあい平気で買うのだ。「バカじゃない」と言われそうだが、「バカ」と呼ばれないで、その道を突き詰めた達人はいない。バカでいいのだ。どんどん買え、と思う。

というわけで、私の家の蔵書には、すべて白日の元に晒したら、同じ本が何冊も出てくるはずだ。承知で買っているのだから罪はない。梶井基次郎『檸檬』なんて、新潮文庫、角川文庫、集英社文庫、ちくま文庫の一冊本の『梶井基次郎全集』を含め、いったい何冊あるか。しかも各社複数ある。でもかまわない。急にラーメンが食べたくなり、とりあえず手近な店へ飛び込むように、梶井も「読みたい」モードに入ることがよくあるのだ。

小林信彦『日本の喜劇人』（新潮文庫、一九八二年）は、日本の喜劇を語る上で唯一無二の名作かつ基本図書で、しかも品切とあっては、見つけたら買うしかない。晶文社の元版を増補した決定版という点でもカロリー価が高い。書庫を探せば、五、六冊は見つかるだろう。見つけたら確保。はい、確保。凶悪犯を追う刑事の気分に似ている。

海野弘『モダン都市東京』も中央公論社の元本と、中公文庫版を何度も買ったし、今でも見つけたらつい買いそうになる。それまで近現代文学史で看過されがちだった小説を、純文学、大衆文学の別を問わず、東京がモダン都市として成立した一九二〇～三〇年代を書いたという視点で読み直し、分析した傑作。この本からどれほどの刺激を受けたことか。川端康成としては、初期の風俗小説として批評の対象とはされなかった長編「浅草紅団」を、都市小説として再評価したのがこの本。長らく入手困難だった作品が、中公文庫にわざわざ収録されたのは、海野弘の著作の影響であることは間違いない。のち講談社文芸文庫に入ったが、私などはこの中公文庫版に愛着がある。

黒柳徹子『トットのピクチャーブック』（一九八四年）は新潮文庫のオリジナルで、今でも人気の童画作家・武井武雄の画業を集めて、カラー図版で展開。黒柳が思い出と解説を加えている。これも品切になってからは、百円ぐらいで見つけては買って、ちょうど会った人（女性である）に何度かプレゼントした（喜ばれるに違いないという前提で）。本を贈るのは難しいが、ビジュアルを重視した本なら、また相手にそういう感度があるなら、あげていいと思うのである。


たった今売れた本を「さっきそこにあった本は……」と聞いてくる人がいるのはもちろんよくあることですが…［P.246］

本の夢

習性-12

古本屋に行きたくなるのは本を買った夢を思い出した瞬間。[P055]

「本の虫」と呼ばれるべき条件の一つとして、「夢にまで本が出てくる」が「あるある」ではなかろうか。夢のメカニズムについて語るだけの知識を持ち合わせているわけではないが、多くは「願望の実現」と「不安の解消」にあるのではないか。「怖い夢」は、夢の中で怖い思いをすることで、目覚めている状態では回避する。間違っていたらごめんなさい。私はそんなふうに理解している。

　いつも心に移り行くよしなし事が、夢に現れる。私の場合、もっとも多く見る夢のジャンルは「鉄道（乗り物）」「学校」そして「本」だ。前者二つを説明するのはこの原稿の本意ではない。「本」の夢は見る時には、連日、立て続けに見る。そしてわりあいリアルである。知り合いが多く登場するのもこの分野だ。仕事が立て込んで、しばらく古本屋（古本市）へ行けない時など、必ずと言っていいぐらいに、古本屋の夢を見る。夢で願望を解消しているわけだ。六十を過ぎると、もう女の子なんか出て来ませんよ（それもちょっと淋しいけど）。

　本好きの知り合いにリサーチしてみると、たいてい、やっぱり「本」の夢を見ている。他人の「夢」の話は、まずもって退屈で、「昨日、こんな夢を見たんだけど」と切り出されると、困ってしまう。しかし、「本」の夢、となると聞いてみたい気がする。

　われわれの大先輩、出版・古本に関する評論の第一人者の紀田順一郎先生（とても呼び捨てにはできない）が『とっておきの本の話』（実業之日本社、一九八三年）というエッセイ集で、本の夢について書いている。

「いつの頃からか、私は本の夢を見ることがなくなり、かわりに本を納れるスペースの夢を見ることが多くなった。

大きな新築の家がある。私はその廊下を興奮して走りまわっている。なにしろ広い書庫があるのだ。すべての蔵書を整然と並べても、まだ棚はガラ空きである。「ああ、ここに詰める本があったらなあ！」という、うれしい悲鳴……。」（「本に寄り添う心」）

いや、笑ってはいけない。つまり、本好きの「夢」なんて、金さえあれば実現可能な、慎ましいものなのだ。蔵書が増え続け、住居環境を悪化、圧迫し始めると、欲しいのは名誉や金、ではなく、本を置くスペースになってくる。

私はこれまで、現在所有する蔵書と同じ分量ぐらいを、何度かに分けて、処分して来た。処分した本がまた必要になって買い直すなんて、日常茶飯事。まんじゅうで言えば、とっくにアンコがはみ出た状態になっても買う習慣が無くならないため、どこからが皮だか、アンコだかわからなくなっている（わかりにくい比喩だな）。もし、廃校になった小学校の校舎と講堂（体育館）を、私に与えてごらんなさい。ああ、本が置けると「その廊下を興奮して走りまわっている」自分の姿が、夢に出てきそうだ。ああ、早くそんな夢を見たいものだ。

ティッシュボックスの空き箱

習性-13

石井裕也監督『映画　夜空はいつでも最高密度の青色だ』（二〇一七年）は、面白いテイストの青春映画であった。地方出身で昼は看護師、夜はガールズバーで働く美香（石橋静河）と、建設現場で日雇いとして働く慎二（池松壮亮）が、紆余曲折を経て恋をする。原

ある本を読むことで別の本が読みたくなる。著者と関わりのあった人物のことが知りたくなる。そうこうするうちに、本はどんどん増えていく。[P074]

うちの子が、本棚をたくさん造りつけるのが最高のインテリアだ、と思う人間になってくれたら。[P273]

作は、人気の現代詩人・最果《さいはて》タヒの同名詩集による。

この映画で注目したのは、慎二がいまどき珍しく読書家の若者で、アパートに大量に本を持っていること。ただし、すべて文庫で、本棚はなく、ティッシュペーパーの空き箱を使って本を並べ、壁際に何層にも積みあげている。壮観な眺めだ。

使い終わったティッシュボックスを、中央の穴から四隅に向けて対角線上にハサミなどで切れ目を入れて、中へ折り込むだけでいい。文庫の横幅がティッシュボックスとほぼ同じであるのがミソで、文庫をタテに並べてもタイトルと著者名の背文字が見えるのも便利である。このティッシュペーパーの空き箱を使った文庫本立てについては、私も『文庫本雑学ノート――文庫がボクをつかんで放さない』(ダイヤモンド社、一九九八年)で書いたり、喋ったりしてきた。文庫用本棚、というのが今では市販されているが、昔はなかった。コクヨなどのスチールの本棚は、文庫を並べるのに適していない(棚を増やして、前後二列にする手はある)。

私は早くから、学生時代の下宿などでこのやり方を採用。遊びに来た友人たちは、「これええなあ、オレもマネしよう」などと普及に一役かったのである。廃物利用として、これほど上手くいくケースは珍しい。女性なら、包装紙や雑誌の写真ページを切り取って貼付けると、グッと見映えがアップする。

スクラップブック

習性-14

あんまりマメとは言えない私が、わりに継続して細々と勤しんでいるのが、新聞のスクラップ(切り抜き記事を貼る)である。スクラップ帳は市販のものを使うが、あなどれないのが、大手の百円ショップ。いろいろなサイズの、しかも洒落たデザインのスクラップ帳が売られているのだ。

私は、記事のサイズに合わせて、つねに大・中・小の三つを購入し、用意している。記事の大きさで、三つのサイズから選ぶのだ。意外に便利なのが「小」。もう、品切れになって、今は販売されていないが、四六判の単行本より一回り小さいスクラップブックは重宝した。囲みの小さな記事やコラム、「サンヤツ」の出版広告など、これがぴったり。

切り抜くのは出版、文芸、芸能、音楽、映画、街ネタなど。いま「２０１６年」と横開きの表紙にマジックで書かれたマイ・スクラップブックを引っ張り出してきた。ちなみに私が購読しているのは朝日新聞。開いて覗けば、講談社文芸文庫のサンヤツ広告、鷲田清一の連載コラム「折々のことば」、テレビ評、美術展の告知、各鉄道沿線の街ネタを拾った連載「各駅停車」等々。じつに種々雑多である。

本がらみのネタを、ちょっと紹介してみよう。「舞台裏」というコラムに「百書店の本屋祭」が紹介されている（二〇一六年四月十日付）。これは「自分の本屋で10冊の本だけを売るなら、と全国の42書店が選書した」祭だそうだ。二〇一六年五月号『新潮』の広告には、「発見　庄野潤三」として、二十年に渡り、文芸評論家の江藤淳に送った庄野の手紙が掲載されたとわかる。日頃、文芸誌なんて買わないが、これはチェック。

「気になる一品」というコラムでは、東京都文京区の「印刷博物館」で、引札（江戸～大正期に商店で作られた広告チラシ）をそのままメモ帳にしたのが売られているという。美人画や縁起物の大黒などデザインも五種ある。これいいなあ。柴田元幸と村上春樹が組んで、入手困難な海外小説を新たに新訳、復刊する新潮文庫

知識の網が大きくなれば、どうでもいいとおもっていたことの重要性に気づきやすくなる。[P.271]

本のコンシェルジュやソムリエよろしく、あるいは波山さんのように「では……これなどいかがでしょう」と言えればよいのですが、いかんせん力不足です。[p042]

のシリーズ『村上柴田翻訳堂』の紹介記事（二〇一六年四月二十七日）もある。村上訳のマッカラーズ『結婚式のメンバー』、柴田訳のサローヤン『僕の名はアラム』など、私も買いました。

スクラップで気をつけねばならないのは、切り張りの作業で満足してしまい、スクラップ帳を死蔵しかねないことだ。その点、この「小」サイズは、本のサイズに近いから、本棚に並べておいて、外出の際、カバンに入れて移動の車中で読むことができる。ああ、そうだった、とここで確認できるのだ。いわば一冊の自分だけの本だとも言える。

二〇一七年のスクラップブックには、「福岡伸一の動的平衡」という連載の十二月十四日分が張り付けてある。なんだろう、と見ると、青山学院女子短期大学の閉校が伝えられていて、福岡は同じ敷地内の四年制で教鞭を取っていた。同氏によれば、短大エリアは男性にとって敷居が高いが、気軽に立ち寄れたのが短大付属図書館。「ここの蔵書がすばらしいのだ」という。迷路のような三角形の建物で、一番奥に窓のない洞窟のような一室があり、ここが「ぎっしり絵本だけの部屋」。うーむ、たしかにこれは女子短大ならではのライブラリーと言えよう。私はちょっと入る勇気はないが……。

おすすめの本

読書-07

書評あるいは、本を紹介する文章を書いている。自分の仕事を初対面の人にそう説明すると、かなりの確率で、「なにか、おすすめの本はありますか？」と返ってくる。そこで私はいつもほとんど絶句する。これ、困るんである。いや、相手は気象予報士に「明日の天気は？」と聞くのと同じように、いわば挨拶として聞いている。それはわかるのだが、気象予報士が明日が晴れると断言できるほどには、初対面の人に、その人が好むぴったりの本を挙げるのは難しい。

医者が病状を聞いて、薬を処方するように、ぴったりの本などわかりようがない。どんな本をこれまで読んできたか、趣味は何か、好きな作家はいるのか、どんなジャンルに興味があるのか等々、リサーチして、ようやく「それでは」と、心当たりが答えられるかも知れない。いや、それでも、すすめてあげた本が気に食わない可能性もある。美味しいラーメン店を紹介する方が、はるかに容易いのだ。

しかし、あんまりひんぱんに「おすすめの本」を聞かれるので、場合によっては、いくつか無難な答えは用意してある。男性なら「吉村昭」、女性なら「アン・タイラー」だ。この二人の作品なら、どれを読んでも間違いなく面白いはず。これで本が好きにならないならもうお手上げで、ゴルフでもマラソンでも、好きなことをやって健康に生きて下さい。

もう一つ、とっておきの答えがある。それは和田誠『お楽しみはこれからだ――映画の名セリフ』（文藝春秋）シリーズだ。「キネマ旬報」の連載が、一九七五年から順次単行本にまとまり、「PART7」（一九九七年）まで出された。こんなに洒落た、こんなに素敵な本はほかにない。海外にもないと思う。私は何度も再読をしている。

映画ファンで、その後映画監督まで務めた（『麻雀放浪記』ほか）イラストレーターの和田誠が、記憶にある映画の名セリフに着目し（多少、シナリオやテレビ放映も参考に）、それを引用しながら映画の見どころをガイドする。もちろんイラストつきだ。

「ゆうべどこにいたの？」「そんなに昔のことは憶え

本を贈るという行為は、日常に潤いと、そして少しのスリルももたらしてくれるような気がします。[P057]

てないね」「今夜会ってくれる?」「そんなに先のことはわからない」

と、これは『カサブランカ』のハンフリー・ボガートが女につれなくするセリフ。和田は、テレビやほかの映画で、『カサブランカ』の名シーンやセリフが引用されていることを、いちいち実例を挙げて説明する。ただ、懐かしく、うっとりしているだけではない。知識の引き出しと文章の芸が、奇跡的に融合し、遊び心たっぷりのエッセイになっている。

「青カビに疑問を持ったから、ペニシリンが生まれたのだ」は『エクソシスト』の、リー・J・コップが扮する警部補のセリフ。ここだけだと、何のことかわからないでしょう。ぜひ『お楽しみはこれからだ』に当たって下さい。宿題です。「海には魚がいくらでもいるさ」は、女にふられた男をバーテンが慰める時に言うセリフ。映画はフレッド・アステア主演の『イースター・パレード』。これなどどこかで使ってみたい。

ところで、この本、誘いはあったろうが文庫化はされていない。大判のこのサイズでゆったり読む(眺める)のがいいのである。読書にはそんなお楽しみもあるのだ。


『ジェイン・オースティンの読書会』は本好きにおすすめしたい映画です。[P.032]

ご当地小説

読書-08

本を読み慣れていない人は、本を読みたいと思っても、何をどこから読んでいいかわからないだろうと思う。著名人や学者がすすめるベストテンといったリストも手がかりになろうが、その十冊のうち、どの一冊を選ぶのかが、これまた難しい。適当に一冊を選んで読んでみたが、これのどこが面白いのかさっぱりわからないとなれば、いよいよ本から遠ざかることにもなりかねない。

そこで一つ提案がある。小説に的を絞って話をするが、自分の出身地、あるいは青少年期を送った地、あるいは大学入学や就職で現在住んでいる街を舞台にした作品を、とりあえず読んでみることだ。私は大阪出身者で、三十を過ぎて東京へ出てきたが、大阪在住時代と東京に移り住んでからとでは、東京を舞台にした小説の理解、体へ入ってくる度合いが断然違った。たとえば「渋谷のスクランブル交差点を抜け出し、道玄坂を上っていくと」という描写を読んでも、大阪時代は漠然と読み過ごしていたが、今なら、「ああ、109の二叉を右に行けば「東急」にぶつかるし、道玄坂は左の方ね」とすぐイメージが浮かぶ。これ、意外に大事なことだよ。

古来、『金色夜叉』と熱海、『坊っちゃん』と松山、『夜明け前』と木曽路、堀辰雄と軽井沢、『伊豆の踊子』と天城越えというふうに、その小説が舞台とした土地や街は作品イメージと密接に結びついてきた。熱海の海岸の寛一・お宮像に代表される、一種の観光資源としても取り扱われたのである。もちろん、伊豆へ行ったことがなくても、『伊豆の踊子』は楽しめる。作家もそういうふうに書いている。いやしかし、やっぱりその土地に馴染んでいる人なら、知らない人より数倍楽しめるはずなのである。

わりあい最近でも、町田市をモデルにした三浦しをん『まほろ駅前多田便利軒』（文藝春秋、二〇〇六年）は、ドラマや映画にもなり、小説に登場する建物や地名の地図が作成され、ファンが現地を訪れるという現象が起きた。こう言っては何だが、東京都内ではあっても、神奈川かと勘違いしてしまう町田市の印象は薄く、わざわざ他府県から観光で訪ねる街ではなかった。町田市出身者や在住者が、諸手を挙げてこの作品を受け入

「地元の古本屋ならば、もしかしたらあるのではないか」と旅行や出張などの機会に足を伸ばし、尋ねて来られるのだ。［P.297］

田村隆一によると、探偵小説は、あと味（読後感）がよくて、読み終わったら忘れるようなものを作るのが、作家の腕の見せどころなのだそうだ。［P093］

れたことは間違いないと思う。

ねじめ正一の芥川賞受賞作『高円寺純情商店街』（新潮社、一九八九年）は、「高円寺銀座商店街」という名称を、小説のヒットにちなんで、タイトル通りに改名させてしまった。青山七恵『ひとり日和』（河出書房新社、二〇〇七年）は、主人公の女性が居候するおばあさんの家の最寄り駅は示されていないが、そのほかの駅「笹塚」「つつじケ丘」「府中」から京王線と断定され、描写などから件の駅は「芦花《ろか》公園」とされている（原武史『鉄道ひとつばなし3』講談社現代新書、二〇一一年）。「芦花公園」は、世田谷文学館へ行く際に利用するぐらいで、ふだんは用がない高級住宅地だから、『ひとり日和』に描かれたことで、気張って言えばレジェンドとなった。

有川浩『阪急電車』（幻冬舎、二〇〇八年）にいたっては、阪急今津線（宝塚～西宮北口）の沿線に特化した短編集。ご当地小説は、だんだんピンポイント化する傾向にあるようだ。昔と違って、ネット情報が張り巡らされている今、いくつか条件を打ち込めば、わりあい簡単に「ご当地小説」が発見できる。まずは自分が今住む街から始めて、小説を好きになろう。

点と線

読書-09

言うまでもなく松本清張の出世作で、映画、テレビドラマにもなって、その人気は衰えない。芥川賞作家として歴史ものを手がけていた清張が、旅行雑誌「旅」の依頼で一九五七年二月号から連載を開始した長編が『点と線』だ。一部の愛好家しか読者がいなかった推理小説の分野に「社会派」という新機軸を打立てて、ブームを作った記念碑的作品。

東京駅ホームでの四分間の空白と時刻表のトリック、北海道、九州と刑事が旅する「鉄道」心とアリバイ崩し。芽の出ない純文学作家だった水上勉は、『点と線』を読んで発起し、『霧と影』という社会派推理長編で流行作家となる。

六十年も前の作品だが、カッパノベルスを始め、新潮、文春各社文庫でも、この作品は現在でもたやすく読むことができる。だが、私が推したいのは「長編ミステリー傑作選」と銘打たれた文春文庫のシリーズの一冊『点と線』なのだ。ほかと何が違うか。まあ、買って、ページを開いてビックリである。この文春文庫版には、巻頭から風間完による、美しいカラー挿絵が使われている。しかも次々とひんぱんに登場してくるのだ。

割烹料亭での会食を、庭から見た絵に始まり、疾走する夜行列車「あさかぜ」、浜に落ちていたジュース瓶、東京駅十三番ホームから見通せる十五番ホームのシーンなど、どれも柔らかい描線で、パステルだろうか、やや沈んだ色調で彩色された絵の数々は、溜息がでるほどいいのだ。

風間完は、まさかこの文庫のために、わざわざ筆を執ったのか。いや、このカラー挿絵入り文庫が出た二〇〇九年、風間はもうこの世にいない（二〇〇三年死去）。この謎に答えてくれるのが、元文藝春秋社編集者で清張番だった、現・松本清張記念館館長の藤井康栄による解題。藤井によれば、記念館で清張作品三作のオリジナル映像を作ることになり、小説の『点と線』については、アニメ映像という手法を選択した。その際、原画を依頼したのが、清張と多く仕事をしてきた風間完であった。私は未見だが、この原画をもとにアニメ版『点と線』が作られた。「その後、この原画を挿絵として『点と線』の単行本を作りたいという希望に記

長年、古本屋通いはしているのだが、ミステリーは苦手意識がある。[P092]

カバーのない裸本の文庫（刊行年が最近のもの）、書き込みが多い本、イタミの激しい本などは店の棚に並べる前に捨てられることが多い。［P264］

念館も同意し、文藝春秋版が生まれた」。そして、本書はその文庫版なのである。読むなら、だからこの文春文庫版だ。

ところで、私は最初、小林恒雄監督による映画版から先に見た。若き執念の刑事・三原に扮するのは南広。「あれえ、『マイティジャック』の天田副長じゃないか」と、ウルトラマン世代の私は最初思ったが、次第に映画に引き込まれて行った。北海道の青函連絡船の乗船者名簿まで調べながらアリバイが崩せず、「そうか飛行機か！」と気づくところなど、現在の目から見ると「ドリフのコントかよ！」と突っ込みたくなる間抜けぶりであるが、映画そのものは堪能した。

そして九州で仕事がある時、原作本を持って、わざわざ重要なシーンとなる国鉄（現・JR）香椎《かしい》と西鉄香椎駅の両方にまで足を運んだのだ。「ここが映画『点と線』の」と興奮したが、後で調べたら、スケジュールの都合で、前者は千葉「佐倉駅」、後者は西武「東伏見駅」でロケされたのだった。なあんだ、がっかり。

自作の索引・人物紹介

習性-15

人名や本のタイトル、地名や町名がたくさん出て来る本を読んでいて、これに「索引」がついていると便利だなあと思うことがある。ただ読んで終わるのではなく、あとで後ろの項目から、任意の個所を引っ張り出して役立てるのである。受動的な読書から、一歩踏み込んで、本を使いこなすことができるのが「索引」だ。

私はしばしば、読んでいる本に、自分で「索引」を作ることがある。たとえば筆の立つ俳優・池部良『心残りは…』（文春文庫、二〇〇四年）は、日経新聞の「私の履歴書」と、東京新聞の「この道」という連載を一冊にした本で、池部の自伝と言っていい。当然ながら、共演した男優、女優、映画監督、プロデューサーなどの名前が頻出する。私は、すべての名前とはいかないが、興味のある人物が出てくるたび、扉裏の白紙部分に、名前とページ数を書きとめて、人名「索引」を自作している。「高峰秀子　72、91、140」といった具合に。ほか、市川崑《いちかわこん》、大日向傳《おびなたでん》、阿部寛、木下恵介、久我美子等々、三十名ぐらいを拾い上げている。ついでに「台東区小島町」「鳩の町」「永福町」など、池部と縁のある町の名もチェック。

　読書は一冊につき一度限り、と窮屈に考えている人にとっては無縁の所業であるが、あとで、そう言えば『心残りは…』に、桂木洋子の面白いエピソードがあったぞと思い出した時、自作の索引が役立つのだ。

　同様に、小説などの場合、登場人物の一覧表を作ったりもする。海外のミステリなどには、必ずカバー袖や扉ページの裏などに「登場人物」が簡単な説明とともに掲載されている。外国人のカタカナ名は、とくに馴染みがないため、これがないと「ええ、この人誰だっけ？」と混乱してしまう。あるとないとでは大違い。

　私は日本の小説でも、たとえ純文学作品であっても、よく「登場人物」表を自分で作る。人名が出てくるたび書きとめ、年齢や職業、ほかの人物との関係（兄、姉、友人、同僚）を記しておく。簡単な相関図（相姦図）、系図を自分で作成するのもいい。読んでいれば、自然に頭に入ってくることだが、出だしは人名がまだなじんでいないので、まごつくこともある。え、これ誰だっけ？　何している人？　と立ち止ることで、作品世界から心が離れていくことだってある。

　どういう人物で、どういう役割をしているか、見取

大人になって、こんなにも消しゴムを使うのは、いまどき古本屋くらいではないかと思う。[P.112]

装画、装丁、ブックデザイン、エディトリアルデザインなど、それぞれ「誰が」やったのか、そしてどうやっているのか、で本の表情は大きく変わります。[P051]

り図を作っておけば、作品世界が頭の中ですっきり整理される。そんな面倒なことまでして、小説を読みたくないという方にはすすめない。私は書評を書く仕事をしているため、この作業がどうしても必要で、ふだんの読書でもそれに倣う習慣ができているから一向に苦にならない。それに、登場人物一覧を自分で作ると、小説の成り立ち、作法の勉強にもなる。ファッションに興味のある人だったら、人物の服装を書き込んでもいい。工夫次第で、小説が自分のものになる。

　ただ、海外ミステリを古本で買った場合は注意が必要だ。最初の登場人物一覧表に、ある人物に矢印をつけて「こいつが犯人だ」などと、書き込まれていたりするからだ。こうなると台無しだ。

アクセサリーとしてのポケミス

偏愛-04

画家であり、文筆家、そして多くの装幀挿絵を手がける安野光雅さんにインタビューした時、結論は「本を読めば女性はみんな美人になる」だった。安野さんが子どもの頃からの読書体験をつづった『本が好き』（山川出版社、二〇一七年）について話をうかがったのだが、この「あとがき」に、中国・鎮江にある「パール・バック記念館」を訪問した時、そこで静かに本を読む中国人女性を見かけ、その姿がとても美しかったという話。

　私もじつはそう思っていて、スマホに占有され、読書する人を見かけることが少なくなった今だからこそ、本を持つ女性に心惹かれ、美しくさえ見える。ここからは妄想で、じゃあ、どんな本を手に持っていてほしいかと言えば「ポケミス」（ハヤカワ・ポケット・ミステリ）だと答えたい。一九五三年に早川書房から創刊された翻訳ミステリの叢書だ。アガサ・クリスティーを筆頭に主要な海外ミステリ作家の作品を次々と訳出し、日本におけるミステリ受容に多大な功績を果たした（二〇一五年段階で総点数は千八百点）。

この叢書がじつにかっこいい。新書をやや大ぶりにしたサイズで、カバーがなく、その替わりにビニール・カバーがかかっている（初期はなし）。装幀は長らく勝呂《すぐろ》忠《ただし》が手がけ、抽象画をあしらったデザインと、小口・天地を黄色で染めることで、ひと目でポケミスとわかるのだ。

ミステリファンの作家・丸谷才一は、俗悪だった戦後のミステリ本の表紙を清新にしたその功績を認めながら、勝呂忠について「実にぞんざいないい加減な装丁が多く、一作ごとに力をこめて描いているとは思えない」と難癖をつけた（『快楽としてのミステリー』所収の、向井敏、瀬戸川猛との鼎談）。そして「これからの本は、小脇にかかえて持ち歩いても恥ずかしくない本、（中略）アクセサリー的モダンな絵がいい」と言う。

勝呂の死去により、ポケミスの装幀は二〇一〇年刊のデイヴィッド・ベニオフ『卵をめぐる祖父の戦争』から、水戸部功に変わった。これがじつにいい。毎回、表紙全面を隈なく使って、大胆に趣向を凝らし効果を挙げている。これなら、東京・青山あたりを歩くお洒落な女性が、カバンの中に潜ませ、通り沿いのカフェで注文した紅茶を待ちながら取り出して読むのにふさわしい（あまりにイメージが陳腐ですか？　すいません）。

村上春樹が、初期短編「土の中の彼女の小さな犬」（『中国行きのスロー・ボート』所収）で、長雨に閉じ込められたリゾートホテルで、男と女が出会う。そこには図

小脇にはさむものは何も本とは限ってはいませんが、本が小脇に似合うのは間違いありません。[P015]

探偵小説のロジック(論法)は、詩のロジックに似ているんです。何が似ているかというと、意外性、飛躍性がまず第一。[P093]

書室があるのだが、大した本はない。退屈した女に、男が推理小説を貸す。たぶんポケミスだろう。これが渡辺淳一の文庫本だったら台無しだ。本が粋な小道具として使われた好例だろう。これを原作にした映画『森の向う側』(野村惠一監督)でも主演のきたやまおさむが、ポケミスを読んでいるシーンがある。極端なことを言えば、読まなくてもいい。アクセサリーとして所持する本があっていい。ちなみに『卵をめぐる祖父の戦争』は戦火を生きぬく少年を描いた破天荒でキュートな傑作ですよ。

ライト・ヴァース

読書-10

これは読書家だとわかる人と話していて、話題が「詩」に及ぶとたちまち「いやあ、私は詩は苦手で……」と拒否されることがある。まるで山育ちの人に「ナマコ」を見せて、「食べてみて下さい」と言った時みたいに「うへえ!」という表情が浮かぶ。たしかに、一部の現代詩と呼ばれる作品には、高踏で難解な表現が続き、途方に暮れるものもある。私はけっこう詩を読む方だが、それでも首をかしげるものもある。

　しかし、詩を読むことには、それ以外ではけっして得られない喜び、楽しさがある。小説やエッセイを主食とするならば、詩はビタミン剤だと思う。しょっちゅうでなくても、時に服用すれば、それなりの「効き目」があるのだ。ただし、何からどう読んでいいかわからないということはあるだろう。

ここに『日本のライト・ヴァース』と題された詩集のアンソロジーが、全四巻で一九七〇年末から八〇年代初頭に、書肆山田という詩書出版社から出ている。「ライト・ヴァース」とは、翻訳が難しいが、肩が凝らず娯楽的で軽妙な詩を指し、アメリカの詩人W・H・オーデンが名付けた。用語はこのシリーズで日本に定着した。「詩」と聞くとジンマシンが出るような人でも、まずは手に取ってもらいたい詩の最良の入門書である。今は品切で入手困難ではあるが、もし古本屋の棚で定価(千円)以下ならお買い得である。人の家を訪問して、本棚を眺めた時、もしこのシリーズが一冊でもあれば、私は「この人とは話せるなあ」と思うだろう。

全四巻を順に挙げておく。

一、谷川俊太郎編/長新太絵
『煖爐棚上陳列品一覧』一九八〇年十二月
二、金関寿夫編/元永定正絵
『動物園の珍しい動物』一九八一年二月
三、岸田今日子編/和田誠絵
『いどの中』一九八一年六月
四、浜田義一郎編/久里洋二絵
『とひとひ雨あがり』一九八一年十二月

この編者と絵のコンビの見事さに加えて、CDケースをタテにして、ひと回り大きくしたサイズと、カバーと同じ色の帯、百ページ程度という薄さの造られ方がまことに好ましい。両手で持って「ああ、このサイズだな」と記憶に残る大きさである。

おおむねが見開きで一編、長くても四ページぐらいという短さもいい。収録された詩人を最初から少し追えば、藤富保男、坂井米夫《よねお》、阪田寛夫《ひろお》、小長谷《こながや》清実《きよみ》、辻征夫《ゆきお》、入澤康夫、松下育男、菅原克己、山之口貘、

「いつもレジの下に本を積んでおいて、本の背を傷めないよう注意しながら読んでいた」とのこと。読まなかったのは詩集くらいだそうですが…[P.224]

この歳になると、子ども時代の本屋の風景が妙に懐かしく、その頃読んだ本にしろ漫画にしろ今でも自分の一部となっていることを強く感じます。[P.239]

中江俊夫、新川和江、金子光晴以下総勢三十一名の作品が並ぶ。一般的には知られていないかも知れないが、詩の世界では実力者ばかり。

たった二行の「土」（藤富保男）はこんな詩。「土管のなかをのぞいて待っていた／遂にゴリラが入ってきた」。入澤康夫の名を高めた「失題詩篇」の最初の二行は「心中しようと　二人で来れば／ジャンジャカワイワイ」。どう取るかは別にして、「詩」に抱いていた硬いイメージが軟化すること請け合いだ。

漫画が教えてくれた

読書-11

我々の世代（昭和三十年代前半）は、本も読めば映画も見るし、音楽も聞く。そして漫画も読む。幼い頃、少年漫画誌は月刊から週刊に移行し、テレビではアニメで『鉄腕アトム』や『鉄人28号』を見た。漫画漬けの少年期を送っていたのである。

大人になってからも漫画を読み続け、そのことを年輩の人たちから批判もされた。漫画ばかり読んでと言われたが、漫画で教わって本を読むこともあったのだ。漫画には多くの文学作品が引用されているからだ。いまどき、漫画をバカにする人も少ないと思うが、我々は漫画からも、多くのことを教わったのだ。

つげ義春『無能の人』（日本文芸社、一九八七年）には、漫画が描けなくなった中年男が登場し、妻に軽蔑され、中古カメラ売買に手を出すも失敗し、ついに河原の石を売るところまで落ちぶれる。そんなみじめな生活の描写の中で、登場するのが漂白の俳人・井月（「せいげつ」と読む）であった。稼ぎはなく、人から施しを受け生活する無一文の老人。杖にすがって、子どもからは石を投げられ、最後は糞尿をたれ流したまま道で行き倒れた。『無能の人』の主人公は、その「無能」ぶりにシンパシィを感じるのだ。

これを読んで以来、井月という名前と存在は気になっていた。井月には信奉者がいて、全集、全句集が出ていたが、しかし、わざわざ探し出して読むというところまではいたらない。すると二〇一二年に復本一郎編で岩波文庫から『井月句集』が出た。思わず「おお！」と声を挙げて、飛びついて買った。『無能の人』を読んでいなければ、「えっ、誰、それ？」というところだ。文庫化はまことにありがたい。文庫とは言いながら、発句、俳論のほか、略伝、奇行逸話、長編の解説に参考文献、略年譜、索引を付し、まずまず研究者でもなければ、この一冊で十分という布陣だ。

私は俳句の鑑賞に長けているわけではない。素人として面白いと思った句を本書よりいくつか拾ってみる。「地に影をうつして風の柳かな」「子供にはまたげぬ川や飛蛍」「一踊りして来て酒の未だぬくし」「香に誇る私はなし残り菊」「笠を荷にする旅空や秋の冷」等々。

ウンコをもらして死んだとは思えない、近代的で美しい情景を詠み込んだ句が多い。子規の言う「写生」の句といってもいいだろう。けれんがなく、人懐っこいのがいい。

倉多江美という、手法もタッチも少女漫画家らしからぬ異色の作家がいて、彼女の作品に「釘」がある（『一万十秒物語』ちくま文庫所収）。庭で木箱を燃やすのが趣味の男がいて、燃え残った釘を集めている。これを読んだ時、すぐに木山捷平の短編「釘」を下敷きにしていると気がついた。木山捷平ファンの少女漫画家がいるなんて、それだけで驚きである。

萩尾望都《はぎおもと》は、レイ・ブラッドベリの短編を漫画化した『ウは宇宙船のウ』（小学館文庫、一九九七年）という作品集を作っているし、漫画と文学は隣接したジャン

ひき続きこの「木山捷平案内所」の道を邁進していくつもりだ。［P.300］

ルであるとわかる。もちろん私は両方から、多大な影響を受けてきた。

児童書だってバカにできない

読書-12

いや、児童書をバカにしたことなんて、一度もありませんよと言われる、絵本や児童書好きの大人の女性は大勢いると思う。私だってそうなんです。ただ、大人の男が、児童書コーナーでうろつく姿というのは、あんまり見かけない。本を読み慣れていない人に、「おすすめの本は?」と訊ねられて、「講談社の少年少女文学全集に入っている『○○』を」と答えると、バカにしているのかと相手を怒らせかねない。やっぱり大人の読者は児童書を卒業したと思っている。そのことは、わかってもらえますね?

息子が一冊の本を「読み終わったよ!」と言いながらキッチンに現れる。[P.272]

では話をすすめます。一冊の本がいま私の手元にある。私が児童書を低く見ていなかったから古本で見つけることができた。一九七〇年に学研から出た「少年少女学研文庫」というシリーズ。その二十二番目がサンドバーグの詩集『風のうた』(安藤一郎訳)だ。サンドバーグと言えば、アメリカの労働者階級出身の詩人で、日本でも広く愛読された。『シカゴ詩集』がもっとも有名で、岩波文庫に収録。新潮文庫からは『サンドバーグ詩集』という代表詩選集が出ている。

さあ、なぜそんな詩人の作品が児童書になったか。私の知る限り、この版でしか『風のうた』は読めない。訳者解説を読むと、著者は「子どもが大すきで、子どものために『あたらしい月』と『風のうた』の二巻の詩集を編んでいます」。「風の町」とは、イリノイ州のシカゴ市を指すらしい。本書では、二巻から選び、ほかの詩集からもわりあい平易に書かれた詩も収めてある。日本のオリジナル詩集ということになる。

短い詩を一つ引く。タイトルは「夜のキャベツ」。「キャベツは月をつかまえる。／もう晩夏で、雨がなく、土のかたまりはひびわれる、きびしい夏だ。／夜のなかでキャベツは月をつかまえる、葉が銀をしたたらす、キャベツの列は月光をあびる一つづきの小さな銀の滝」

難解な表現はなく、イメージが豊かであるため、誰の頭にも静かな夜のキャベツ畑の風景が広がるだろう。

そしてもう一つ、大事なこと。この本の装幀と多数収録された挿絵（版画）は、あの堀内誠一の手による。

堀内誠一とは？　なんて説明はしませんよ。絵本、イラスト、グラフィックデザインなどで活躍し、その名を知らずしてデザインを語るべからず、という人物である。

児童書の面白いところは、巨匠になる前のイラストレーターやデザイナーが、若き日に腕の奮いどころとして参加していることだ。安野光雅なんて、児童書や少年少女文学全集の装幀、フォーマットデザイン、挿絵などをずいぶん手がけている。和田誠、横尾忠則、宇野亜喜良、佐野洋子などもしかり。

なんだ、子どもの本じゃないか、と遠ざけるのは厳禁だ。児童書には、大人の本にはない、多彩なデザイン性やカラフルな表紙、豊富な挿絵がある。『風のうた』には函の真ん中に大きな穴が開いていて、表紙に描かれた荒野に建つ一軒の家（小屋に近い）が覗いている。じつにうれしいじゃありませんか。


このあいだ小学二年生の男の子が豆本を指差して「ぼく、こういうの興味あります」と言ってくれました。［P.240］

何をするにも億劫な気分になったとき、下駄をつっかけて、なんとなく古本屋の棚の前で時間をすごし、それから映画館に入る。[P.102]

日めくり本

読書-13

昔のドラマや映画で、壁や柱に「日めくり」がかかっていた。一年三百六十五日分が、一日一枚の薄紙で束ねてあって、日付が変わると一枚剝がす。ドラマ『寺内貫太郎一家』のぎんおばあちゃん（樹木希林）の部屋にあったような記憶がある。

それで、本の話だが、世に「日めくり本」と呼ばれるアイデアの出版物が多数存在する。ちょっと検索してみたら、『よろこんでいきる　まいにちひふみん』（パルコ、二〇一七年）なるものがあるようだ。いまやタレントとして引っ張りだこの棋士、加藤一二三《ひふみ》九段の言葉、写真が日めくり形式で三十一日分あるという。このほか、相田みつを、ニーチェなど名言集が多いか。ことわざ、四字熟語といった学習ものも。いろいろ手があるものだ。

私の記憶にあるのは、谷川俊太郎が元旦から毎日一作、短詩を一年間書いて、それを本にした『詩めぐり』（マドラ出版、一九九四年）で、赤いカバーと白いカバーの二種あった気がする。間違っているかも知れない。これが、その後ちくま文庫に入って、しかしなぜかタイトルが『詩めくり』に。ともあれ、毎日一つ、谷川さんの詩が読めるなんて、ぜいたくです。

私が所持する「日めくり本」の異色が、一九八六年にフィルムアート社から出た『映画暦 day cinema 1986』だ。真四角に近い手の平サイズの分厚い本で、一八八五年のルイ・リュミエールに始まる映画史に残る名作の一シーンを、一日一作掲載し、一行のみの短いキャプションを付けている。言ってること、わかりますか？

それも、アトランダムにただ並べるだけではない。

しり取りゲームみたいに、数ページ、何か関連のあるシーンが選ばれ連続するのだ。四方田犬彦・鈴木一誌・稲川方人と三人の凝り性の編者を据えただけのことはある。たとえば一月八日はジャッキー・チェン『師弟出馬ヤング・マスター』が選ばれ、V字形に足を揃えて宙に飛翔するジャッキー・チェンの姿がある。一枚めくると九日は『荒野の決闘』で、主演のヘンリー・フォンダが、宿屋の前で椅子に座り、両手を広げ、突っ張った二本の足を柱に置いて、椅子の前足を浮かせバランスを取る場面が使われている。つまり、二本の足を高くあげるポーズ、という点で、ジャッキー・チェンとヘンリー・フォンダが、映画史を超えて連続している。

六月二十九日『暗殺』（篠田正浩）と、翌三十日『ベニスに死す』（ルキノ・ヴィスコンティ）をつなぐのは「傘」だ。映画で見た「傘」の記憶が、ネット検索できない時代に、脳からアウトプットできるのがすごい。同時に、二つの作品の「傘」のシーンは、シチュエーションはまるで違うが、どちらも美しい。

こうなると、自分でも、いろいろな「日めくり本」を作ってみたくなりますね。俳句や短歌を使ったものはすでにありそうだ。名作漫画のひとコマを、セリフとともに、一日一作選んだ「日めくり本」なんて、あったら欲しい。日本の鉄道の駅舎を撮影した「日めくり本」というのもよさそうだ。本を三百六十五冊選んで、一日一冊、書影とともに選者の簡単なコメントを入れるアイデアもある。そんなことを言ったら、この本の担当編集者Nさんが「ぜひ、やりましょう」と言い出すかも……。

いや、面倒だもの、やりませんよ。

文章を自ら書くことのない編集者にとっての創造行為とは、企画であるといっていいだろう。[P095]

ただの本好き本屋好きとして生きてきて、時代は移ってゆくなあと。あの頃この未来は想像できたかしら、と。[P.249]

半世紀前の未来とは？

古本-10

小学生の頃、学校の図書室で飽きずに眺めて、借りて帰ってまた眺めていたのが、学習図鑑の類だ。へなへなの柔らかい箱に入っていて（図書室ではほずしてある）、大判の絵や写真が多数使われ、昆虫や動物、植物、宇宙から乗り物、恐竜など森羅万象を図解する。小学館や学研が、何度もシリーズで出していた。これが楽しかった。ただ、高くて、自分用には、なかなか買えなかったのである。

大人になってから、古本屋や古本市で、昔よく眺めていたのが安く手に入るようになった。かつて憧れていた本を我がものにできるのは、古本のもっとも有効な面白い部分で、大人の特権である。学習科学図鑑シリーズ『未来の世界』（小学館、一九六三年）は、そんなふうに買った一冊だ。当時の定価が三百八十円。現在の物価換算で言うと、二千五百円から三千円ぐらいの感じではなかったか。けっこうお高い。

一九六七年段階で、一九七〇～八〇年代の未来を予想するというのだが、たった十年、二十年後が、とんでもない遠い「未来」だと考えられていたことがこの本でわかる。無理もない、というのは、この本が出た六七年は、実質経済成長率が年平均十パーセントを超えるという高度成長期のただ中で、東京オリンピック、新幹線開通、高速道路建設など、一年いちねんに勢いがあった。十年もすれば、鉄腕アトムの世界が実現し、宇宙旅行へも行けるぐらいの、大胆な希望を持ち、未来はピカピカに輝いていた。

いくつか、中身を検証すると、おもいっきり派手な予測が立てられている。たとえば「モノレール時代到来！」というページ。近い未来には、アメリカの平原を高速モノレールが貫通し、それは鉄道をはるかにしのぐスピードで乗客を運ぶという。日本では、この高速モノレールが東京〜大阪間を一時間で結ぶ。モノレールでは実現しなかったが、リニアモーターカーが二〇二七年までに東京〜名古屋間を四十分で走るというから、『未来の世界』の予測より遙か遅れるが、夢を現実にするようだ。

東京では東京オリンピックをきっかけに大規模再開発が行われ、海上に道路ができ、人工土地に住宅が建設される。郊外では電子住宅化が進み、自家用機、自家用ヘリコプターで都心に通勤が可能。スーパーマーケットへの買い物にも、ケーブルで運ばれ、便利このうえない。「楽しい休日」というページは、週休二日制の実現を謳う。一九八〇年代頃からという予測だが、これは九二年に、まず国家公務員、次いで二〇〇二年から公立学校で実施されることになった。こんなふうに当たる予測もある。

二〇一五年の新社会人向けアンケートで、「未来は期待していない？」の問いに、約六割が「していない」と答えた。長期不景気、年金制度の破綻、少子高齢化、消費税の上昇、非正規労働の増加と、「期待」を持てる材料が少な過ぎる。一九六七年刊の『未来の世界』のような、手放しで能天気な未来礼賛の本は、もはや作られなくなってしまった。せめて、古い本の中で、輝かしい未来を夢見ることができた時代のご相伴に与りたい。

これは古い本の特性であるが、手頃で安価なタイムマシーンとなりうるのだ。

未来に読む本が並んでいたのかそれとも。[P056]

古い観光ガイド

古本-11

古本に関する著作も多く、古本ライターなどと名乗っていることから、これまでにずいぶん古本の話を人前でしてきた。自分が飽きるので、なるべく違う話をしたいが、古本の魅力が端的にわかる鉄板ネタははずせない。古い観光ガイド、もその一つである。

旅行本、観光ガイド本というのは、書店へ行けばコーナーが作られるぐらい多数出ている。難は、数年たつと、もう情報が古びることである。五年前に買ったガイド本に書かれている店へ行ったら、もう消えていた、というのでは話にならない。十年前の旅行本や観光ガイドをそのまま置いてある書店はないだろう。

古本屋でも事情は同じで、だからあまり置きたがらないのである。ただし、古本市などで漁っていると、いかにも古びた四十年、五十年前の観光ガイド本が売られていることがある。つまり、それだけ年数が経つと、一種の資料となる。実際、買ってみるとこれがじつに面白いのだ。

たとえば、一九六三年に実業之日本社から出された『大東京オアシス散歩』。翌一九六四年は、新幹線の開通と東京五輪の開催で、変貌を遂げた東京は沸騰していた。「大」と冠するにふさわしい観光都市であった。ほぼ新書判のサイズで、本文写真はモノクロ、地図は手書きと、かえって時代を感じさせる。カラーグラビア巻頭を飾るのは見開きの東京タワーを、上空から撮影した写真。一九五八年十二月竣工だから、まだ生々しい。周辺に高層の建物は少なく、眼下には瓦屋根の民家だって見える。

「都の中心部」という見開きモノクロ写真は東京駅、有楽町駅周辺を空撮。建物には番号が振られていて

長年、店は「観光地の外れ」にあった。[P.111]

「都庁」「そごうデパート」「日劇」など懐かしい建物が、六四年には存在していた。有楽町近辺には「朝日」「毎日」「読売」の新聞社社屋も見える。モノクログラビア最後を飾るのは「隅田川」。ねじり鉢巻に法被を着た男性が筏を操る姿が写されているが、キャプションを読むと「隅田川はいまは、汚れた流れにすぎないが」とある。この頃、高度成長期のしわ寄せで、隅田川は汚水で濁り、人は鼻をつまんで通り過ぎたと聞く。今は隅田川も流れはきれい。これも時代の一証言であろう。

国鉄水道橋駅前には、後楽園球場、競輪場、アイススケート場、遊園地など一大遊戯施設が集まっていた。後楽園球場はその後「東京ドーム」となる。漫才コンビ・ナイツのネタに、「後楽園球場の広さは、東京ドーム一個分」「いや、建て替わっただけだからね」がある。競輪場はどうなったか、調べてみると、美濃部都知事時代に「公営ギャンブルの廃止」を公約に掲げ、無くなったのだと知れる。

わが愛すべき本の街「神保町」も紹介されている。「この書籍の町をぶらぶら歩いてめぼしい古本をさがすことを古本ハイキングと山仲間はいっている」という記述がうれしい。巻末の執筆者を見ると、みな登山やハイキングのベテランライターで、こういう表現が生まれたのだ。成田空港建設前の千葉県「三里塚」に「馬や牛のあそぶ牧歌的な」牧場風景が広がる。四、五十年以上経った古い観光ガイドは、今は消えてしまった風景と、残された風景を同時に楽しむことができるという点で、おすすめである。古書価は思いっきり安い。

神保町を歩きながら、外国を散歩している気分になれる。[P085]

ブックイラストレーション

赤井稚佳

『失われた時を求めて 見出された時』ガリマール版［P.018］

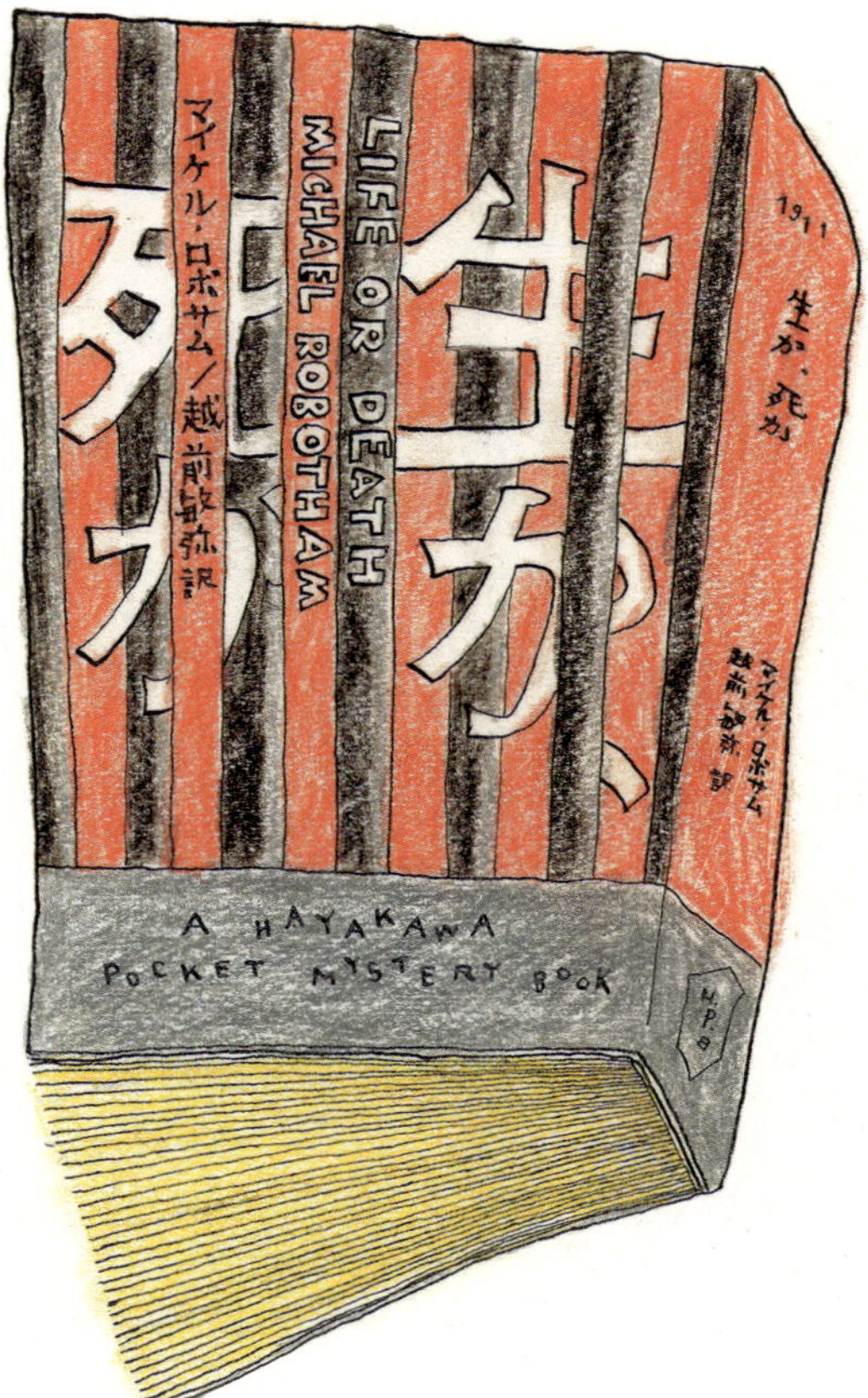

『生か、死か』ハヤカワ・ポケット・ミステリの一冊、早川書房［P.146］

『昔日の客』夏葉社［P.302］

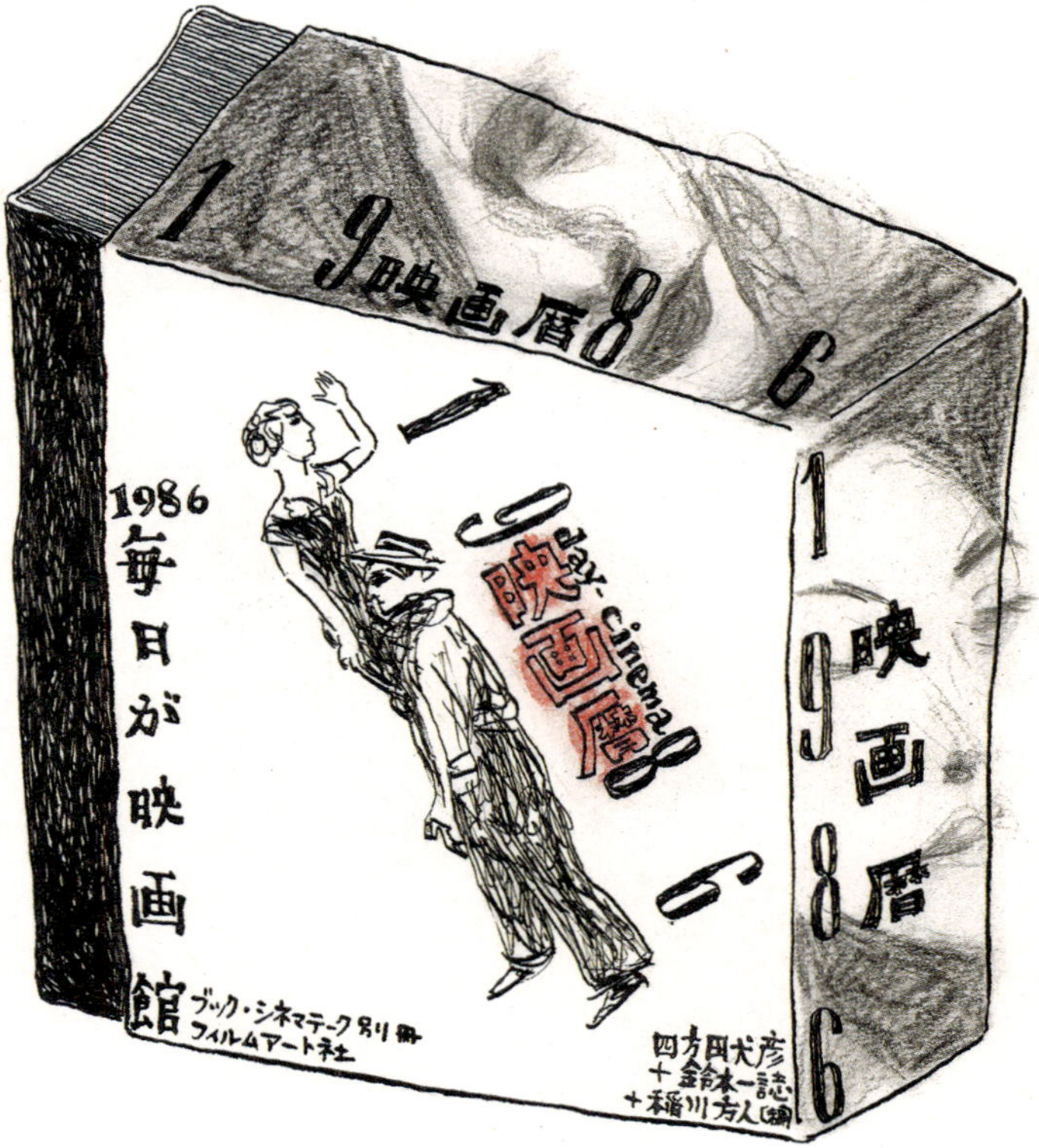

『映画暦 day cinema1986』フィルムアート社［P.154］

『喫茶店まで歩いて3分20秒』ＰＨＰ研究所［P.102］

『いつも夢中になったり飽きてしまったり』番町書房［P.193］

『おばけどり』ソビエトの絵本、新読書社［P.060］

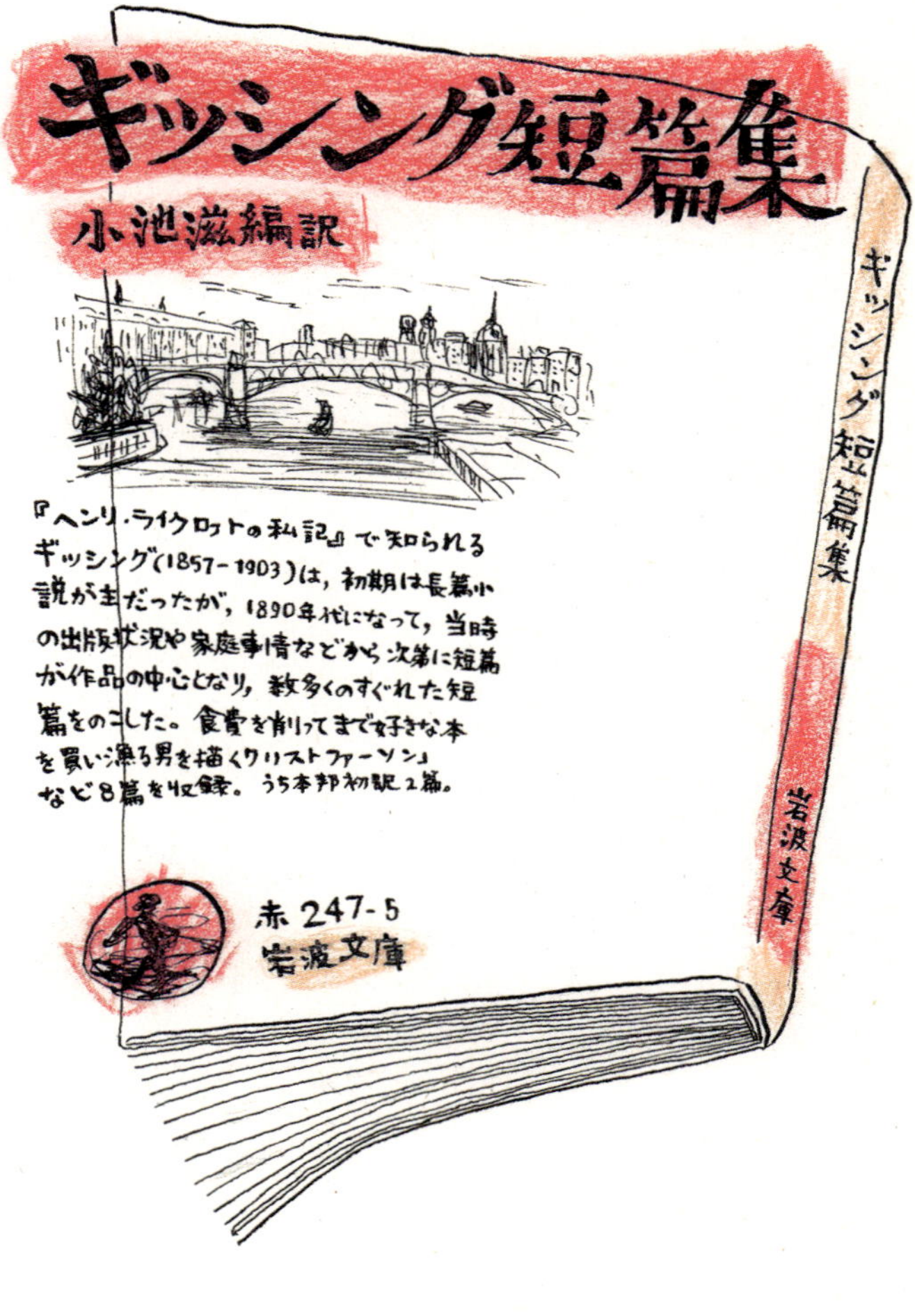
ギッシング短篇集
小池滋編訳
『ヘンリ・ライクロフトの私記』で知られるギッシング(1857-1903)は，初期は長篇小説が主だったが，1890年代になって，当時の出版状況や家庭事情などから次第に短篇が作品の中心となり，数多くのすぐれた短篇をのこした。食費を削ってまで好きな本を買い漁る男を描くクリストファーソン」など8篇を収録。うち本邦初訳2篇。
赤247-5
岩波文庫
ギッシング短篇集
岩波文庫

『ギッシング短篇集』岩波文庫［P.048］

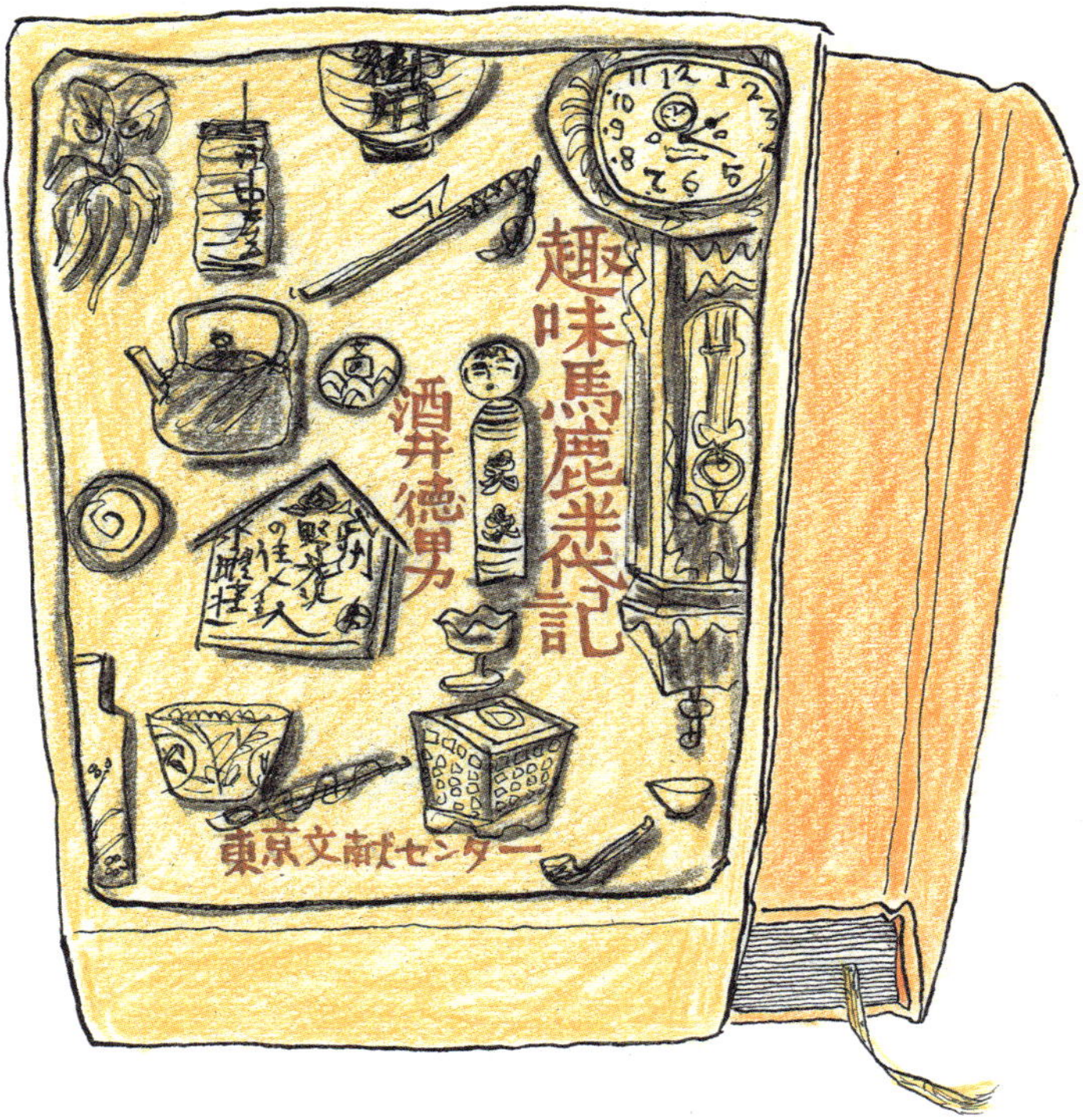

『趣味馬鹿半代記』東京文献センター［P.078］

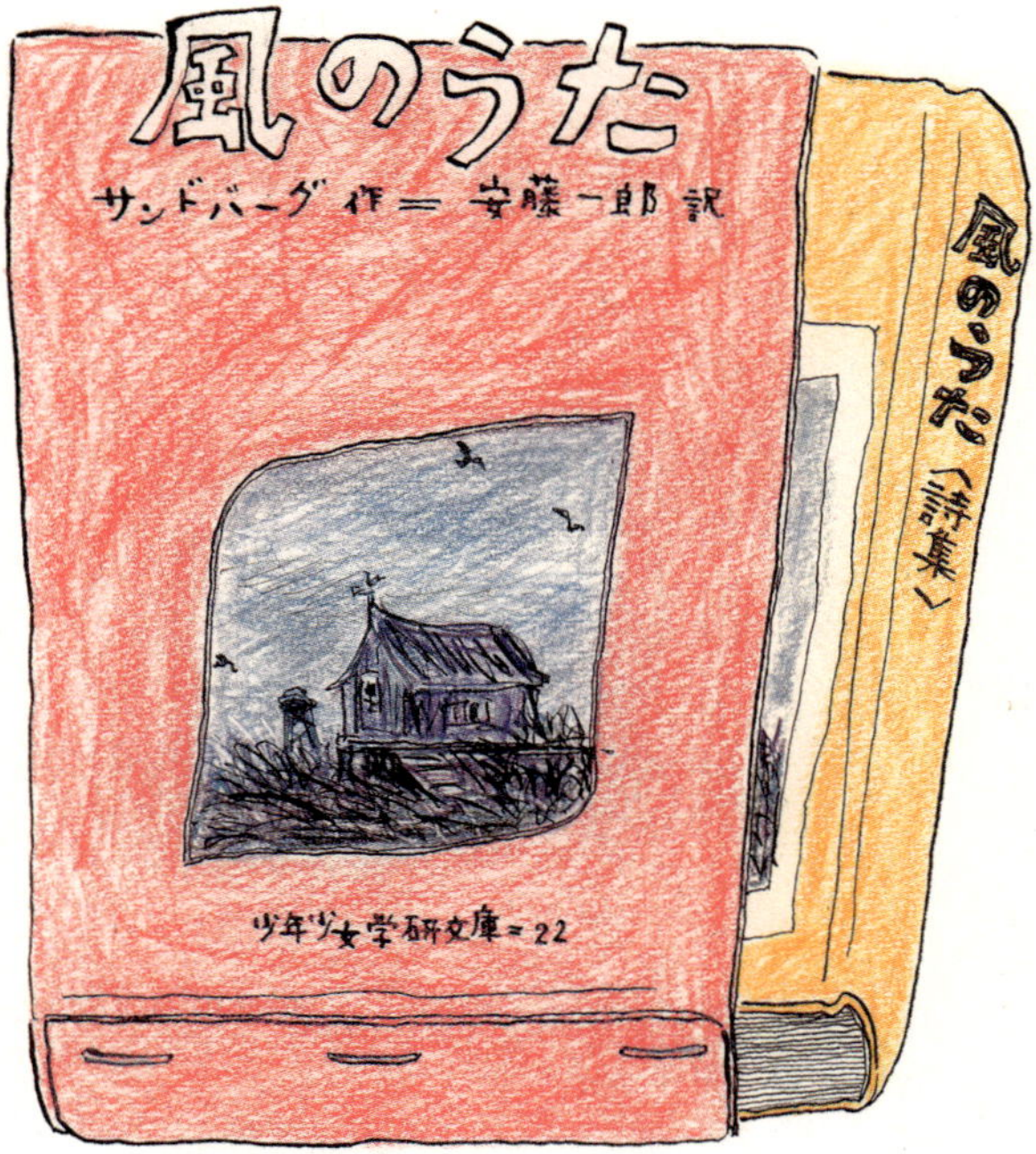

『風のうた』少年少女学研文庫、学習研究社［P.152］

『木山捷平全集』第一巻、講談社［P.123］

『雑学人生のすすめ―― これで世界が面白くなる!』新人物往来社［P.254］

『上林暁集』丸善のブックカバーをかけた自装本［P.318］

The Fantastic Flying Books of Mr.Morris Lessmore. Atheneum Books for Young Readers. [P.207]

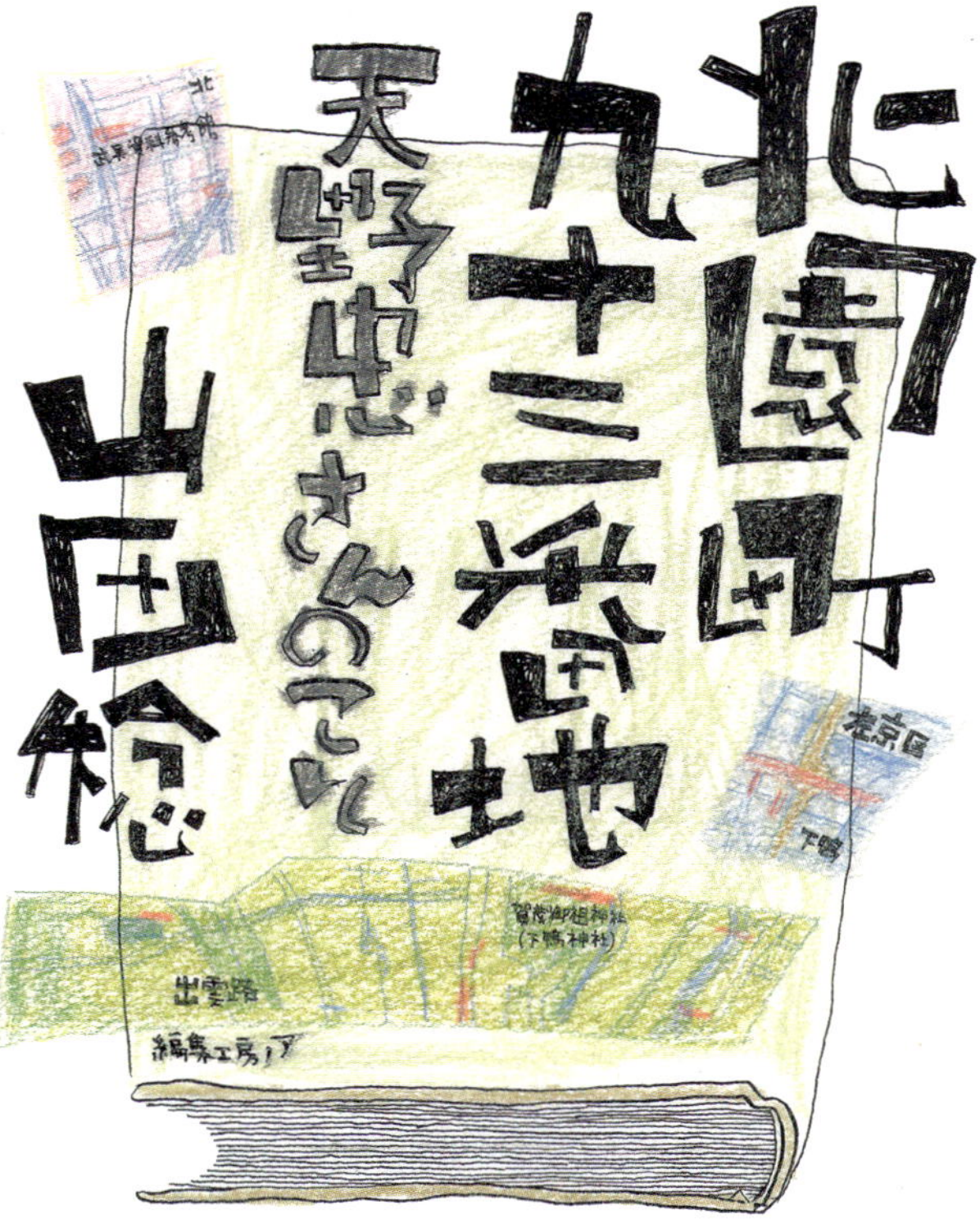

『北園町九十三番地——天野忠さんのこと』編集工房ノア［P.054］

『動物園』書肆ユリイカ［P.058］

ハヤシウンチククサイムシ

【カミキリキザミ科】 *Honwamita Megadaijito Omoitai*

本を食べる

本占い《ビブリオマンシー》

フィロビブロン

天才美少年詩人

スーパー読書

たのしみは

ブック・マン

スピン

ジャケ買い

$\sqrt{2}$矩形

ゲタとイキ

四百字詰原稿用紙

不注意な遺伝子

文月

本の木

空飛ぶ本

スクラップ・アンド・ビルド

トムとジェリー

本棚崩壊

受贈本

本は泣いているか

本の行商人

一箱古本市

百冊

本を食べる

列伝-08

聖書には本を食べるという話が二度出ています。まずエゼキエル書第三章。

「我にいひ給ひけるは人の子よわが汝にあたふる此巻物をもて腹をやしなへ腸《はらわた》にみたせよと我すなはち之をくらふに其わが口に甘きこと蜜のごとくなりき」[*1]

有名なのはヨハネ黙示録第十章でしょう。

「われ御使のもとに往きて小き巻物を我に与へんことを請ひたれば、彼いふ『これを取りて食ひ尽せ、さらば汝の腹苦くならん、然れど其の口には蜜のごとく甘からん』われ御使の手より小き巻物をとりて食ひ尽したれば、口には蜜のごとく甘かりしが、食ひし後わが腹は苦くなれり」[*2]

アルブレヒト・デューラー画伯にはこの場面を描いた版画があります。それを見るとヨハネは冊子本を呑み込もうとしています。え？　引用した日本語訳では「巻物」と訳されてますけど……。英語版を当たってみますとエゼキエル書の方は「roll」で黙示録の方は「the little book」です。[*2] さらにヴルガータ聖書のラテン語はどうなっているのか調べてみますと、エゼキエル書は「volumen」で黙示録は「librum」です。[*3]「volumen」は「巻物」で、そして「librum」はデューラー画伯の描くような書物とみていいのでしょうか？

ところが、ある方にギリシャ語訳で黙示録の該当箇所は「biblaridion」となっており「a little book」の他に「a little papyrus roll」という意味もあると教えていただきました。そもそも黙示録の成立した時代（紀元後一世紀？）には冊子本はまだ一般的ではなかったはずですから、デューラー画伯の絵が間違っているという可能性が高いように思われます。[*4]

読むことは、食べることと「肉体的に似ている」。[P333]

エゼキエルやヨハネとちがって、世俗の王様から本を食えと言われた人もいました。一五二三年、ヨプストという男が世間を煽動する文書を書いた罰として、ザクセン選帝侯から、それを食べるように命じられました。一六四三年にはスウェーデン人を批判した諷刺文書を書いた男が、打ち首か、その文書を食べるか、どちらか選べと言われて、もちろん食べる方を選んだわけですが、特別なお情けで文書をスープで煮込むことを許されたそうです。諷刺の文句がピリッと粒胡椒くらい効いていれば、美味しくいただけたかもしれません。[*5]

トマス・ハリス氏の小説『レッド・ドラゴン』[*6]では異常殺人鬼がウィリアム・ブレイク画伯の水彩画をムシャムシャと食べてしまうシーンがあります。そこに描かれた「火のように赤い大きな竜」と一体化しようとしたのです。こちらもモチーフはヨハネ黙示録から取られています。その名の通り、何でもあからさまに示している書物ではありません。[*7]

*1―『旧新約聖書』米国聖書協会、一九一四年。

*2―*The Holy Bible*. American Bible Society, 1877.

*3―ヴルガータ聖書のサイト(http://www.drbo.org/lvb/)より。

*4―フランス語の聖書ではどちらも「livre」のようですが、「livre」も古くはパピルスでできた巻子の形をも意味したと言います(http://www.cnrtl.fr/definition/livre)。なお、現存最古の冊子本は四世紀に作られたとされるカイロのコプト博物館蔵の聖書『詩篇』。冊子本は一世紀後半から二世紀頃に現れたと考えられているようです。

*5―ラート＝ヴェーグ・イシュトヴァーン、早稲田みか訳『書物の喜劇』筑摩書房、一九九五年。これらの文書は羊皮紙に書かれていたのでしょう。

*6―映画『レッド・ドラゴン』(ブレット・ラトナー監督、二〇〇二年)のシーンが印象に残ります。『レッド・ドラゴン決定版』小倉多加志訳、ハヤカワ文庫、二〇〇二年。

*7―黙示録の黙示とはギリシャ語「アポカリュプシス Ἀποκάλυψις」の訳ですが、これは「覆いを取り除く、暴露する、明らかにする」という意味だそうです。

斎藤昌三『当世豆本の話』(青園荘、一九四六年)には、なんと乾海苔が張られているという。[P.320]

仕事の合間に直感的な興味にひかれてパッと開いた時の方が、思わぬ収穫があることも多いのです。[P.225]

本占い《ビブリオマンシー》

習性-16

「一冊の新しい本を、ぱッ、とひらいた、そこのところに自分にとって仕合せな何かが必ず書いてある、というのが若者の信念なのだった」*1

誰でも一度くらいやってみたことがあるのでは？　本を使った占いはビブリオマンシー（bibliomancy）と呼ばれ、古くローマ時代から行われているようです。日本では大庭《おおば》柯《か》公《こう》という人が大正時代にこの言葉を紹介し「ある事をするかせぬかをちょっと決しかねた場合、なんの気なしに机上の辞書を取って指頭の行くままにそれを開いて、何番目かの字へ目を落として、その字の意義に勝手な解釈をつけ*2」というふうに述べています。埴谷雄高『闇のなかの黒い馬』にも毎日ラテン語の辞書を開いて占いをするというくだりがありますが*3、ふつう西欧では『聖書』やホメロスの叙事詩、イスラム世界では『クルアーン（コーラン）』などが用いられるようです。例えば、ドストエフスキー氏も「彼は日頃トボリスクでデカブリストの妻達から送られた聖書を枕頭に置き、これを出鱈目に開いては最初に目に這入つた文句で危機を占ふ習慣があつた*4」そうですし、P・K・ディック氏は登場人物に「あたしね、これに質問して、それからでたらめに開くの。聖書のこういう使い方もあるというわけね*5」と言わせています。

びっくりするのは画商ヴォラール氏の回想です。「ファン・ゴッホは機械的に聖書を開くと、たまたま、もし汝の五官の一つ、堕落の罪の縁とならば、そを切りて火に投ぜよという言葉にぶつかりました。この言葉を早速に適用して、ファン・ゴッホは剃刀をとり……（奥さんは叫び声を挙げた）——片方の耳を切り落しました*6」

みなさんご存知のように、このあとゴッホ氏は切り取った耳を女友達のもとへ届けます。この異常行動がビブリオマンシーの結果だったとは！　知りませんでした。占いを信じるのもほどほどにしたいものです。ただ、もし、本占いをしなければ、あの有名な「包帯をしてパイプをくわえた自画像」（一八八九）は生まれなかったことになります。ご当人には相済みませんが、それはあまりにも惜しい、耳を切ってくれてありがとうと言いたいくらいです。

*1―堀田善衛『若き日の詩人たちの肖像』集英社文庫、一九七七年。
*2―大庭柯公『江戸団扇』中公文庫、一九八八年。元本は『其日の話』春陽堂、一九一八年。
*3―埴谷雄高『闇のなかの黒い馬』河出書房新社、一九七〇年。
*4―小林秀雄『ドストエフスキイの生活』創元社、一九三九年。
*5―P・K・ディック、小尾芙佐訳『逆まわりの世界』ハヤカワ文庫、一九八三年。
*6―アンブロワーズ・ヴォラール、小山敬三訳『画商の想い出』美術公論社、一九八〇年。ヴォラールの回想している章句は聖書のどこにあるのでしょうか。まったく同じ表現は見つけられませんでした。おそらくは「マタイによる福音書」第十八章第八節の「もし片方の手か足があなたをつまずかせるなら、それを切って捨ててしまいなさい」同じく九節の「もし片方の目があなたをつまずかせるなら、えぐり出して捨ててしまいなさい」あたりでしょうか？

フィロビブロン

偏愛-05

六百年以上前にリチャード・ド・ベリーという方が書いた本のタイトルです[*1]。この方は聖職者で政治家でしたが、根っからの本好きでした。ベリー師が、その地位を利用しながら、あらゆる手をつくして書物を蒐集したと説明するくだりには、じつに興味深いものがあります。しかし、なんと言っても、いちばん面白いのは、学生たちのマナーの悪さに不平を鳴らしている

最初に欲しくないものを買っておくと、あとでいいものが見つかるという、これは植草さんのジンクスなんだそうだ。[P088]

ところでしょう。

・本の開け閉めが乱暴である[*2]
・汚い手で本に触る
・鼻水をたらして本を汚す
・黒い垢のつまった爪で本にキズ跡をつける
・本にわらしべをたくさん挟む[*3]
・本を開いたまま飲み食いし、残りカスをページの間に落とす
・本を開いたまま議論して唾を本の上にとばす
・本を開いたままその上でうたたねする
・しわになったページを無理やり伸ばそうとして折目をつける
・植物を摘んで本に挟み[*4]、べたべたしたままの手でページをめくる
・本を開きっぱなしで長期間放置する

・テキストの余白に書き込みをする
・余白を切り取って便箋代わりに使う

あなた、思い当たるふしはありませんか。他にも、子どもたちや、本が逆さまになっていても気にならないような人間には本に触ってほしくない、などとなかなか手厳しいのです。お怒りはごもっとも。しかしながら、つい昨日書かれたとしても不思議ではないこの注意書きから、十四世紀の学生たちのイキイキとした姿が浮かび上がってくる、と感じるのは私だけでしょうか。

＊1―古田暁訳『フィロビブロン――書物への愛』講談社学術文庫、一九八九年。リチャード・ド・ベリーはオックスフォードに学び、エドワード三世のもとで大蔵大臣や国璽《こくじ》尚書《しょうしょ》を歴任しました。この本は一三四四年に書き上げられています。
＊2―訳註によりますと「当時の書物は両手で抱えるほどの大きさと重量で、羊皮紙を使い、表紙は仔牛や山羊の皮、真鍮の板金、留め金が

つき、ときには宝石をちりばめて造った」そうです。
*3―しおりとして藁を使っていたようです。そのままにしておくと藁が腐ると著者は歎いています。
*4―押し花でしょう。「すみれ、さくらそう、ばら、四葉」(古田訳)。

天才美少年詩人

列伝-09

昔むかし、浪華にアルチュール・ランボーと呼んでもいいような少年詩人がおりました。その名は田中君安《きみやす》。弘化元年（一八四四）、大阪の北久宝寺坊に生まれ、文久二年（一八六二）にわずか十八歳で亡くなっています。お父さんは医者であり、儒学者でもあった田中華城《かじょう》先生。三、四歳のころから読書大好きだった君安くん、十三歳になると、お父さんの塾で年上の生徒たちに講義をしたと言いますから、よほど優秀だったのでしょう。記憶力抜群、心根もやさしく、機転も利き、さらに美しい女子かと見まがうくらいハンサムだったということです。病弱だけが惜しまれます[*1]。

君安くんの代表的な作品は大阪をモチーフにした詩文集『大阪繁昌詩』です。その中に大阪の本屋街を描写した詩が収められているので引用してみます。当時、心斎橋筋には書店が軒を連ねておりました。

武編文帙利頻鋤
戸戸乗晴驅白魚
肆上老商私詑我
今朝交易得珍書

この本あの本、もうけをどんどん耕して
あの店この店、晴れたとばかり紙魚《しみ》を追う
本屋のおやじ、僕に向かってそっと自慢
今朝方入った滅多とない本おまっせ、と[*2]

次の世代に美本を残すことも、愛書家の大切な仕事なのである。[P259]

フナムシを細く小さくしたような、銀色のあれ。シミ目シミ科の昆虫で、英名はsilverfish。寿命は七、八年と思ったより長い。[P.117]

本屋の主人から、こんなふうに声をかけられるとは、君安くん、よほどのお得意さん（本の虫）だったんでしょうね。今で言えば、まだ高校生ですよ。

もう一人、高尾香泉《こうせん》くんという、やはり満十八歳で病没した詩人がおります。近頃では、うどん県として世界的に知られる讃岐の人でした。彼の遺作をまとめた『香泉遺稿』に「読書」という詩が見えています。彼もやはり本の虫を自認していたようです。ちょっと難しい詩なので一行目だけ。

吾儂豈異蠹書虫
私は本の紙魚とかわらない[*3]

香泉くんは「親孝行できないのだけが心残りです」と病床でくやしがり、また、君安くんは「江戸へ出て勉強したいんですが、もし、お父さんが大阪にいて跡を継げとおっしゃるなら、いずれ医学校や薬局を建てたいと思います」と将来の抱負を語っていました。こういう若者たちこそ、明治の時代に生きて欲しかったと心から思います。

初めにランボーのようなと書きましたけれど、家出を繰り返して警察のやっかいになり、学校を中退してパリへ出たままボヘミアン生活をつづけ、ついには先輩詩人ヴェルレーヌ氏と危うい関係を結んでイギリスへ……結局はアフリカで武器売買をしているときに病を得て、マルセイユで死にいたる、そんなランボー青年とは比べようもない、ナイーフで親孝行な極東の少年詩人たちではありました。[*4]

*1―田中金峰『大阪繁昌詩』（紀律堂、刊行年不詳）に収められた「田中右馬三郎傳」によります。諱《いみな》は樂美、君安はその字《あざな》で、金峰と号しました。通称は右馬三郎。『大阪繁昌詩』はインターネット上で全文読むことができます。

*2─意訳ならぬ戯訳です。お許しのほどを。

*3─『香泉遺稿』風月荘左衛門(他)、文化九年(一八一二)。序文によりますと、香泉くんは文化四年(一八〇七)の秋、病にかかって急死したそうです。名は弼、字が子長、号は香泉。父は高松藩儒臣・高尾椿渓《ちんけい》。引用した詩の全文は「吾儂豈異蠹書虫/心酔談玄興不窮/空慕孟生能養気/何論管仲徒成功/読経深憶三乎理/誦史太憐五噫風/如稲如禾須勉力/初知学問破昏蒙」。

*4─鈴木創士訳『ランボー全詩集』河出文庫、二〇一〇年、年譜。ランボーは一八五四年生まれなので君安くんよりちょうど十歳若いということになります。ランボーが詩作と訣別したのは二十一歳の頃でした。

スーパー読書

列伝-10

「夢中に読書する天才」という話があります。夢中と言っても、我を忘れて、ではなく、睡眠中に、という意味です。昔の中国でのこと。牛粛の娘に応貞というのがあり、幼少の頃から利発で、十三歳のときには仏儒などの書、数百巻を読破した、つづいて父は左伝を教えようと思って用意したところ、眠りながらずんずん読み始めて明け方までに読み終えた……。

「その読んでゐる様子を聞くと、今までに習つたことのない文字などでは誰かに習ひ習ひ読むやうな口調であつた。父は驚いて度々娘の名を呼んだ。然し目も醒さず、返事もせず、全く読み終わると、はじめて眼を醒した。

『どうしたのか。』

『妾にも解りません。』

そこで本を持つて来て見せると、早や立派に読めるやうになつてゐた。

『どうして読めるのか。』

娘はそれにもはつきりとは答へなかつた」[*1]

そして、娘はついに儒・仏・道の三教を窮め、多数の文章を作り、夜の睡眠中に古い昔の有名な文人たち

一篇の詩でも小説でも、五十年後、百年後の人がひとりでも読んでくれたらうれしい。[P.300]

夢で本を読んでそれを明晰に覚えている人がいたとしても不思議はないかもしれません。[P055]

と談論するようになったのだそうです。

応貞ちゃんはひょっとして夢遊病だったのでしょうか、または、睡眠学習のさきがけでしょうか。睡眠学習というのは、一九五〇年代には、科学者たちによって真剣に研究されていたそうです。私も雑誌で広告を見た記憶がありますが、眠っている間に頭が良くなる睡眠学習器なるものが販売されていました。[*2]ただし、応貞ちゃんはわずか二十四歳で死んでしまったそうですから、やはり夜はぐっすり眠る方がいいような気もします。

難しい本をたくさん読むということでは、もっと安直なことを昔の中国人は考えました。それは輪蔵（転輪蔵）と名づけられた巨大な回転式の本棚です。例えば、西本願寺の経蔵にある輪蔵には、八角の各面に計三百六十個の引き出しがあり、六千三百二十三巻にものぼる大蔵経が収められています。この大きな本棚を一回転させると、あれま、ビックリ、大蔵経をすべて読んだことになるそうで、そのご利益まで得られるのだそうです。[*3]六世紀に南梁の傅大士という人が発明したとされています。

何年か前、カドミウム・イエローに塗られた回転式絵本ラックを見つけたことがありました。古ぼけて、錆だらけ、路傍に打ち捨てられていたのですが、あまりに懐かしく、拾って帰ろうかと本気で考えました。さすがに置く場所もないので、あきらめざるを得ませんでした。子どものころには、どこの書店にも必ずありました。誰でも、この絵本ラックをグルグル回して遊んだ思い出があるはずです。ふと、もし、それが転輪ラックだったとしたら、本屋さんは商売にならないなあ、などとらちもないことを考えました。

＊1―渋川玄耳『支那閨房秘史』香蘭社、一九三七年八版。この話の出典は前漢の劉向によって撰せられた『列女伝』とのことです。

たのしみは

読書-14

たのしみは朝おきいでて昨日まで無かりし花の
咲ける見る時

この歌はかつてクリントン大統領がスピーチで引用したことで話題になりました[*1]。作者は橘曙覧《たちばなあけみ》さん。福井の旧家の長男に生まれ、幼くして母を、十五歳で父をなくしています。儒学や仏教を勉強しましたが、どうしても徹底できず、家業を弟に譲って世捨て人となりました。国文学者の藤井乙男《おとお》先生は「名利を絶ち貧に耐へる努力の外は、彼は全く自由人であつた。一面学者として一面芸術家として彼の大きな性格は何の渋滞もなく築きあげられていつた」と書いておりますし、またご本人も「ゐろり譚」にこう述べておられます[*2]。

「自分も五尺の身、人に扶持せられず、寝たければ寝、食ひたければ食ふ。千里を行かうと思へばいつでも行ける。誰一人妨げる者はない。読書を欲すれば終日窓を閉ぢ、山水に語らひ、花鳥に交り、一切の自由を得てゐる。たゞ一ト月に一二度米櫃の底が鳴るのが苛責のせめだ」

ひところ流行した「清貧」を実行しておられた方のお一人でしょうか。大統領が読み上げた歌は「独楽《どくらく》吟《ぎん》」と題された一連の作品のなかにあります。「独楽吟」には書物を詠んだ歌も少なくありません[*3]。

たのしみは珍《めずら》しき書《ふみ》人にかり始め一《ひと》ひらひろげ

*2―まぼろしチャンネルのサイトに掲載されている串間努「涙と怒りの「まぼろし通販百科」」第七回「睡眠学習器」の巻参照。
*3―『朝日新聞』二〇一四年十月二十八日号、「西本願寺の経蔵／1回転させれば「読破」」。

読んでもう少し利口になり、物知りになろうと、明日を楽しみにした今日がある。[P074]

生まれた時代も場所もちがうにもかかわらず、「わたし」や登場人物たちに不思議なくらい共感することができた。【P277】

たる時

たのしみはそぞろ読みゆく書《ふみ》の中《うち》に我とひとし
き人をみし時

たのしみは人も訪《と》ひこず事《こと》もなく心をいれて書《ふみ》
を見る時

本の虫なら「そう、そう」とうなずかないではいられないでしょう。ただ、私が今この文章を書きながら共感するのはこちらですね。

たのしみは物をかかせて善き価惜しみげもなく
人のくれし時

＊1―一九九四年、天皇皇后がアメリカを訪問した折、ビル・クリントン大統領が歓迎の挨拶の中で「独楽吟」からこの歌を引用しました。
＊2―藤井乙男編『橘曙覧歌集』文献書院、一九二七年。
＊3―井手今滋編『橘曙覧遺稿志濃夫廼舎歌集』井手氏蔵梓、一八七八年。

ブック・マン

偏愛-06

本には目[*1]があります。眉[*2]があり、耳[*3]があります。口[*4]もノド[*5]もあります。ですから、頭[*6]や面[*7]があって当然です。ボディー[*8]はもちろん背[*9]もあれば、脚[*10]もあります。化粧[*11]をして、遊び[*12]が好きで、腰にバンド[*13]を付け、ジャケット[*14]を着て出て行き[*15]、お店に並んだりします。よく動いて[*16]箔[*17]がつくこともあれば、箱入り[*18]になって、お払い箱で泣くこともあるかもしれません。突然、返ってきたりしますと[*19]、産みの親たちは慌てます。

*1―紙の繊維の流れ目、grain。縦目、横目。和本など手漉きの紙には漉き目(laid line)もあります。本には目次も欠かせません。古本の世界では全集やシリーズものの巻を指し「目を揃える」(欠本をなくする)、「効き目」(重要な巻)などと用います。以下用語解説は『出版事典』(出版ニュース社、一九七一年)をベースにネット情報で補いました。

*2―和本では本文の上部の欄外を眉上《びじょう》と呼びます。林望『書藪巡歴』新潮社、一九九五年。

*3―ハードカバーの本で背の両側が溝にそって少し盛り上がって広がっている部分を耳と言います。また耳には「縁」の意味もあり、革装本などで表紙が三方の小口に被さるようにしたものを「耳折れ表紙」と呼ぶことがあります。これは「たれ皮表紙」とも言われます。「犬耳する」の項参照。

*4―小口、edge(縁)。本の背以外の三つの辺のことです。上の小口を天(top edge or head)、下の小口を地(tail edge)、背と反対側の小口を前小口(fore edge)または単に小口とも呼びます。また、巻頭に入れる絵や写真の図版を口絵《くちえ》と言います。

*5―ノド、gutter(溝)。左右両頁の間の余白、みぞ。

*6―本文の上欄に書き入れた注を頭注、頭書《かしらが》きと言います。また、背の上部に貼付けられているハナギレ(花布、端布)のことを英語でヘッドバンド(head band、略してヘドバン)と称します。下部のものはティルバンド(tail band)です。シッポもありました。

*7―字面(face)。版面(live area)。雑誌では誌面(page, issue, etc.)とも言います。

*8―本体。活字の軸のこともボディと言います。

*9―背表紙(spine or back)。

*10―本文の下部に印刷された注釈が脚注(footnote)です。

*11―化粧箱(fancy box)。化粧断ち(trimming)。

*12―見返しの貼られていない部分を「遊び」と言います。英語では「fly leaf」ですから、飛びますね。見返しとは別に本のなかで両面とも何も印刷されていない白紙を「遊び紙」と呼びます。

*13―帯紙、オビ、belly band(腹帯)。腰巻き。

*14―「ジャケ買い」の項参照。

*15―出版、発行。

*16―出版界では「売れる」の意味で「動く」と言います。動く絵本というのもあります。

*17―箔押し。主に表紙や背に、文字または模様を、金属あるいは顔料のフォイルを用いて圧着する技法です。その本が賞を獲ったりすると文字通り箔がつきます。

*18―「本は泣いているか」の項参照。

*19―販売委託制では、書店で書籍が売れ残った場合、委託期間終了とともに返品されます。

おもてを上げて、見てくる人を見返すかのような面陳はアピール力があります。[P.238]

スピン

偏愛-07

しおりとして藁を使っていたようです。そのままにしておくと藁が腐ると著者は歎いています。[P.183]

スピンというのは枝《し》折《おり》紐《ひも》のことです。「書籍の紙葉の間に挟む小糸ひも。書物の背のとじ目に縫いつけ、または貼つける。略してしおりともいう。(同)スピン」[*1]。英語ではリボン・ブックマーク（ribbon bookmark）または単にリボン（ribbon）あるいはタッセル（tassel）などと呼ぶようですが、どうして日本では「スピン」という外来語を使っているのでしょうか？ 長らく気になっていたのですが、何年か前に、そのヒントとなるパンフレットをある古本屋さんで手に入れました。

それは『復式スピン製造案内』と題された十八頁ほどの冊子です。積み上げられた古書の間に「スピン」という文字を見つけて「アッ」と小さく叫んでしまいました。急かされるように頁を開いてみますと、複式スピン製造機械「快速力」の写真が載っており、その機械で製造されたかと思われる短い編み紐のサンプルが挟んであります。そしてこう説明されていました。「スピンとは一名真田紐或は平編紐とも云ふ貿易としては諸外国でスピンと云ふ名称で有ります」なんと！

スピンの用途についても列挙されています。「莫大小商業者及び袋物商、靴ひも、靴下紐、前掛紐、サル又紐、ズボン紐、装飾紐、各商品結束用等数百種あり、筆紙にては到底書き現す事出来ません、殊にシデ紐或は丸紐の如く一部分に限り使用せらるゝ品とは違つて、スピンは如何なる用途にも適当して居ります事は少なくとも製造業者の強みであります」

どうやらスピンとは編み紐の総称[*2]だったようです。当然、本のしおりひももこの用途に含まれるはずです。残念ながら、このパンフレットには発行年や発行者の名前、会社の住所なども掲載されておらず、うさん臭さがプンプンするのですが、[*3]ただ「スピン」の意味や用いられ方についての文献として見るならば、充分な価値があるでしょう。発行の時期については「大和民族七千萬」という記述があるところから、文字通り受け取るなら、昭和十年前後ということになります。

念のためと思って、本棚から戦前の本を何冊か抜き出してみました。予想に反して、スピンの付いている本がほとんどありませんでした。例外は昭和九年の『古今聖歌集』と昭和十七年の岩波文庫。もっとたくさんの本を調べて、日本でスピンが使われ始めた時期を絞り込んでみるのも面白いかもしれません。[*4]

*1｜『印刷事典第五版』印刷朝陽会、二〇〇二年。フランス語では signet、ドイツ語では Lesebändchen。

*2｜このパンフレットには真田紐と書かれていますが、サンプルから見ると平組紐と呼ぶ方がふさわしいようです。真田紐はハタ（機）などを使い縦糸と横糸で平たい紐状に織ってゆくものを指します。また、三和織維株式会社のホームページには「芯のない綾目の平紐は『スピン』」と記されています。

*3｜発行および製造販売は三菱洋行となっています。紛らわしい名称です。「事業奨励金大阪府出願」とありますので事業所は大阪にあったようです。

*4｜多田牧子「組機」（『組紐・組物学会ニュースレター』第一巻第二号、二〇一一年三月二十五日）によれば、組紐を作る鉄製の組機は「明治20年（一八八八年）ころにイタリア製の機械が後に日本レーヨン（株）となる宇治の会社に導入されたとされている」そうですから、おそらくはそれ以後ではないかと。

ジャケ買い

偏愛-08

デザイナーの長友啓典《けいすけ》さんは、桑沢デザイン研究所に通っていた頃、モダンジャズにのめりこみました。新宿、下北、吉祥寺、池袋とジャズ喫茶に入り浸っていたそうです。どこでも演奏中のレコードジャケット

本のページの角を折り曲げて、しおり代わりにすることをドッグイヤー(Dog ears, Dog-ear)と言います。[p.012]

が立てかけてあって、そのカッコ良さにシビレてしまったとおっしゃっておられます。

「ここでデザインの表現を教わったといっても言い過ぎではないだろう。レコードジャケットに魅せられた。気に入ったものがあれば記憶に止め、中古のレコード店に行きLPレコードが大量に立て掛けてあるBOX（えさ箱と言った）をこまめに丁寧に探し求めたものだ。この辺りから「ジャケ買い」という言葉が一般に通用するようになったと記憶している。「ジャケ買い」の発祥はモダンジャズなのだ[*1]」

ところで、レコードはジャケットと呼び慣らわしていますが、本の場合はふつうカバーという言葉を使います。装幀の場合でも、カバーのデザインと言えば、表紙の上に巻く紙をどういう図柄にするかという話になります。英語ではこのカバーをふつうは「ダストジャケット」と呼ぶようです[*2]。ホコリよけの包み紙ですね。英語だと表紙の方がカバー（カヴァー）になりますので、これはちょっとややこしい。

ややこしいと言えば、英語圏では、長友さんがおっしゃるような意味でのレコードジャケットをアルバム・カヴァー、そのデザインをカヴァーアートなどと呼んでいるようです。これじゃあ「ジャケ買い」じゃなくて「カバ買い」が本当ってことになってしまいますが[*3]……。

「そのレコードジャケットがご存知のように衰退し、書籍にとって変った。レコードジャケットで得た経験を書籍に移し変えて見てみれば分かり易い。「これだ」と思った装丁本を購入して内容のつまらないものに出くわしたことがない[*1]」

これには異論もあります。植草甚一さんはこう説いておられます。

「本のばあいは、どんなに装幀がすぐれていても、その内容のほうが拒絶反応を起こさせるが、レコードのばあいは、とくにジャズやロックがそうだが、どんな音楽だか見当がつかないのに、アルバム・デザインのいいのにブツかると、つよい好奇心を起こさせることが多いのである[*4]」

う〜ん、レコードでも、本でも、外見だけじゃ、中身までは分かりませんよ、というのが、率直な私の感想です。でも、見た目が素敵だとうれしくなるのは間違いありません。中身の方は、変えようと思っても変えられませんが、ジャケットは自分で手を加えることもできますし。[*5]

*1 長友啓典『装丁問答』朝日新書、二〇一〇年。長友さんが桑沢デザイン研究所に入ったのは一九五九年、二十歳の頃だそうです。

*2 春山行夫「ブック・ジャケット」『読書家の散歩』現代教養文庫、一九五七年。

*3 レコードジャケットはレコードを包装するための容れ物を意味するようで、レコード・スリーヴ、アルバム・ライナーなどとも言うようです。カヴァーアートはそのジャケットのフロントのデザインを指すというのがWikipedia「Album cover」の解釈です。

*4 植草甚一『いつも夢中になったり飽きてしまったり』番町書房、一九七五年。「デザインがよければ、なかのジャズもいい」（初出は『美術手帖』一九七一年二月号）。植草氏はこの文で「アルバム」という言葉に違和感を覚えると書いています。「アルバム」は二十世紀初めに写真アルバムのような形のＳＰレコード集に対して初めて用いられたようですが、戦後になってＬＰレコードの普及とともに一般的に使われるようになった言葉です。

*5 本の場合はお気に入りの包装紙などをカバーに巻きます。手描きオリジナルのカバーにすることもあります。ＣＤなどは展覧会のチラシ（フライヤー）のカッコいいのを切り抜いてケースの中に入れます。

「ジャケ買い」はレコードのみならず本もまたしかり。我が職場も昔から「表紙がイイ」という理由で本を選ぶことも多い店でした。[P051]

√2 矩形

日の丸が正式に国旗と定められたのは平成十一年（一九九九）でした。ええーっ、じゃあ、それまでは何だったの⁉ 答え、それは「船印」です。

江戸時代の末期、西洋船と区別するため、島津《しまづ》斉《なり》彬《あきら》が日の丸の船印を立てるよう、老中首座阿部正弘に建言した結果、日本船には日章旗が立てられることとなったそうです。それが「日本惣船印《にほんそうふなじるし》」です。

「その後、日の丸は船印にとどまらず、明治政府はこれを国旗とすることに定め、明治三年（一八七〇）正月二十七日、それを布達した。旗の大きさは横と縦の比率を十対七とし、中央に旗の縦の五分の三とする日の丸を、中央に描くものとした」[*1]

具体的には「商船規則」の一部に「御国旗」として定められたのでした。[*2] 何と言っても日本は島国ですから、まずは、わが国の船であることをハッキリさせる、それが国際社会へ参加する第一歩だったのでしょう。

注目したいのは旗のサイズです。明治政府が最初に決めた「十対七」という比率は一対一・四二八五七になります。現行の「国旗及び国歌に関する法律」では、旗の縦横比はタテがヨコの三分の二すなわち二対三（一対一・五）です。[*3] 明治以来、長らく日本人の目になじんで来た国旗より平成の国旗の方がやや横長になりますね。

ＪＩＳ規格に紙加工仕上寸法というものがあります。そこで定められている洋紙の大きさ（単位ミリメートル）とタテヨコ比は次の通りです。

Ａ列　八四一×一一八九（一対一・四一三）

Ｂ列　一〇三〇×一四五六（一対一・四一三）

この比率は√2矩形（一対一・四一四）とほぼ同じです。

偏愛-09

拙宅にある江戸時代の本箱は高さおよそ六十二センチ、幅二十二センチです。[P.212]

ヒトヨヒトヨニヒトミゴロ。$\sqrt{2}$矩形は「調和の門」[*4]と呼ばれ、西欧ではギリシャ時代から用いられてきたそうですが、どうでしょう、明治政府が定めた「御国旗」の比率、一対一・四二八にかなり近い数字ではありませんか。要するに、月刊誌のA５判（一対一・四一九）とか週刊誌のB５判（一対一・四一二）を横にしたのとほぼ同じ比率なのです。

ただし、書籍の寸法については、明治維新の後も、江戸時代からの伝統を引き継いできました。その伝統的な和本のサイズとそのタテヨコ比は左の通りです。[*5]

大　本　一八〇×二七〇（一対一・五）

中　本　一二五×一八五（一対一・四八）

半紙本　一五五×二二五（一対一・四五）

今でも、ふつうに単行本と言えば「四六判《しろくばん》」になりますが、それは「中本《ちゅうほん》」に相当します。現行の国旗は横にした「大本」とまったく同じ比例ということになり、要するに、雑誌から単行本の比例に変更された、わけです。

なお、世界で最初の活版印刷で作られた本、グーテンベルクの『四十二行聖書』は黄金率（一対一・六一八）で設計されています。整数の近似値で示せば五対八です。七対十の$\sqrt{2}$矩形よりもかなり縦長に感じると思います。

*1―吉村昭『事物はじまりの物語／旅行鞄のなか』ちくま文庫、二〇一四年、「国旗」より。なお、採用の経緯には異説もあります。

*2―朝倉治彦、稲村徹元編『明治世相編年辞典』東京堂出版、一九六五年。明治三年一月二十七日の条。太政官布告第五十七号。

*3―国連本部では「UN Flag Code」に従って全参加国の国旗を二対三の比率に統一して掲揚しているそうです。

*4―柳亮『黄金分割』美術出版社、一九七二年版。$\sqrt{2}$（ルート２）矩形。「この矩形は正方形の一辺を短辺とし、その対角線の長さを以て長辺とする矩形で、安定感のある、たっぷりしたゆたかな形がよろこばれ、古来、美術のみならず実用の世界でも広く愛用されてきた。実用上ではこの矩形のもつ特質として二つ折りにしても四つ折りにしても比

四六判やB６判が並ぶ棚にいきなり菊判やましてやA４判などを並べようとするなら、上が空いている最上段のスペースしかない…[P.236]

が変らないので便利なところから、日本でも洋紙の規格には現在でもこの比例が採用されている」。今日、紙の寸法はＩＳＯ２１６（紙の仕上がり寸法の国際規格）で定められています。それは一九二二年のドイツ工業規格にもとづくものです。日本でも「紙ノ仕上寸法」として一九二九年に商工省によって採用されましたが、それがＪＩＳの「紙加工仕上寸法」（一九五一年制定）の元になっているそうです。ＪＩＳのＢ列はＩＳＯのＢ列と若干異なります。

＊5―橋口侯之介『和本入門――千年生きる書物の世界』平凡社、二〇〇五年。和本の寸法は厳密なものではありませんので、おおよその数字になります。四六判は一二七×一八八（一対一・四八〇）、菊判は一五二×二一八（一対一・四三四）。

ゲタとイキ

出版-11

大森貝塚を発見したことで知られるエドワード・モース氏[*1]が、明治十六年（一八八三）、新聞社の植字室を見学したことがありました。そのとき、モース氏はまず、活字箱の大きさ、植字室の広さ、そこで忙しく立ち働く植字工に注目しています。

「植字工が左手に「ステッキ」（植字架）と原稿を持ち、右手で必要な字を拾いながら、部屋のあちこちを走りまわっている光景はおかしなものである。わが国の印刷所で、植字工がすべての文字と若干の数字、それに句読点を入れた活字箱の前に立ち、その場を一歩も動かないのとは大違いである[*2]」

何千種と活字を用意しなくてはならない和文に比べると、英文の活字はごくわずかです。アメリカの植字工は、ちょうどスーツケースをパカッと開いたようなかっこうの活字ケースを前にして、ほとんど動く必要はありません。例えば、英語で大文字のことを「upper-case」、小文字を「lowercase」と言いますが、これは上段に斜めに置いた活字ケースには大文字、下段に平置きしたケースには小文字をセットしていた名残だということです[*3]。

本文活字は中央公論社がよく使った三陽社の明朝体。[P.326]

モース氏はまた、校正刷を見て、ゲタ[*4]とイキ[*5]の表記に興味をそそられています。

「植字工は原稿の中の字がわからないとき活字をひっくりかえすため、その底部が印刷される」

「印刷所で、われわれと同様「生きている live」とか「死んだもの dead matter」という言葉を用いるのは不思議である」

近代日本の活版印刷は、明治二年に本木昌造さんが、上海からアメリカ人宣教師ウィリアム・ギャンブル氏を長崎へ招き、その技術をそっくり伝授してもらったところから始まりました[*6]。どうやら校正記号を取り入れたのも本木さんが初めてだったようです[*7]。そう考えれば「われわれと同様」だったとしても何の不思議もありません。モース氏の見学から遡ること十四年、live が和訳されて「イキ」になった、それが真相ではないかと、私は勝手に想像しています。

*1｜エドワード・シルヴェスター・モース（Edward Sylvester Morse）はアメリカの動物学者。一八七七年来日、翌年から二年間、東京大学教授に在任しましたが、その間に同大図書館の基礎を作ったそうです。晩年、関東大震災で東京帝国大学図書館が潰滅したことを知って、自身の蔵書一万二千冊を遺贈しました。

*2｜『モースの見た日本　モース・コレクション［民具編］』小学館、二〇〇五年。

*3｜アッパーケース、ロワーケースは印刷用語ではなく一般的に用いられています。正式には大文字を majuscule、小文字を minuscule と呼び、他に前者を capital letters, capitals, caps, large letters、後者を small letters とも。なお、実際の活字ケースの配置はさまざまで、必ずしも上が大文字、下が小文字ということでもないようです。

*4｜校正記号のひとつです。「活版組版の場合、所要の活字がなく、当座の間に合わせのために活字をさかさまにして穴埋めにする伏字（ふせじ）の俗称。校正刷には、活字の足の面が〓または▮▮のように印刷されるが、その形状が駒下駄（こまげた）の歯の跡に似ているところからであるという。」（『出版事典』出版ニュース社、一九七一年）。

*5｜校正記号のひとつです。一度、訂正や削除した字や文を後で元通り「生きかえらせる」という意味で「イキ」とカタカナで書いておきます。モースは live を用いると書いていますが、今日の英米ではラテン語で stet（元通りに Let it stand / As you were）と記すのが通例のようです。ドイツでは korrektur rückgängig（元にもどす校正）の場合は該当

とにかく一日に一度は、〝活字〟に目をとおさないと、落ち着かないのだ。［P.080］

本という本の活字がインクの蛆のようになって床に散らばっていたのだ。[P.206]

する箇所に点線の下線を引きます。フランスでは correction annulée（取消校正）と言い、やはり点線の下線を引き、欄外に削除記号の上に連続斜線を引いて削除の取消を示します。以上はインターネット上に公開されている各国の校正についてのサイトを参照しました。

*6―板倉雅宣『活版印刷発達史――東京築地活版製造所の果たした役割』印刷朝陽会、二〇〇六年。ギャンブル（ガンブルとも）はアイルランド移民のアメリカ人。フィラデルフィアの印刷所で修業した後、中国へ渡り、美華書館（アメリカ長老会による出版印刷機構）で活動しました。なお、日本国内で初めて金属活字による活版印刷が行われたのは一五九一年とされています。天正遣欧少年使節が持ち帰った印刷技術によります。以後、五十点以上の宗教書などが刊行されたそうで、ローマ字の他に日本字の活字も使用されています。それらは「きりしたん版」と呼ばれます（鈴木敏夫『プレ・グーテンベルク時代――製紙・印刷・出版の黎明期』朝日新聞社、一九七六年）。五十点も発行しているとすれば、その時代にもきっと校正記号があったはずですね。ゲタはともかくイキ（stet）を意味する記号は使われていたのではないでしょうか。

*7―植村長三郎『書誌学辞典』教育図書、一九四二年。校正の項に「記號の本邦に於ける創始者は本木氏であると」とあります。

四百字詰原稿用紙

出版-12

草森紳一氏の「枡目の呪縛」[*1]にちょっと気になる記述がありました。

「原稿用紙の枡目の出現は、おそらく印刷術と大きくかかわっている。萩の勤皇僧月性《げっしょう》の発明ともきくが、彼は自らの塾「清狂草堂」で出版もやった位だから、活字が拾いやすいようにという配慮から、枡目のある原稿用紙を作るに至ったのだろう。「縦二十字」の決定には、書き手の視覚や呼吸、腕の長さまでも、それなりに計算されているはずである」

参考までに探してみますと、たしかに月性《げっしょう》さんが編集した『今世名家《きんせいめいか》文鈔《ぶんしょう》』[*2]の版本は二十字詰めの組み方になっています。しかしそれは木活字版ではなく木版摺りの整版のように見えます。整版は一枚板から文字を彫り出すので活字ではありません。「活字が拾いやすいように」というのはどういうことでしょうか。[*3] ひょっとしたら、つい筆がすべったのかもしれませんが、実際、原稿用紙のマス目は草森氏の指摘するように「活字を拾う」ことから生まれたシステムのようなんです。そう説くのは松本八郎さんです。

「日本の活版印刷の黎明《れいめい》期、本文組版は五号活字が基本であった。この五号活字を文選箱《ぶんせんばこ》に拾って持ち得る重さが八百本、すなわち文選箱は20本×40本というスケールの箱であった。その採字《さいじ》した箱を積み上げれば活字の消費本数が何本という数が出て、筆で書かれた文字数不明の原稿は、たちどころに印刷代が見積もれたという。

　そこで、あらかじめ原稿の段階で原価計算できるようにするには、この文選箱での本数と同じ文字数で書かれていれば問題はない。八百字では書きにくいということと、書き損じの時の手間などが考慮され、半分の四百字としたのが、そもそも四百字詰原稿用紙の始まりである」[*4]

　なお、松本さんによれば「江戸中期に藤原貞幹が20字×10行×2の原稿用紙を使って『好古《こうこ》日録《もくろく》』を書いたといわれており、このほか江戸期の原稿にいくつか用いられた例はある。ただこの時代に何のために原稿用紙を使う必要があったのか、これは今ちょっとわからない」そうですが、それは月性の例でおおよそ推測できるのではないでしょうか。印刷面と同じ字数行数で原稿をつくるためです。版木を彫って印刷することを考えますと、本の大きさにもよりますが、一行二十文字くらいがちょうど良かったのかもしれません。[*5]

＊1 ─「枡目の呪縛──原稿用紙の中の書の世界」『彷書月刊』（彷徨舎、二〇〇九年十月号）より。初出は『墨』五号（芸術新聞社、一九八九年六月）。

植字工が左手に「ステッキ」（植字架）と原稿を持ち、右手で必要な字を拾いながら、部屋のあちこちを走りまわっている光景はおかしなものである。[P.196]

現に僕は本の表紙が「トスマ・ウルフ」となっているトマス・ウルフの単行本を持っている。[p053]

*2—参照したのは『今世名家文鈔』竜章堂他、一八五五(安政二)年版。この版は二十字×九行ですが、二十字×八行の異版もあるようです。
*3—金属活字による活版印刷が普及したのは明治に入ってからです。
*4—松本八郎「四百字詰原稿用紙の話」『エディトリアルデザイン事始——編集制作のための造本科学』朗文堂、一九八九年。
*5—手許にある大本の菅茶山『黄葉夕陽村舎詩後編』(頼山陽編、河内屋儀助他、一八二三年)や『山陽詩鈔』(版元不明、一八三三年)の本文組みは二十字×十行です。どちらも楷書体の漢詩集ですので一行の文字数が一定になります。一文字の大きさはおよそ八ミリ角。

不注意な遺伝子

出版-13

馴れない英文や仏文を入力していると、頻繁に、つづりのミスをします。すると、赤い下線が現われて、間違ってますよ、と注意してくれます。ありがたいにはありがたいのですが、ときには、うっとうしく感じることもあります。和文の予測変換なども、あまりにサジェストされすぎると、かえってめんどくさかったりします。ただ、そういう訂正機能がどんどん進歩すれば、誤植ということはほぼなくなってしまうかもしれません。

本や雑誌を作ったことのある方は、きっと同感していただけると思いますが、まったくもって不思議なことに、何度も何度も確認したはずなのに、印刷物ができあがって、手に取って、ページをパラリと開いたとたん、ひどい誤植が目に飛び込んできます。誤植の文字が、かくれんぼの鬼よろしく「やーい、ここだよー、ヒャッハッハ」と高笑いしているように感じるときすらあります。

そもそも出版というものは、手書きによる写し間違いをなくするために考え出された、そういう側面もあるのです。出版の歴史は誤植との戦いであると言っても、そんなに的外れではないでしょう。例えば『書物の喜劇』の著者は「誤植とは不可避なもの、直しても直しても、不死鳥のごとく自らの灰のなかから甦る」[*1]と書き、さまざまな興味深い誤植の事例を挙げています。一方で、作家の堀江敏幸氏は、誤植をあげつらうだけでなく、もっとポジティヴな捉え方を提案をしておられます。

「誤植はときに詩的発想を飛躍させ、思索を深化させる。消しても消しても現れる誤植ウイルスは、そんなふうに肯定的に捉えておいたほうが得策だろう。言葉の奥深さ、不可解さは、誤って植えられた種から生え出てくるものかもしれないのだから」[*2]

　これは本当にそうですね。誤植したことで文章そのものが良くなることだってあるのです。

　ただ、私は、もう一歩踏み込んで、こう考えたいと思っています。誤植する才能を人間は与えられている、と。犯すように仕組まれている「間違い」が、全体として正しい方向へ人間を導くのではないでしょうか。その意味からすれば、ＡＩなども誤植するようになって初めて「一人前」と言えるでしょう、きっと。

＊1―ラート＝ヴェーグ・イシュトヴァーン、早稲田みか訳「悪魔の誤植」『書物の喜劇』筑摩書房、一九九五年。本書によれば、写本の時代には、ちゃっかり巻末に「写し手の誤りは、読み手が直されたし」と書き足してあったそうです。

＊2―堀江敏幸「誤って植えられた種」高橋輝次編著『誤植読本』ちくま文庫、二〇一三年。他にも、森銑三氏は「書物の誤を考えながら読むのも、また読書の一滴だ」という中国人の説を紹介しており、ヴィリエ・ド・リラダン氏は自著の誤植をきれいに直したところ、出版人から「市民は誤植を愛す、ですよ！」とたしなめられたというような例も載っています。

間違えたそのことを大切にするきびしさが中野さんの文学者としての資質の根底にあった。[P.334]

生涯で一文字も紙に書くことなくすべて頭のなかで執筆し、十四冊の本を著したという男が登場する短編がパトリシア・ハイスミスにありますが…[P044]

文月

偏愛-10

ご存知のとおり、ふみづき（ふづき）は七月の別称です。七月と言えば、七夕祭り。短冊に願い事を書いて笹につるします。少し古い時代には、歌や字を書いて書道の上達を祈っていたそうです。そのため七月が文月と呼ばれるようになった、という説もあるくらいです。もっと古くには短冊の代わりに梶の葉が用いられました。

「あきのはつかぜふきぬれば、ほしあひのそらをながめつつ、あまのとわたるかぢのはに、おもふことかくころなれや[1]」

カジノキの葉は「単葉で互生し、葉身は左右が不揃いな卵形、あるいは3～5深裂するものがある。長さ10～20cm、幅7～14cm。質は厚く、縁にはやや細かく鈍い鋸歯がある[2]」とのことですから、願い事をしたためるには頃合いのサイズになります。

葉っぱに文字を書く例は他にもあります。例えば、貝葉写本[3]がそうです。ヤシの葉の芯の部分を取り除き、煮沸、プレスして作られます。紙のように植物の繊維をバラバラにして平たく漉き直すのではなく、葉っぱに少し手を加えるだけです。その上に鉄筆で文字を入れるのだそうです。古代インドで発明され、アジアの広い地域で使われました。紙やパーチメントなどよりずっと古く、パピルスに匹敵する支持体だったようです。

現代の私たちは、よほどのことでもない限り、葉っぱを紙の代わりに使いはしませんが、言葉としては（あ、ここにも葉が！）今もふつうに使ってますよね。まずは、ページ一枚のことを「葉」と呼びます[4]。これは英語（leaf）でもフランス語（feuille）でも同じです。フォリオ[*5]というのもラテン語の植物の葉（folium）からきています。

時の移ろいとともに、文月は葉月（はづき、旧暦八月）へと名前を変えます。語源の穿鑿《せんさく》はちょっと脇へおいておくとして、文字面通りには「テキスト月」から「ページ月」へ。なんとも読書の秋[*6]にふさわしいネーミングではないでしょうか。

＊1―高橋貞一校注『平家物語』巻一「祇王　妓王」講談社文庫、一九七二年。「秋の初風吹きぬれば、星合の空を眺めつつ、天の戸渡る梶の葉に、思ふ事書く頃なれや」。七夕は秋の季語です。

＊2―菱山忠三郎監修『樹皮・葉でわかる樹木図鑑』成美堂出版、二〇一四年。カジノキは和紙の原料としても用いられます。コウゾ（楮）はカジノキとヒメコウゾの雑種だということです。いずれもクワ科カジノキ属。

＊3―貝葉写本（palm leaf manuscript）の詳細については安江明夫氏の論文「ヤシの葉写本研究ノート」（研究年報、学習院大学文学部、二〇一〇年）がネット上で閲覧できます。日本では作られておらず、江戸時代にインドから伝来した、あるいは十九世紀にタイ王室から東寺に寄贈された貝葉写本などが知られています。

＊4―『字統』（平凡社、一九九四年）によれば、古く中国では、すべて薄いものを「葉」と言ったようです。また諸説ありますが、「言葉」は葉と関係はなく「こと（言）のは（端）」、『万葉集』の「万葉」も「万世」（よろずの世代）だと考えられています。

＊5―フォリオにはさまざまな意味があります。印刷用紙を二つ折りにして四頁となった大型の印刷物、四頁分印刷した一枚の用紙、三十センチ以上の大型本など。

＊6―昭和二十年代に日本出版協会などが開始したキャンペーン「読書週間」から「読書の秋」というイメージが定着しました。韓愈「符読書城南詩」にある「時秋積雨霽／新涼入郊墟／燈火稍可親／簡編可巻舒」との関係もよく説かれますが、魏志・王粛伝には「讀書当以三餘／冬者歳之餘／夜者日之餘／陰雨者時之餘」とあって、読書するには冬、夜、雨がもってこいだと書かれています。暑い夏が去り、秋になってようやく本を開ける気持になり、じっくり読書に親しむのは冬、炬燵のなか（暖炉の前）ということなんですね。

ある図書館では、マザラン文庫の本が図書館員が「不用書」としてストーブをつけるさいの「つけ木代わり」に使用されたこともあった。[P.266]

人生は木のようなもので、まっすぐに伸びた幹だけの木よりも、枝があちこちに伸びている木のほうがおもしろい。[P082]

本の木

偏愛-11

「「やがて、本に」と、おぼすにや、手習・繪など、さま〲に書きつゝ、みせたてまつり給ふ」[*1]

源氏物語の「若紫」の一節です。少女を自分好みに仕立て上げるという、男性にとっては究極の道楽（?）に夢中の光源氏。手本にしなさいと、いろいろな習字や絵を書いて、若紫に見せるシーンです。平安時代のピグマリオン![*2]　ここに出ている「本」、それは書物ということではありません。「手本」という意味なのです。真似てコピーするための「オリジナル」、ようするに「本物」です。[*3]

漢字の成り立ちから言えば、「本」とは木の根元に点を打っている形です。枝葉ではなく、木の根本を示しているのです。基本とか正統を意味します。[*4]　そこから光源氏の言う「本」は来ているのです。書物のことを「本」と呼ぶのは「物の本」という呼び方が自然に略されたのだと思われます。「物の本」というのは、物事の根本、ひいては、そういうことが書いてある本、結局それが本です。本を読めば「物知り」になれるというところです。

ブックやリーヴルという言葉も「木」から生まれました。[*5]本と木には切っても切れない縁があるのです。

先年、パリで面白いものを見つけました。ポンピドゥー・センター[*6]の脇に街路樹が立ち並んでいます。そのなかの一本に、たくさんの本が短い紐で吊るされていたのです。まるで本の花が咲いたようにも、または、本の実がなったようにも見えました。アート作品のインスタレーションだったのか、ひょっとして、ゲリラ的なパフォーマンスの結果だったのか？　そんなこと気にもかけない観光客たちが足早に通り過ぎて行くなか、本の木を見上げながら、ひとしきり感心してしまいました。

*1 「若紫」『源氏物語（一）』山岸徳平校注、岩波文庫、二〇〇六年版。

*2 『ピグマリオン』（一九一二年）はジョージ・バーナード・ショーの戯曲です。映画『マイ・フェア・レディ』の原作。ギリシャ神話ではキプロスの王の名前です。彼は象牙の女性像に恋したあげくアフロディテに祈ってその像に命を与えてもらいます。また、教師の期待によって学習者の成績が向上する心理的行動をピグマリオン効果とも呼ぶそうです。

*3 新村出『語源をさぐる』講談社文芸文庫、一九九五年。

*4 白川静『字統』平凡社、一九九四年。

*5 高宮利行「語源あれこれ」『図説　本と人の歴史事典』柏書房、一九九七年。「book の原義は、ゲルマン諸語に共通する「ブナの木」を意味する単語 boc である」そして「libr- あるいは liber- は「書物」を意味するが、その原義は「樹皮」であった」。

*6 ジョルジュ・ポンピドゥー国立美術文化センター。

空飛ぶ本

偏愛-12

芥川龍之介氏の短篇小説「魔術」をご存知でしょうか？　主人公「私」は、ある時雨の降る晩、印度人ミスラ君に魔術の実演を見せてもらいます。ミスラ君がちょいと指を動かすと、書棚に並んでいた書物が一冊ずつ動き出しました。「夏の夕方に飛び交う蝙蝠のように、ひらひらと宙へ舞上」っては「うす暗いランプの光の中に何冊も自由に飛び廻って、一々行儀よくテエブルの上へピラミッド形に積み上り」すぐに「もとの書棚へ順々に飛び還って行く」ではありませんか。仰天した「私」はミスラ君にぜひとも魔術を教えて欲しいと頼み込みます。[*1]

コウモリのように、いや、まるで鳥のように自由に空を飛び交う本たち、それはウィリアム・ジョイス氏

多くはその時ただ一度限り作られる吹けば飛ぶような紙切れ、時期が過ぎればもうお目にかかることはありません。[P.230]

の短篇アニメ『モリス・レスモアとふしぎな空とぶ本』[2]にも描かれています。主人公のモリス・レスモアは読書中にいきなり襲ってきた突風に吹き飛ばされ、知らない土地に放り出されます。あてもなくさまよっていると、何冊もの空飛ぶ本に引っぱられて中空に浮かんでいる若い女性に出会います。すると、彼女の手に乗っていた一冊の本が、ピョンピョンとモリスのところへやって来て、彼をある石造りの建物へといざなうのです。そこは羽ばたく本たちの巣なのでした。モリスは本の守り人としてそこで一生を終ります。そして、彼もまた、空飛ぶ本とともに昇天していくのでした。

アニメの冒頭シーンでは、強烈な風がモリスの持ったノートの文字を空中に吹き散らしてしまいます。これはカルロス・フエンテス氏の短篇SF「火薬を作った男」を連想させてくれました。フエンテス氏はもっと深刻にページから文字が消え去ってしまう光景を描き出しています。

「本という本の活字がインクの蛆のようになって床に散らばっていたのだ。あわてて本を何冊かひらいてみたが、どのページもまっ白だった。悲しげな音楽がゆっくりと、別れを告げるようにわたしを包んだ。文字の声を聞き分けようとしたが、その声はすぐにとだえ、灰になってしまった。このことがどんな新しい事態を告げるのかを知りたくて外に出た。空には蝙蝠たちが狂ったように飛びかっていた。そのなかを文字の雲が流れていた。ときどきぶつかりあっては火花を散らし、……《愛》《薔薇》《言葉》と文字は空で一瞬輝くと、涙となって消えた[3]」

妖しくも美しい情景です。作者が、紙の本の終わりを、空を飛び交う言葉のスパークとして、表現しているとしたら、それは、ひっきりなしに電子データをやり取りする今日の世界を、クラウド[4]という概念にいた

電子書籍で本を読むと、書かれている内容が記憶に定着しづらい。[P.275]

るまで、かなり正確に予言しているのではないでしょうか。

「岸辺は素早く返信し、車の窓から夜の街を眺めた。今日もたくさんの言葉が中空を飛び交っている」[*5]

じつは、本を飛ばす魔術を使うためには無欲でなければなりませんでした。「私」は一瞬にして欲望丸出しの本心を暴かれ、見事に不合格となってしまいます。幸か不幸か、今日、指一本でタブレットへ電子書籍をダウンロードするのに、そんな試練はありません。多少の費用はかかりますが。

*1｜『芥川龍之介全集3』ちくま文庫、一九八六年。明治時代の東京では市内でもふつうに蝙蝠が見られたそうです。

*2｜ウィリアム・ジョイス、おびかゆうこ訳『モリス・レスモアとふしぎな空とぶ本』徳間書店、二〇一二年。William Joyce.: *The Fantastic Flying Books of Mr. Morris Lessmore.* Atheneum Books for Young Readers, 2012. アニメは短篇アニメ部門でアカデミー賞を受賞しています。

*3｜カルロス・フエンテス、安藤哲行訳『アウラ』エディシオン・アルシーヴ、一九八二年。「火薬を作った男」の初出は短篇集『仮面の日々』一九五四年。

*4｜雲、クラウドコンピューティング（英：cloud computing）とは「コンピューティングリソースの共用プールに対して、便利かつオンデマンドにアクセスでき、最小の管理労力またはサービスプロバイダ間の相互動作によって迅速に提供され利用できるという、モデルのひとつ」（アメリカ国立標準技術研究所）だそうです。

*5｜三浦しをん『舟を編む』光文社、二〇一一年。

スクラップ・アンド・ビルド

偏愛-13

本は読むものと思っていると大間違いです。読むだけが本の用途ではありません。例えば、「八百屋は、良質の紙で袋をつくったり、バルボーザの逸話に見たように、チーズやソーセージを包むのに使った。仕立屋は、巨大な二つ折り本の羊皮紙から型紙を切り抜いたり、細い紐を切りとって寸法を測るの

ヨーロッパでは、宗教改革当時、「装飾文字の入った書籍」をパン屋に送って、燃料にしたそうだ。[P.266]

に使った。靴屋は装丁に使われていた皮を利用した[1]」本は本である前に、紙であり、皮の塊です。「羊皮紙は何にもまして瓶の蓋にぴったりだった[1]」そうですが、蓋に流用するという手は日本人も思いついていました。江戸時代の漢詩人・石川丈山《じょうざん》先生の詩集『覆《ふ》醤集《しょうしゅう》』がその証拠。覆醤というのは味噌甕などを覆う紙のことで、「こういう役立たずの本は一枚ずつ剥がして味噌甕の蓋にでもしてください[2]」という謙遜の意味で付けられたタイトルだそうです。当時でしたら、襖や屏風の下張りにも使われたことでしょう、そんな遺物を今でもときおり古道具屋などで見かけます。物資が乏しい時代には、辞書の紙でタバコを巻いて吸ったり、トイレの落とし紙にしたり、風呂の焚き付けにしたり、あれやこれや、紙としての用途が本にはありました。

本の形からくる使い道もあります。ヘソクリを挟む、押し花を作る、重石にする、枕にする、団扇にする、蝿たたきにする……。ミステリなどでは、分厚い本をくりぬいて拳銃だとか貴重品を隠すようなシーンがよく登場しますが、現実の世界でも、本をくりぬいて爆弾を仕掛けた事件がありました[3]。

私は、本や雑誌を破ったり、切り刻んだりします。愛書家とはとうてい言えません。どうしてそんなことをするのか？　コラージュを作るためです。コラージュを刺激的な表現手段として創始したのはシュルレアリストのマックス・エルンストさんでした。大衆小説、自然科学雑誌、通販カタログなどの挿絵を切り抜いて貼り合わせ、まったく別の絵を作り出したのです[4]。暗示的な章題と短い詩句の引用が付されているだけで、テクストはないのですが、絵を追って行くと何かしらのストーリーが見えてきます。それは「コラージュ小説」と呼ばれました。本をバラして再構成し、別の本を造り上げたわけです。私の方は、そんな高尚なものではなく、ただただ楽しくて、本には申し訳ないと思いつつ、切った貼ったをつづけています。

*1―ラート＝ヴェーグ・イシュトヴァーン、早稲田みか訳「本にふりかかる運命の数々」『書物の喜劇』筑摩書房、一九九五年。引用文中「バルボーザの逸話」は、ポルトガルの法学者アゴスティーノ・バルボーザが肉屋の包み紙として使われていた貴重な手書き原稿を見つけたことを指します。

*2―林望「『覆醤集』のこと」『書誌学の回廊』日本経済新聞社、一九九五年。

*3―「都知事あて郵便小包　表紙開けると爆発」『朝日新聞』一九九五年五月十八日号。「十六日、青島幸男知事あての郵便小包が爆発し、都知事秘書担当の内海正彰さんが大けがした事件で、爆発物は本をくりぬいて仕掛けられ、表紙を開くと通電して爆発する仕組みになっていた」

*4―『絵画の彼岸』（河出書房新社、一九七五年）によれば、エルンスト氏がコラージュを思い立ったのは一九一九年です。その手法はやがてコラージュ小説へと発展しました。現在、河出文庫から『慈善週間または七大元素』『カルメル修道会に入ろうとしたある少女の夢』『百頭女』が刊行されています。

トムとジェリー

苦悩-08

何年か前になりますが、天井裏にネズミが住み着いたことがありました。住み着くというか、長屋住まいなものですから、両隣の家とも自由に行き来しているんですね。トットットットットトトトトトト。彼らが天井を駆けめぐる音に四六時中悩まされました。それだけならまだしも、台所へ下りてきて、バナナをかじるは、米の袋を食い破るは、ほとほと困り果てました。いずれ本もやられるのではないかとヒヤヒヤさせられました。

ホントですよ、ネズミは本をかじります。昔、郷里の倉庫にたくさん本を置いていたとき、かなり大きな被害を受けました。立て並べている背の下の方がみなボロボロになっていました。とくに図録とか画集がひ

ロシアやイギリスなどの図書館で、ネズミパトロールのために猫が飼われているというようなニュースを見ることもある。[P.293]

どくやられていてガックリきたものです。本箱の引き出しの中などは、細かくかじった紙片でいっぱいになっていました。子育てでもしていたのかもしれません。

　ネズミの被害を防ぐ古典的な方法は猫を飼うことです。日本の家猫は中国からやってきたとする説があるそうですが、それは中国からお経を輸入するときに、お経がネズミにかじられないよう、猫もいっしょに連れてきたという記録にもとづいています。面白いのは、猫が初めて中国に現われたのも、三蔵法師（玄奘三蔵）がインドから経典を持ち帰ったときなんだそうです。やはり経典を守るためにインドから連れて帰ったのだとか。[*1]

　南宋の政治家で詩人の陸游《りくゆう》さんに「贈猫」という詩があります。[*2]

裏塩迎得小狸奴
尽護山房万巻書
慚愧家貧策勲薄
寒無氈坐食無魚

経験上からも、ネズミに齧られるのは、かなり古い本が中心だ。［P.293］

塩をつつんで、小猫をもらい、数えきれないわが家の本を、やっと守れた、にもかかわらず、恥ずかしながら、むくいてやるに、貧乏すぎて、寒かろうとも座布団はなし、餌にさかなも付けてはやれぬ……（つたない意訳で申し訳ありません）。猫に魚も買えないほど貧乏でも、万巻の書は持っているというのですから、陸游先生もそうとうな本の虫に違いありません。

　わが家のネズミがどうなったかって？　美味しそうな匂いのクスリで退治いたしました。毒エサがかじられて何日か後、おとなりの裏庭でゴロンと大きなクマネズミ[*3]が横たわっておりました。それ以来ピタリと天井裏の騒音は止んだのでした。

*1―渡部義通『猫との対話』文藝春秋、一九六八年。『訓蒙要言故事』『日本釈名』『物類称呼』『愚雑俎』などに見えるそうです。玄奘が多数の経典を長安に持ち帰ったのは貞観十九年（六四五）でした。実際のところは、猫もネズミも紀元前から日本列島に住み着いていたようです。

*2―一海知義編『陸游詩選』岩波文庫、二〇〇七年。

*3―クマネズミは天井裏を駆け回るため、俗に「屋根ネズミ」とも呼ばれます。垂直の壁でも自由に上り下りできるそうです。

本棚崩壊

苦悩-09

「突然、部屋ごと上下に揺り動かされるようなショックで目覚める。手探りで枕元のカーディガンを引っ掛け、ワープロ机の下の椅子を退けて半身を突っ込む。ぐらぐらぐらぐら、としばらくは揺られるままになっている他ない。荒馬の背で飛び跳ねている感じ。ばさばさと蒲団の上に何やかやあらゆる物が落下する音が、ゴーという地鳴りに協和する。報道によれば四十秒ほどの出来事だと言う。しかし当事者としては非常に永い時間に感じられた。まだ夜は明けていない」

「アルミサッシのガラス戸が二枚弾き飛ばされて椿と蜜柑の木に被さっている。廊下の本が庭へあふれ出している。玄関の間は三方の壁に本棚があり、雑貨の棚も据えていたので酷い有様。書物は液化した後ふたたび結晶したかのように隙間なく玄関を埋め尽くしている」[*1]

神戸で震災に見舞われました。幸いにも、寝ている部屋に本棚は置いていませんでした。せいぜいナイトキャップ代わりの文庫本を枕の脇に積み上げていたくらいです。もし、本棚に囲まれていたら、おそらく大怪我していたのではないか、ひょっとして生きていなかったのではないか、などと、今でも時折、思い出してはヒヤリとし、胸を撫で下ろしているしまつです。

今から百六十年以上前、安政二年十月二日（一八五

単行本や函入りの本は当たるとけっこう痛いので、寝る場所の近くには文庫か新書を積んだほうがいいだろう。[P.073]

五年十一月十一日）亥の刻（午後十時頃）、関東地方南部が強い揺れに襲われました。安政の江戸地震です。マグニチュード7クラスだったと推定されていますが、このとき本箱の下敷きになったのが渋江《しぶえ》抽斎《ちゅうさい》先生でした。

「二つの強い衝突を以て始まって、震動が漸く勢を増した。寝間にどてらを著て臥していた抽斎は、撥ね起きて枕元の両刀を把った。そして表座敷へ出ようとした。／寝間と座敷との途中に講義室があって、壁に沿うて本箱が堆く積み上げてあった。抽斎がそこへ来掛かると、本箱が崩れ墜ちた。抽斎はその間に介まって動くことが出来なくなった[*2]」

当時の本箱は桐、檜、杉などでできた縦長の木箱です。慳貪蓋《けんどんぶた》という差し込み式の扉がついていました。抽斎先生はすぐに助け出されて無事でしたが、いくら和本が軽いものだったとしても、高さ六十センチ[*3]ほどの本箱がいくつも体の上に落ちかかってきたとしたら、よくぞご無事で、と思わないではいられません。

本棚の置き場所にはくれぐれも注意しましょう。体験者語るでした。

*1 林哲夫「災難に逢時節には災難に逢がよく候」『AMP』号外、一九九五年四月二十日。阪神淡路大震災に遭遇した一九九五年一月十七日午前五時四十六分以後のことを記したフリーペーパーより。神戸で古書店を経営されていた間島保夫さんの『罹災日録』（間島一雄書店、一九九七年）には「午前五時四六分、頭をいきなりバットで殴られた様な痛みと共に体が上下左右に叩きつけられる」「娘をつれ家内の三人でとにかく外へ出ようとするのだが本棚、荷物が倒れ、戸、ドアーがすべて開かない、書庫のドアーが開けたままにしてあったので崩れた本の山の上をなんとかはってでる」などとあります。

*2 森鷗外『渋江抽斎』岩波文庫、一九九九年。「その四十七」より。渋江抽斎は医師・考証家・書誌学者。

*3 拙宅にある江戸時代の本箱は高さおよそ六十二センチ、幅二十二センチです。他にもいろいろなサイズがあります。

退屈男さんの家には本棚がなく、部屋全体が「本の山」だらけなのである…[P072]

受贈本

苦悩-10

ある古本屋をのぞいていたら、その棚に自分の著書が差してありました。思わず手に取って開いてみると、そこにはある人に宛てた自分の献呈署名が入っていました。つい先日、贈ったものでした。「売りやがったな」とホゾを噛んでも、呈上したのですから、どう処分されようと仕方がないわけです。買い戻そうかな……と思い、値段を見ると、けっこう高く付いていました。そっと棚に戻しました。

先日ある方より頂戴した単行本にはメモが付いていました。「ご覧いただいたあとは、捨てて下さってけっこうです」。お言葉に甘え（?）読んで処分するか、あるいは、読まないで処分するか、いずれにしても少し気が楽になりますね。

石川啄木氏は北原白秋先生にもらった『邪宗門』を売り払ってしまいました。浪費家だった啄木氏は、小遣い銭に困って自分の著書『あこがれ』も古本屋に持ち込むくらいですから、他人の本など売って当たり前でした。[*1]

売り売りて
手垢きたなきドイツ語の辞書のみ残る
夏の末かな[*2]

学生時代の芥川龍之介氏もドイツ大使にもらった詩集四冊を古書店に売っています。[*3]

島崎藤村氏は身辺をキチンと整理するのが好きだったそうです。尊敬しない本をいつまでも置いておくのを嫌いました。しかし古本屋へ払い下げるということは考えなかったようです。で、どうしたか？ 勝本清

人は本を贈る生き物なのだなあ…［P056］

人の一生は思ったより長くはないし、そうでなくても、本というのはじつにさまざまな事情によって持ち主の手を離れて行く。[P.124]

一郎という方がこう証言しています。

「先生は本が少したまると、品川沖まで小舟でこいで行って、水葬にして来られたのである。

海を書物の捨て場所に考案した作家は、日本にも外国にも余り類いがなかったであろう」*4

今なら不法投棄になりかねませんが、明治時代の話ですので大目に見ましょう。それにしても、さすがは「椰子の実」*5の作者です。

そうそう、誰だったか、忘れてしまいましたが、生前に受贈された本をすべて贈り主に返送するよう遺言した学者さんがいたそうです。読んでか、読まずにか、とにかく亡くなるまで取ってあったわけですが、返送されるとなると、それはそれで迷惑な話ではあります。

*1 石川啄木『啄木・ローマ字日記』岩波文庫、一九七七年。白秋のおばさんにもらったとも。

*2 石川啄木『一握の砂』東雲堂書店、一九一〇年。

*3 「その頃の赤門生活」『芥川龍之介全集　第八巻』岩波書店、一九三五年。

*4 勝本清一郎『こころの遠近』朝日新聞社、一九六五年。

*5 島崎藤村『落梅集』（春陽堂、一九〇一年）に収録された詩で「名も知らぬ遠き島より／流れ寄る椰子の実一つ」とはじまります。

本は泣いているか

古本-12

百円均一の古本棚について、ある古本屋さんが、こんなツイートをしていました。

「お客様が百円棚を見て、あまりの安さに「本が泣いてるなあ」と言われました。僕はムッとして「本は泣いてません。泣いてるのは実家の母（戦中派）です。なぜなら、僕が仕送りするどころかスナックのつけを払うために毎月、年金を無心するからです」と言い放ちました。お客様はサッと帰られました」*1

いいですねえ、このつぶやき。実際、百円の棚に追いやられたからといって古本が泣くはずはないんです（お母さんについては知りません）。少し前になりますが、東京のある古書店主から聞いた話では、その人は毎日のように大量の古本を処分しているそうです。「地方に大きな倉庫でも安く借りて、ぜ〜んぶ、取っておけたら、百年後にはすごい在庫になるんだけどなあ！」と本気で残念がっていました。

古本ばかりではありません。新刊書だってうかうかしてはいられません。毎年、日本国内では在庫処分として何千万という冊数が処分されているようです。[*2] そんな運命にある仲間たちと比べてみてください、どうして百円棚に置かれたからといって泣く理由がありましょうか。もし万一、本当に泣いていると感じたのなら、連れて帰ってやらなくちゃいけません。

ひいきの古本屋の店頭に百円均一の平台があります。その下段を探っていると、あるわ、あるわ、珍しい本が、あれも、これも、それも。ウハウハと、しかし笑顔を圧し殺しつつ（そうする必要はまったくないんですけど）、十冊ほど抱えてレジに運びました。たった千円です（この店はなぜか百円の本だけは消費税を取らないのです）。ところが、いつも苦虫をかみつぶしたような顔の店主が、それらを一冊手に取っては「これは、あかん」、ポイッと後ろに引っ込めます。「これも、これも、これもや」、結局どれ一冊として売ってくれようとしません。幸福の絶頂から絶望の淵に突き落とされた私は「ああ、そんなあああぁ……」と泣き崩れながら、頭の隅で「泣いているのは本じゃなくて客じゃないか〜」などと考えたとき、目が覚めました。[*3]

*1 一色文庫 twitter 二〇一八年二月九日。

*2 少し古いデータになりますが、『朝日新聞』一九九七年十月二十七日号に「国内で昨年刊行された本は、重版も含めて推定約十億五千

百円均一で買った本でも、自分が読んでおもしろかったり、何かひとつでも得るものがあったりすれば、それは素晴らしい本なのだ。[P.278]

万冊。そのうち四・四二%、ざっと四千六百万冊が在庫処理として、読者の手に渡らないまま、このような形で処分されているとみられる」とあります。文中「このような形」とはリサイクル工場で再生紙の原料となる工程を指しています。なお『出版年鑑2016』によれば、一九九七年が過去四十年間で最も発行部数の多かった年で、十五億七千三五四万冊でした。

*3―この原稿を書いているとき実際に見た夢です。

ある古本マニアは、均一台や新古書店の百円コーナーで本を買うことを「救済」といっていた。［P.264］

本の行商人

列伝-11

幼い森茉莉さんは先祖の墓へ詣でるために蒸気船に乗りました。船の中で本の行商人に出会います。

「やがて船は、びつくりするやうな大きな音を立てて、水の上を動き出した。少し経つとゴツゴツした地味な着物に、同じやうな羽織を着た男が、何處からか起ち上つて来て通路に立ち、いろいろな本を代り代りに包みから出してはバタバタと、手で敲いたり、二三冊一緒にして、扇のやうに重ねて高く差しあげたりしながら、うるさい声で説明をし始めた。「えゝ」「えゝ」と、間々に挟みながら、二冊で何銭、三冊で何銭と重ねてゆき、十冊位重ねてからポンポンとはたいた。あとからあとから出して来る手品のやうな手つきや、早口な口上を、私はいつも見て居た。石見重太郎狒狒退治、塚原卜伝の鍋蓋試合ひ、又は日本海海戦の何々といふやうな本の名を、勇ましさうに声を張りあげて言つたりする。男は散散怒鳴つたり敲いたりすると、本を片づけ、外へ出て行つた*1」

イギリスにはチャップマン、フランスにはコルポルターと呼ばれる本の行商人がおりましたように、どの地域でも、書店というものが広く普及していなかった時代、町から町、村から村へと、書物の流通を荷なっていたのは、鞄に本を詰めて売り歩く、それら行商の人たちでした。例えば、フランスでは行商人が売る本は青本（livres bleus）と呼ばれ、十七世紀初めにトロワの町の出版人ジャック・ウド氏が初めて発行したとされています。新書ほどのサイズで、青い砂糖の包み紙を表紙に流用していましたので青本なのです。料理法、占星術、植物、そしてあらゆる読物、例えば、騎士道物語からペローの童話まで、が揃っていました。また、権力側にとって不都合な内容が青本によって大衆に普及する役割を果たしたため、繰り返し規制が行なわれました。十九世紀中頃には「悪書」として厳しく検閲されたそうで、その結果、検閲資料としてそれらの青本がまとめて残るようなことにもなりました。*2

火があかあかと燃えている暖炉の脇で老人が古写本の目録に目を通しています。婆やが面会人を告げます。婆やの後ろから弱々しい顔つきの小男が進み出て、緑色の風呂敷から黄表紙本をどっさり取り出しました。

「手前は本の出張販売員でございます。パリじゅうの主な出版屋のためにお得意取りをいたしておりますが、こちら様にも一つごひいきにお願いいたしたいと存じまして、勝手ながらいろいろ新刊物を持ってまいりました」*3

男は歴史物語、恋物語、社交術、ゲーム、手品、そして夢判断の本をすすめます。老人は学者ですから、そんなものにはまったく興味がないので、婆やのために『夢判断』を買ってやろうかと思い、婆やさんにたずねますと、ケンモホロロの答えです。「旦那様は何千冊と本を持って気が変になっておいでですが、私なぞは、祈禱書と『家庭料理』と、この二冊で十分でございます」。老人はその貧相な行商人を可哀想に思ってフロリアンの『エステル・ネモラン物語』を買うことにします。これが後に老人の運命を変えることになるのですが、それは読んでのお楽しみということで、

一五二三年、ヨプストという男が世間を煽動する文書を書いた罰として、ザクセン選帝侯から、それを食べるように命じられました。[P.179]

ここでは伏せておきましょう。

ピンポーン、わが家の玄関のチャイムが鳴りました。「果物いりませんか?」と箱を抱えた若い人が。最近よくやって来ます。申し訳ありません、門前払いです。もし、これが古本の行商人なら、ぜったい扉を開けますね。開けたら、きっと何か買ってしまいます。古本の行商、今でもいけるんじゃないでしょうか、だめ?

*1―森茉莉「幼い日々」『父の帽子』筑摩書房、一九五七年四版。

*2―Claude Bonnefoy: *La littérature de colportage*, 1971.

*3―アナトール・フランス、伊吹武彦訳『シルヴェストル・ボナールの罪』岩波文庫、一九七五年。ここで「黄表紙本」と訳されている原文は黄色い本(livres jaunes)で、十九世紀の仮綴じ本では一般的でした。

寺の住職だった明治生まれの私の祖父は、風呂敷で本を包んでいました。[P.229]

一箱古本市

古本-13

そもそもは二〇〇五年四月三十日に開催された「不《しの》忍《ばず》ブックストリートの一箱古本市」に始まりました。編集者でライターの南陀《なんだ》楼綾繁《ろうあやしげ》氏によって立案された内容は、東京都文京区・台東区の不忍通りを挟んだ一定の地域に十二のスポットを設け、応募した出品者が古書を収めた箱を決められた場所に置いて販売するというものです。出品は七十五人、数多くの来場者をみる盛況となりました。南陀楼氏とは雑誌仲間だったため、第一回には、かく言う私も出品させてもらいました(ただし古本一箱を送っただけです)。それ以降、たちまちブームとなって、日本全国で開催される本好きイベントの定番に収まっています。

『一箱古本市の歩きかた』*1という新書を南陀楼氏が上

梓したとき、次のような感想を書きました。

「ケイタイやネットが急速に普及し、それと併行して本が売れなくなる、という推移のなかで、ネットなくして「一箱古本市」は考えられなかった（はるかに困難だった）にちがいない。この点でも時代に波長の合った本とのかかわり方、遊び方であった、あるような気がする。まさしく一箱が寄り集まるように、点の人と点の人が場所や時を選ばずコラボすることができ、面をつくれるという利点が最大限に生かされたのではないだろうか[*2]」


　個人的には、名古屋の円頓寺《えんどうじ》商店街で開催された一箱古本市が、楽しい思い出となって今もよみがえってきます。このときの参加者に、ユニークな、と言うか、ちょっとギャンブラーな方がおられました。お客さんにジャンケンを挑むのです。

「あなたが勝ったら半額、ぼくが勝ったら倍の値段でお願いします！」

　ほほう、勝負師だなあと思ってしばらく観察していますと、意外とみなさん、受けて立ちます。お祭り気分ですね。ところが、非運なことに、言い出しっぺの店主、負ける負ける。お客さんはみんな大喜びです。

「もっとジャンケンの練習しとけよ～」と心の中で応援していたところ、最後の最後にやや高額な本で勝ちを得ました。それまでの負けを取り戻したかっこうです。こっちまでホッと胸を撫で下ろすしまつ。ギャンブルはほどほどに。でも面白かったです。

　南陀楼氏は一箱古本市の大元締めとして雑誌『ヒトハコ』を発行しています。その創刊の言葉を引いておきましょう。

「一箱古本市のある町で、たくさんの本好きたちと出会って、彼らの活動や暮らしかたや考えを知りたいと思いました。そこには本の世界をもっと豊かにするヒ

故・串田孫一の蔵書が大量に古書市場に流れたことがあって、一部を古本市で見た。[P.319]

ントがあるかもしれない。5つの地域の編集者とともにつくる『ヒトハコ』は、「本と町と人」をつなぐ雑誌です[*3]」

*1―南陀楼綾繁『一箱古本市の歩きかた』光文社新書、二〇〇九年。
*2―ブログ「daily-sumus」二〇〇九年十一月十四日。
*3―雑誌『ヒトハコ』創刊号、ビレッジプレス、二〇一六年十一月十日。

百冊

苦悩-11

古本者[*1]の大先輩より年賀状を頂戴しました。こういう文面がしたためられていました。

「蔵書の整理を始め、暮れまでに二五〇〇冊程出ていきました。三月頃までにてってい的にして、夢はこれぞというのを一〇〇冊架蔵することです」

素晴らしい！　もし実現できるなら。百冊というと、

本の置き場所が増えれば、それだけ本を買う。[P073]

小ぶりな本箱ひとつ分くらいでしょうか。この大先輩は梶井基次郎氏をリスペクトされており「闇の絵巻」はそらんじられるとおっしゃっておられましたし、梶井基次郎日記の原本が古書市に出たときには「家を売って買おうかと思う」くらいの昂奮ぶりでした。きっと梶井氏の署名入『檸檬』が百冊のトップに並ぶのでしょう[*2]。

ところが、その後も毎度、古本市の会場で顔を合わせます。これではとうてい百冊に絞れるとは思えません。蔵書整理というのはダイエットと同じです。気がゆるむとすぐにリバウンドしてしまいます。

百冊に限ったわけではありませんが、荻原魚雷氏は、本を置くスペースを決めておいて、そこからはみ出た本は次々処分するという方法を提唱しています。処分するような本は必要でない本だし、必要ならまた買えばいい、三回売って四回買った本もある、のだそうです[*3]。

個人の蔵書というのは、増やせば増やすほどその存在意義が失われます。「持ってるけど見つからない」シンドロームなどそれをはっきり証明するものでしょう。魚雷式こそ、理想の蔵書管理法という気がします。

「俺、ガンなんや」

　久しぶりに大先輩とお会いしたらショッキングなことをさらりとおっしゃいました。う～ん、だから百冊に絞ろうと決心されたのでしょうか。返す言葉を失いました。ところが、それから何年かたちましたが、大先輩はいたってお元気です。相変わらず古本まつりの初日には必ず顔を合わせます。つい前日も立ち話をしておりますと「うちのやつがな、いまICUに入ってるんや。一命を取り留めても植物状態になるかもしれん」などと難儀な話を涼しげにおっしゃいます。「そばにおっても何もできんからな」と言いながら手には稀覯本を何冊も握っておられました。百冊の「夢」ははるかに遠いようです。それもまたよし。

*1―ふるほんもの。古本愛好者が韜晦《とうかい》して言う呼称。流れ者とか浪人者、田舎者などと同じニュアンスでしょうか。一説にはSFファンの自称「SF者」から派生したもので、一九九九年頃から使われ始め、二〇〇五年前後から一般化したとも。最近では「古本屋ツアー・イン・ジャパン」というブログで知られる小山力也さんが「古本修羅」という言葉を連発しておられます。こちらはさらに業が深そうです……。

*2―「闇の絵巻」は梶井基次郎の短篇小説。一九三〇年に『詩・現実』第二冊に発表され、作品集『檸檬』(武蔵野書院、一九三一年)に収録されています。「梶井基次郎日記」十六冊は二〇〇八年の明治古典会七夕古書大入札会に最低入札価格八百万円で出品されました。

*3―荻原魚雷『古本暮らし』晶文社、二〇〇七年。本書「イン&アウト」の項参照。

つまり買った分だけ売る。そうしないと、部屋中、本だらけになり、日常生活に支障をきたしてしまう。[P.076]

ノムラユニークホンヤムシ

【ショテンイン科】 *Miwataseba Honyade Hitorikirigayoi*

本屋で本は読めるか
猫を抱いて本屋になる
本を包む
フリーペーパー
オンラインショップ
本屋泣かせの本
棚出し
面陳

本屋と子ども
座り読み
ZINE
本屋で一人きり
ちょっとした偶然
小さな出版社
本屋と喫茶

本屋で本は読めるか

書店-11

先日読んだ本で、ロンドンのフォイルズ書店でアルバイトをしていた人の文章があったのですが、この人は自分の職場を図書館に見立て、膨大な在庫の山から自在に抜き取り「いつもレジの下に本を積んでおいて、本の背を傷めないよう注意しながら読んでいた[*1]」とのこと。読まなかったのは詩集くらいだそうですが、あんな大型書店でそんなことができるものなのか？　とちょっと驚きました。ただでさえ忙しい新刊書店、規模が大きければ同僚の目もお客さんの目も多く、業務以外のことをしていたら直ちにサボりが露見するのではないかとひとごとながら少し心配になりましたが、そもそも書店員が職場で本を読むことを「業務以外」「サボり」と定義してよいのかどうか。

停年退職したらたっぷり時間ができる、「プルーストの『失われた時を求めて』を読み通してやるぞ」…[p017]

もちろん、新刊に目を通しできるだけ商品知識を身につけるのは重要なことですし、自社サイトで紹介文などを書くことがあれば、ある程度は読む必要があります。しかし、仕事中にまるまる一冊読みふける、なんてことはさすがに日常的には難しいでしょう。よほど暇な店ならいざ知らず……とここまで書いて、はて自分はどうかと振り返れば、まるまるは無理でも結構読みふけってきました、そういえば。

思えば今の店で働き出した当時は、大きな声では言えませんが、本当にお客さんが少なかったので、その気になりさえすれば店内の本は読み放題でした。業務の合間をぬって、カウンターでぱらっと本をめくり出したら最後、一体いつまで読んでるんだ、という剛の者、いや勉強熱心なスタッフも。あるいは、棚整理の途中にふっと目に入った本をペロッとめくりそのままその場に直立不動となるなど。そんなときはエプロンをつけていればまだしも、つけずに読んでいたら、その姿は本当にただ立ち読みしているカバンを持たないお客さんです。

サボっているつもりは毛頭ありません。あくまで仕事の参考や確認のためのはずなのですが、気づけば時間が過ぎている、というのはなんなのでしょう。やはりあれでしょうか、トイレやお風呂のなか、あるいは締め切り間際、仕事が忙しい、勉強に煮詰まっている、など、限られた空間と時間のなかでこそ人は集中力が高まるというあの現象と同じでしょうか。逆に本を買って帰ってゆっくりソファに座って開くよりも、仕事の合間に直感的な興味にひかれてパッと開いた時の方が、思わぬ収穫があることも多いのです。次の本の仕入れへのヒントとなるような、いわば新たな本へとつながる道筋のようなものを本自体が示してくれることが。ゆえに、勤務中に本を読みふけることは、決して「業務以外」でも「サボり」でもないと言いたいところですが、やはりレジから「すいませーん」と呼ばれてアタフタと本を棚に戻す、なんてところを他のお客さんに見られるのは恥ずかしいですね。あの人店員だったのか、という……。まあほどほどに、ということです。冒頭のフォイルズの書店員も、気づけば読みふけってしまっていた、それが許される自由さがあったのでしょう。詩集以外、というのが面白いところですが。

＊1―イアン・サンソム「ヘラクレスの柱」ヘンリー・ヒッチングズ編、浅尾敦則訳『この星の忘れられない本屋の話』ポプラ社、二〇一七年。

本を読んでいると、時間がたつのは速かった。浮世ばなれしたデュアメルの詩的散文を愉しむうち、すぐ午前二時になった。[P086]

たまに爪とぎ跡のある古本が入ってくると、「あーあ」と思いながらも、少し懐かしい気持ちになり、その裂けたところを触ってみるのだけれど。[P.128]

猫を抱いて本屋になる

書店-12

我が家には現在二匹の猫がいます。一匹は九歳のメスの雉猫、もう一匹は二十歳になるオスの黒猫ですが、この黒猫の方が大問題。本好きにとっては、村上春樹言うところの「猫には「あたり」と「スカ」の二種類がある」[*1]の「スカ猫」の方なのです。なにせ、特技は積んでいる本の背で爪とぎをすることですから、猫に罪はないとはいえ看過できない悪癖です（積まずに差している本でもするのです！）。しかし今の家で六匹の猫と暮らしてきましたが、本に爪とぎをする猫というのは彼だけでした。確率で言うと十六％というのは高いか低いか。萩原葉子が作家になると決めた時、室生犀星は激励の意味で猫をあげたそうですが、それを読んで爪とぎ猫だったらどうするんだと思ったものです。[*2]

思えば海外では猫のいる古書店を何軒もみましたが、一体彼らはなんであんなに泰然として時にはまるで店主のように見えるほど落ち着いているのでしょうか。よもや吾輩が本で爪とぎなどするわけなかろう、という風情で当たり前のように本棚と同化している姿をみていると、店内の風景もぐっと格が上がるように思えます。スペインのある街で古書店に入った時など、老店主がガラッと開けた机の一番下の引き出しに白猫が入っていてびっくりしました。同化しすぎて眠っていたようです。

日本でも蟲文庫さん[*3]をはじめ猫のいる古書店はありますが、一般的な新刊書店での猫率は東西を問わずどうでしょう。一部の例外を除き、普通の書店で猫とともに店番をするのはなかなかハードルが高い気がします。爪とぎ猫が困るのはもちろんですが、業務の忙しさが猫の醸し出すゆったりしたリズムとあわないというか、やはり、静かな時間の流れる古書店こそ猫との共存にはふさわしいでしょう。そういえば、海外でもインディーズの本中心の小さな新刊書店では猫を見ました。ゆったり感も大事ですが、業務内容の自由度の高さも大切なようです。猫はその店の時の流れをつかさどる。

我々の店にも随分前に一匹だけ可愛い子猫が迷い込んできたことがあります。店内ではなく倉庫だったのですが、さあどうしよう、誰か飼えば？　店で飼えたらなあ、と数人で話しながら抱き上げようとしたスタッフの手を思いっきり引っ掻いて飛び出して行き、結局それっきりです。猫のいる本屋という儚い夢は終わりました。

しかし、もし一人で小さな新刊本屋をやったとしたら？　やっぱり猫と店番してみたい。でもそれって要するに暇な店ってことですね。早川義夫さんが思い描いた「猫でも抱いて、一日中坐っていれば、毎日が過ぎていくような」本屋[*4]はなかなか難しそうです。

*1―村上春樹、安西水丸『村上朝日堂』新潮文庫、一九八七年
*2―『作家の猫』より「室生犀星」の項　平凡社、二〇〇六年
*3―蟲文庫さんによれば、二〇一八年現在は残念ながら猫はいないとのことです。
*4―早川義夫『ぼくは本屋のおやじさん』晶文社、一九八二年。

本を包む

書店-13

毎日売れていく本は、ほとんどが手提げ袋をはじめとする何かに入れて渡されます。ビニール袋、紙袋、場合によってはクラフト紙でできた大きめの平たい雑誌袋など。それに加えてブックカバーもありますね。本屋はつねに本を包む商売。「全部いらない裸で持ってく」という人がたまにいますが、ごくごく稀です。

本屋や古本屋には、やはり犬ではなくて猫のような気がする。[P.292]

いったい、これまでの年月に、何枚の紙袋に判子をおしてきたのだろうか、と思うと、自然に感謝の気持ちがわいてくる。[P.114]

レジで「あ、そのままでいいです」と言われ、それがブックカバーはいるけど袋はいらない、カバーはいらないけど袋はいる、袋もカバーもいらない、のどの意味なのかいつも一瞬迷います。

　ラッピングもあります。それはもうたくさんあります。四六判一冊が一番包むのに楽で、複数の本でも大きさの揃ったものなら三冊までなら余裕です。包装紙も全紙サイズ、その二分の一、そのまた二分の一を使い分けます。どう包めばどの柄が表にくるか、この厚みならこう包めば最終的にこの角度でフィニッシュできる、など一応頭には入っていて、できるだけ美しく丁寧に、という気持ちで包んでいます。大きさの違う複数冊、薄い小冊子、超大型絵本などが来るとちょっとウッとなります。そして我々の店では、本と雑貨の同時ラッピングも多々あるのですが、平たいものと凸凹したものという組み合わせの包装はこれまた難儀です。仕上がりが不安な時は、包んだあとに透明の袋（PP袋とも呼びます）に入れると出来栄えが数段美しくなります。決してごまかすためではありません。

　それ以外にも、売り場に出す時に傷みやすそうな本はPP袋に包んで陳列する、返品作業で本を箱に詰める、紙袋やエコバッグなどマチのある袋に底から順に本を納めるなど、思えば毎日なにがしか本を入れる作業を続けています。本は繊細。角を潰したくない、帯も守ってあげたい、本のそばでペン先を出しっ放しにしない、取次で貼られるシールは細心の注意で剥がす。売り物だからというのもありますが、本というモノをできるだけきれいな状態で保ちたいという気持ちが強い。そこで様々な手法によって、本を包み続けます。コミックだとシュリンクがありますが、これはまた別の意味で。

　本を包むだけでなく「束ねる」もありますね。七〇年代のアメリカのアイビールックが発祥でしょうか、昔の少女漫画でもよく登場したブックバンドは実際に使ったことはないですが（実は見たこともないのです）、本のみに特化した道具というのが素敵ですし、ある取次さんがいつも運んで来る本の束は見事に「キの字型」に結ばれていてほれぼれします。真似したいのですがなかなかできません。

ところで「包む」は「くるむ」とも読めますが、もちろんここまでは「つつむ」の読みを念頭に置いて書きました。しかし「くるむ」もいいですね。ふんわりとまるで赤ちゃんにかける布のようです。雨の日、本を倉庫に移さないといけないときは厚手の布か大きめの梱包材で覆って移動しますが、あれはまさに、くるむ、です。ちなみに寺の住職だった明治生まれの私の祖父は、風呂敷で本を包んでいました。中は和綴じの経文が主だったようです。「くるむ」と「つつむ」が同時になされたような風呂敷の、キュッと締められた結び口は美しいものでした。

フリーペーパー

偏愛-14

持ち帰り自由＝テイクフリーの紙類。これらの無料配布物を一書店としては随分古くから扱ってきました。出版社が発行するパンフレットやPR誌ももちろん少しはあるのですが、それを遥かに超える量のその他ペーパー類。内訳は、フリーペーパー、ショップカード、イベントやライブ情報のフライヤー、美術館の展示情報などなど。最近は、これが無料？　と思うほどの厚みのある立派な小冊子もあり、世の無料配布物の趨勢の、ここはある種の縮図となっているかもしれません。それほど毎日凄まじい量が持ち込まれ、郵送されてき

婆やの後ろから弱々しい顔つきの小男が進み出て、緑色の風呂敷から黄表紙本をどっさり取り出しました。[P.217]

昔から、「もう、本屋は本だけ売っているのではどうしようもない」と言われてきた。[P.290]

ます。上記を総称してチラシと呼ぶ人もいるでしょう。本当にはらはらと落ちます。散らし、とはよく言ったものです。

置き場所は正面玄関から入ってすぐ右側に専用棚、そして奥にも一棚。雑貨売り場の改装前はポストカード用の棚をすべてフライヤー用にあてていましたが、ずらり並んだ様は壮観で、どこかの地下にあるライブ会場のようでした。お金にならないものにこんなに場所をとっていいのかい？　と言われたこともありますが、確かに……でも、金で買えないからこそ価値がある。多くはその時ただ一度限り作られる吹けば飛ぶような紙切れ、時期が過ぎればもうお目にかかることはありません。「本は見た時に買え」と言いますが、チラシ類もしかり、いやむしろそれらをこそ。そういった一期一会を逃すまいと多くのお客さんが毎日置き場を見ています。

なかでも自主制作の無料読み物を主体とするペーパー類は総じて「フリーペーパー」と呼んでいますが、京都・五条にはフリーペーパー専門の本屋さん[*1]まで誕生するくらい、お目当ての人が多いのもこのジャンル。女性目線でゆるめの京都ライフを語ったもの、判読が難しい殴り書きで若者が自分の思いを綴ったもの、映画や音楽、文学を独自に考察したもの、自治体や企業とのタイアップで見目麗しく作られたもの、など本当に多種多様。九〇年代半ば頃は一様にコンビニのコピー機で作った、手作業以外の道がないようなものが多かったと思いますが、「手作り感があっていいよね」というあえてのハンドメイドも今ならでは。どのように自分を表現するか、が面白く、それは売り物の本となんら変わるところはないように思えます。余談ですが、個人的に最も思い出深いフリーペーパーは二十年近く前に発行されていた『25才児の本箱』[*2]です。ブックギャラリー・ポポタムの制作でした。

それらの手作りペーパーやその他の「紙もの」（こんな呼び方もします）は、年々増える一方で、全国津々浦々、よくこれだけの印刷物が生まれるものだと日々感心します。受けるこちらも出して出して出しまくる日々。どんどん堆積してゆくなかを、人々は発掘作業のように掘り続けます。「これもらって帰ろう」と思う一枚に出会えたら嬉しいはず。それを期待して我々もどんどん積んでゆきます。本だけでなく、そういった手作りのメディアにも触れられる、それこそ文字と紙の文化を提供する本屋の醍醐味であると信じて。

*1―清水寺にも近い東大路五条に月末二日間だけあらわれるフリーペーパー専門店「只本屋」。

*2―ポポタムさんが夫婦で一冊の絵本について淡々と語るという内容。独特の切り口と視点が魅力の紙一枚の手作りペーパーでした。

オンラインショップ

書店-14

思えばオンラインショップを立ち上げてから、仕事のひとつに「掲載商品を選ぶこと」が加わったのでした。店内の棚づくりも熟慮して選んだ本で構成している上、オンラインに載せる本はさらにそこから絞りますが、それがなかなか手厳しい仕事です。そしてどの本にせよ選んだ以上は「なぜこれを薦めるか」の紹介文＝キャプションを書かねばなりません。開始は九九年。町の一新刊書店としてはかなり早いスタートでした。

当初は掲載点数も少ないながら、数ある店内在庫のなかからどの本を載せるのかを必死で考え、次には慣れない手つきでキャプション執筆。本当にひとつひとつに時間がかかっていましたが、自分たちの選んだも

インターネットの一般への普及以降、古本屋の世界も激変した。［P.106］

誰にでもできるやり方は、すぐ通用しなくなってしまうのは、ネット古書店に限ったことではない。[P.261]

のを見てもらおうという新しい試みにときめいてもいました。その時に得た反響や多くの声は当時の仲間の顔とともに今も覚えています。やがて徐々にオンラインショップそのものが大きくなり機能が増し掲載点数も増えるにつれ、作業にも慣れ、それらが業務内のルーティンに完全に組み込まれ今に至ります。しかしいつまでたっても慣れないのが、そう、キャプション書き。

　その本の魅力や読みどころを勤務中にざっと目を通し、短時間ですくいとってゆく作業はなかなか重労働です。そしてそれを言語化する文章力もある程度求められるとなればなおのこと。どう書けば見ている人に伝わるか、どう読めばその本の「肝」の部分を抽出できるのか。時間と戦いながら、三百〜四百字のなかに書店員としての思いとセンスを込めてゆくわけです（大げさですね）。文筆家でもない一店員が出来ることは限られています。しかし、このキャプションを書くという作業のなかで、「自分はなぜこれを良いと思うのか」というセレクトの原点に立ち返り、同時に書店員としても一読者としても一冊の本に真剣に向き合うという、いわば幸せな時間を過ごしていると言えるかもしれません。

　しかしながら、やはりそれは作家ならぬ身にとってはなかなかヘビー。『読んでいない本について堂々と語る方法』*1の邦訳が出た時には、スタッフ間で「これだ！」と話題になり……とは冗談ですが、読んでいない本についていかに堂々と書くか、がいつの日か身につけば楽でしょう。とはいうものの、このキャプション書きに慣れないことこそが、書物の持つ生々しい存在感に触れるということ、すなわちルーティンのなかでも血の通った生きた作業となりうるのでは、と個人的には思います。いずれにせよ、手前味噌ですがこれだけ独自キャプションに力を入れている新刊書店はおそらく今も昔も珍しく、各キャプションには書き手のスタッフそれぞれの個性が出るのも密かな特色。かなり特殊な本屋ですが、その部分を面白いと思ってもらえれば何よりです。実際に店に来られるお客さん以外に、遠く離れた方からも反応をもらえるオンラインショップは、我々にとっての新たな窓、あるいは鏡と言えるでしょう。

*1―ピエール・バイヤール、大浦康介訳『読んでいない本について堂々と語る方法』筑摩書房、二〇〇八年。

本屋泣かせの本

苦悩-12

本屋泣かせとは大げさですが、一般流通の本から自主制作本までありとあらゆる種類の本が入ってくるなかで「ああ、扱いづらい……」と思ってしまうものがあるのは確かです。これはどの本屋さんにもあることでしょう。

まず大きさでいえば、飛び抜けて大きい本はやはり扱いづらいものですが、それがタブロイド判などの薄いものであればなおさらです。時にレジ袋に入らない大きさのものもあり、苦慮する店員の姿はお客さんも見ていてハラハラするでしょう。「もうまるめてくれていいですよ」という声に恐縮します。一方小さすぎて困る、ということはないですが、豆本などは紛失しやすい場合があるかもしれません。大きな声では言え

世の中には、贅と粋を凝らしつくした、宝石箱のような本がある。[P.319]

良さそうな本は、無理矢理詰め込んでも、さっさと売り場に出さねばならない、とその都度反省する。[P.109]

ませんが、レジで入れ忘れの可能性もなきにしもあらず。

あるいは真っ白な本。使われている紙によっては、取次の荷物を開けた段階ですでにうっすら黒ずんでいるものも。そういう本に限って美しいデザインで雰囲気ある紙を使うものだから、余計にそうなる傾向があります。版元でシュリンクしてくれていれば……と残念に思うことがちらほら。デザインといえば、懲りすぎたものも店頭では扱いにくいものです。特殊印刷を重ねて波打ってしまったもの、ダストジャケットに一箇所だけ穴を開けたもの（そこから破れやすい）、薄い紙を細い帯に仕立てたもの、などなど。「凝り」が悪いわけではないのですが、その技の完成形を保持しづらいのが書店店頭です。特に我々のようなそういう本を引き寄せてしまいやすい店としては、日々せっせと自前シュリンクか袋詰めに勤しむ日々です。ああ、表紙にパラフィン紙をまとった本もありますね、あれ、本当に傷みやすい。

装丁家の栃折《とちおり》久美子さんが、本や紙の性質を考えない安易な無線綴じの本を憂えていたことを思い出します。[*1] 糸で綴じられた本と比べて糊づけの部分から傷みやすく剥がれやすい。蔵書家ならどなたも経験があるかと思います。そういった装丁や造本における意識の高さはそのまま本の土台作りにあらわれ、ひいては店頭でも書棚でも誰が扱っても損なわれにくい、長く愛される本が出来るのでしょう。確かに、本体が剥がれてしまっては売り物どころではありません。

ただ、本音を言えばどの本も「扱いづらい」けれども決して「扱いたくない」わけではないのです。むしろそのチャレンジングな装丁や造本は「やれやれ」という苦笑とともに深く印象に残るものばかり。できの悪い子ほど、ならぬ、扱いづらい本ほど時に魅力的なもの。傷つきやすいからこそ一瞬の粋にかけているその心意気やよし、です。置きにくい、売りにくい、保管しにくいの三拍子。けれどもあえて泣かされましょう。レジで「この袋しかなくて……大丈夫ですか?」「お気をつけてお持ち帰りください」とお声かけするのもどことなく楽しいものです。

*1―栃折久美子『装丁ノート』創和出版、一九八七年。

棚出し

書店-15

本が届いて仕分けしたあとは、棚に入れるいわゆる「棚出し」をするわけですが、これは多くの書店でも一日のルーティンのなかで重要度が高いものかと思います。大型書店で見られる本が積まれた棚出し用のワゴン、あれ、ちょっと憧れるのですが、狭い店内では無理なはなし、それ以上にそこまで多量の本は出しません。棚出しで日が暮れて……とはよく聞きますが、延々と終わらない棚出しは想像するだに恐怖です。

職場はジャンルや著者別にこだわらず、かつ文庫新書の区別なき棚作りを標榜している店のため、この棚出しの際には様々な本を同列に並べる作業をすることになります。それが時としてやっかいで、この本の隣にはこれを置きたいのだけど、段の高さがあと五ミリ足りない！　無理に入れれば本が傷むし次の段に入れるのも間抜けだし、この一冊のために棚板を少しだけあげるか？　それには一段すべての本をいったん外に出して入れ替えねばならない、それをする時間がいま自分にあるのか?……などと煩悶するうちにどんどん時がすぎ、「お願いしまーす」とお客さんの呼ぶ声にあわてててレジに引き返すことになります。

目の前のさまざまな事情によってその場所におさまり、だんだんと改変を繰り返してきたのがいま現在の棚の配置になる。[P.289]

何のやる気も出ない平日の午後――古本屋に行って、背表紙を眺める。すこしずつ頭が冴えてくる。本のほうから「手にとってくれ」と呼びかけてくる。［P.273］

　本棚の規格には、奥行きにしろ高さにしろ蔵書家はみな悩むものだと思いますが、我々のようなフリースタイルの本屋もしかり。四六判やB6判が並ぶ棚にいきなり菊判やましてやA4判などを並べようとするなら、上が空いている最上段のスペースしかないけれども、ちぐはぐなことこの上なく、しかもなんだか落ちてきそうで危ない。ぐぐぐと唸っているうちに、その棚を見にやってくるお客さんがいれば場所を空けねばなりません。美しくかつ納得のいく棚出しは時間と人の動きとの戦い。えい、いっそ禁断の横差し（並んだ本の上に一冊だけ寝かせて置くことですね）をしてやろうか！　とやけな気持ちになることも。

『本棚の歴史』[*1]をめくると、「むかし本は鎖でつながれていた」「むかし本は背表紙を奥にして入れられていた」など興味深いエピソードがたくさん出てきますが、そもそも「本を縦置き」するようになったのは比較的歴史が浅く、それまでは全部横置きだったという点に反応してしまいました。立てなくてはならないほど本がなかったというのが理由のひとつだそうですが、本をしまうのに家でも職場でも汲々としている身にとっては別次元。本棚の発展の歴史の今は最終形なのでしょうか、雑誌の「本棚拝見」ページなどを見ても、タイトルよりもそのしまい方に目がいってしまいます。そういえば以前、収納の専門家という女性がテレビで「大きめの本は横にして布で目隠しすれば、ほらすっきりしますよ！」と言っていたのには、さすがに「むむ」と複雑になりましたが。

　そもそも、棚出しは本の中身の部分にこそ重きを置くはずなのに、つい本棚中心になってしまいました。いずれにせよ、スマートな棚出しには多くの要素がからんできますが、楽チンな棚出しよりも課題の多い棚出しの方がやりがいもありますし、書店ならではの……そうですね、ある種の興趣も生まれるような気がします。

＊1―ヘンリー・ペトロスキー、池田栄一訳『本棚の歴史』白水社、二〇〇四年。

面陳

書店-16

本の表紙をこちらに向けて陳列する「面陳＝めんちん」（面出し、とも呼んでいます）は、多くの書店で行われているかと思いますが、もちろん我々も狭い店内でやりすぎるくらいやっています。働き出した頃は「棚一段につき、一冊は面陳すべし」と教えられました。棚の見栄え、購買欲の刺激、いろいろ意味合いはあるでしょうが、背表紙だけよりもダイレクトに訴えるものがあるのは確かです。

どの本を面陳するか。旬な本、絶対に外せない著者の新刊本、季節もの。時期によっても変わりますし、週ごと、日ごとにも変わってゆきます。通常の書棚だけではなく、フラップ扉風の平たい板をディスプレイ用に要所要所に設け、「一段につき一冊」どころか面陳専用の段も多く持つ我々の店ですが、あまりスペースが多いのも考えもので、時には苦しまぎれに、あるいはあれもこれもと過密状態になることも。通常の新刊書店でこの坪数でここまで面陳する店ってあるだろうかとたまに思いますが、店の雰囲気と見た目を左右するこの数多くの面陳なくしてはディスプレイは成り立たないので、ある種書店員の行、あるいは醍醐味とも言えるかもしれません。

辞書で「面陳」と引けば、本の陳列法の他に「（人の）面前で陳述すること」と出てきます。名乗りを上げて自分の意見を言う。本が見る人に向かって訴えて

背表紙を見るたびに、本の内容や本から受けた感銘をおもいだす。[P.275]

いる、と思えばその通りかもしれませんね。おもてを上げて、見てくる人を見返すかのような面陳はアピール力があります。

一方で背表紙だけの本にそれがないのかといえばそうではなく、むしろ面陳よりも背差しの方が存在感が増す本もあるようです。背中で語る、ではないですが、ずらりと背表紙が並んでいる方が見やすいという人もいるでしょう。面陳を一切しない、言い様によってはオールドスタイルの書店もありますが、その背表紙が揃った棚はまるで個人の書斎のようで、かっこいいなと無条件に思うことも多々あります。いずれにせよバランスと店の持つ空気でしょうか。書店の棚というのは、本の出し方ひとつとっても総合的にデザインされ得るものなのだと実感します。

ところで、面陳はディスプレイ目的以外にも冊数が減った際の調整弁としても役立つものです。ちょっとまばらになった段に、平台に複数冊置いてある本をひょいと持ち上げブックエンドのようにはめ込む場合もあれば、一冊しかなくてもしっかり立ってくれそうな本を選ぶ時も。そのとき、さてどの本を選ぶか、はちょっと楽しい作業です。数あるなかから「なぜこれを？」と見る人が疑問に思うこともあるでしょうが、それはそれ。しかし次に見たらいつの間にか別の本に差し替えられていて「やや」となるなど、このあたりにスタッフ同士のさやあてのようなものが存在するかもしれません。それもまた悪くありません。


日々の生活の中で、背表紙が目に入る。それも読書の一部である。[P272]

本屋と子ども

書店-17

家族づれのお客さんで日々賑わう絵本売り場は、レジカウンターの真横ということもあって、楽しそうな様子を直に感じられます。そこからしょっちゅう聞こえてくるのが、子どもたちの「これかりよ!」という声。買お、ではなく借りよ。まだ図書館と街の本屋の区別がつかない愛らしい勘違いです。「ここは本を借りるところじゃなくて買うところだよ」と訂正されその子は一瞬ぽかんとしたのち、ようやく「じゃあかお!」と言ってくれますが、言われた親御さんの困った横顔もまたレジからはよく見えます。こちらも心のなかで「買お買お」と念じてみたりします。

勤めだした九〇年代の終わり頃と比べて最近は子どもの姿を見ることが格段に増えました。「二、三歳くらいの子にあげる絵本はどんなのがいいかなあ」などと、アドバイスを求められることも。男の子か女の子か、普段何が好きか、読んであげるのは誰なのか、などを聞いてこちらもいろいろ考えます。そういう情報がない場合は当てずっぽうでオススメしますが、自分自身は絵本を買い与えてもらったという経験が実はほとんどないので、こんな素敵なお土産をもらえるなんてその子は幸せだわ、と単純に思います。

振り返れば、家に絵本や子ども向けの本がなかった上、地域の図書館も遠かったため、学校図書館を頻繁に利用した子ども時代でした。そしてなんといっても助けてくれたのは、近所の本屋さん。つまり、一人で入り浸って立ち読みですね。立ち読みどころか座りだしたりして、今から思えばよく許してくれたと冷や汗が流れます。この歳になると、子ども時代の本屋の風景が妙に懐かしく、その頃読んだ本にしろ漫画にしろ

子供が入ってはいけない場所のような気がして、中に足を踏み入れたことは一度もなかったが、自分にとっては最初に記憶している古本屋の姿なのだ。[P.301]

私が釘付けになったのはカリフォルニアのロング・ビーチにあった巨大な古書店「エーカーズ・オブ・ブックス」の場面です。［P032］

今でも自分の一部となっていることを強く感じます。当然と言うべきか、それらの本屋さんは今は一軒も残っていません。

子どもを取り巻く本の環境は、時代と地域、家族構成などでそれぞれ異なると思いますが、家になければ本屋、本屋がなければ図書館、図書館が遠ければ近所の床屋さん、親戚や友達の家……という風に、子どもは自分で本の香りを探り当てて見つけてゆく生き物かもしれません。地元に本屋がなかったという若いスタッフの一人は「移動図書館ひまわり号」[*1]を利用していたと言います。それはそれで実に豊かな経験だったことでしょう。

「七段の本棚」[*2]という言葉があります。戦前のイギリスで児童書の専門家が提唱した、年齢に応じた子どものための本棚作りを指しますが、そういった理想的な棚とは程遠かったとはいえ、さしずめあの田舎の本屋さんこそが自分にとっての七段の本棚だったかもしれません。我々の店もいつの日かどこかの子にそう思ってもらえれば本望です。このあいだ小学二年生の男の子が豆本を指差して「ぼく、こういうの興味あります」と言ってくれました。嬉しいですね。

*1―前川恒雄『移動図書館ひまわり号』夏葉社、二〇一六年。
*2―アン・キャロル・ムーアほか、金山愛子訳『Seven Stories High』にいがたグリム、二〇一四年。

座り読み

書店-18

アメリカに初めて行った時、書店で若者が好き勝手にあぐらをかき床に座って本を開いているのを見て「おお」と軽く衝撃を覚えました。映像や雑誌などでは見た光景ですが、なるほどああやるのか、と。自分自身もまだ若い年齢でしたが、ならば一緒に、とはさすがになりませんでした。文化の差は大きいものです。「立ち読み」は英語では「browse」だそうですが、もちろん座って読んでもそれは同じでしょう。でも日本語では「立ち」となぜか限定された呼称なのを面白いと思います。書店で「座る」という行為が馴染んでいないであろう日本では、拾い読みはすべからく「立ってするもの」なのか。そもそも「座り読み」という言葉は日本語になっているのか？　と思い、試しに日本国語大辞典で調べて見れば、やはり「立ち」はあっても「座り」はありませんでした。

　もちろん海外でも座るよりは立つ方が多いはず。でも、向こうでは書店に椅子が置いてある店が多く（それでも床座りするわけですが）、それは純粋にいいものだなあと羨ましく思いました。日本でも最近でこそチェアのある洒落たお店も増えましたが、以前はよほど規模の大きなお店でもほんの隅っこにスツールが置いてあるくらいだったと記憶しています。いわんや街の本屋をや。思えば、自分も小学生の頃は近所の本屋さんで漫画本を座り読みし、優しいご店主にやんわり注意されたものでした。絵本売り場で小さな子が夢中になり思わず座り込んでしまう姿は微笑ましいものですが、小学生の座り読みはさぞ迷惑だっただろうと、書店員になった今忸怩たる思いです。これで椅子なんてあったらどうなったことか。

　しかし個人的には、書店というのはどこかひとつでいいから座る場所があって欲しい。本を持って椅子にゆったり腰掛ける、その一連の動作は人間だけに許された美しいものである気がします。読書の喜びや思索の流れもそこには含まれ、一脚の椅子は疲れた足を癒すだけではなく、心もほぐしてくれるはずです。そう思うと、自分が職を見つけた書店が椅子やベンチをあ

そのうち店番の台のそばに、椅子があらわれ、お茶を出してもらえる間柄になる。[P.276]

開高健は大学時代、生活苦と憂鬱症に苦しみ、同人誌『えんぴつ』に執筆しながら、いろいろな仕事をして食いつないだ。[P.099]

ちこちに置いてある店であるのは嬉しい偶然でした。

とはいえ、たまに椅子ではないもの（踏み台や棚のでっぱり、または積まれた本そのもの）に無理やり腰掛ける逞しい人もいるのですが……やんわり注意いたします。

「……彼女が店にはいってくると、たちまちだれかが、どこからか椅子をもってきて、入口のそばのカウンターのまえにおいた。本屋に入ってきて、すぐに椅子にすわってしまう、あるいはすわらされてしまうツィア・テレーサは、やっぱり変なお客だった」[*1]。店の大事なパトロンである老貴婦人と一脚の椅子。須賀敦子さんが過ごしたコルシア書店の風景の一幕ですが、書店における椅子の物語のひとつとして、印象に残っている一節です。我々の店でも、老貴婦人ではないですが、ベンチに腰掛け本を読む幾人かのお年を召した常連の方の姿が時折みられます。大切な光景です。

＊1―須賀敦子『コルシア書店の仲間たち』文藝春秋、一九九二年。

ZINE

偏愛-15

「じんはどこですか」と聞かれたのは何年くらい前でしょうか、人？ 仁？ 腎？ といろんな漢字が頭に浮かび「ＺＩＮＥ」のことだと理解するまで少し時間がかかりました。自主制作の冊子にそういう呼び名があるのは知ってはいるものの実地ではまだ使ったことはなかった、という時代です。今から思えば隔世の感がありますが、そう感じるほどＺＩＮＥという呼称は現在では売り場で定着しました。

「magazine」のＺＩＮＥ。もとはＳＦファン等の同人誌の呼称「ファンジン」の略などいろいろ定義があるようです[*1]。個人的には、八〇年代に西海岸などで若者が作った少部数の、コピーや手描きの手作り冊子の総称から来たというイメージでしたが、それもおそらくごく一部の話。ともあれ今ではひっくるめて自主制作本を「ＺＩＮＥ」と呼ぶことが多い気がします。私が働き出した九〇年代後半の頃は等しく「ミニコミ」とだけ呼んでいたと記憶していますが、それがやがて「リトルプレス」になり、そして現在のＺＩＮＥ。名称の変遷とともに中身や雰囲気も少しずつ変化してきたように見えます。ワープロ打ちでコピー機活用という手作業のものから、ＤＴＰが普及したあとはガーリィなものや、いわゆる「暮らし系」もの、その後にかつての文芸同人誌を思わせる文学志向のものも多く出され、新しくもあり回帰しているものもあり、といった印象です。取り扱うこちら側の意識も自然と流動的に。

二十年の勤務歴のなかでも、思い返せば印象深いＺＩＮＥはそれこそ十指では足りません。どれも店内の一角を彩ってくれたと同時に個人的な体感としても記憶に深く刻み込まれています。それは、作り手との生のつきあいだったり、意見の交わし合いだったり、時には自分自身も参加したことからくる混沌とした何ものかの集合体です。自分で作って自分で売って、そのすべてで持って自分を表現する。そういったものに全力を傾けている人、その結果としての小さな紙媒体を預かるという行為は、取次を通る書籍を扱うのとはまた異なる臨場感を感じます。まさに「今しか存在できないモノを売る場面に臨んでいるのだ」という。

いつの頃からか、我々はそういう自主制作品のある意味専門店のように捉えられることも多かったのですが、実際は店内のごく一部です。原則、買い切りで直に取引するため、仕入れ部数の調整や精算などなかなか手間のかかる作業です。ただ、冒頭の「ＺＩＮＥはどこですか」というざっくりした問い合わせからもわかるように、手作業であろうと玄人はだしの製本であ

本だけでなく、そういった手作りのメディアにも触れられる、それこそ文字と紙の文化を提供する本屋の醍醐味であると信じて。［P.231］

ろうと、インディペンデントなモノの持つ熱に触れたいというお客さんは今も後を絶ちません。最近はいっときよりもさらにZINE類の取り扱いも増え、この小さく深いメディアの百花繚乱ぶりを楽しみつつもどこか不思議な思いで見つめています。思えばミニコミから遠くへきたもんだ、とも感じますし、いや、根本は変わってないか、とも考え直したり。

＊1｜野中モモ・ばるぼら『日本のZINEについて知ってることすべて ― 同人誌、ミニコミ、リトルプレス 自主制作出版史1960～2010年代』（誠文堂新光社、二〇一七年）を参照。ZINEの歴史と変遷、概念について論じた詳細な決定版。

古本屋としての仕事にもいろいろあるが、店番が特に好きだ。[P.110]

本屋で一人きり

書店-19

たとえば真昼の公園、ふと訪れたお寺の庭、あるいは気に入りの絵がある美術館の一室などで、偶然一人きりになることはないでしょうか。見渡せば人影もなくただ自分だけ。ささやかな褒美をもらったようで、なんだか贅沢な気持ちになるものです。

よって、少し変かもしれませんが、書店で働くようになって嬉しかったことのひとつに「本屋で一人っきりになれる」というものがあります。朝、誰もまだ来ていない時間に一人早出をして鍵を開ける時、残業して一人残る時、レジで一人の時にお客さんもたまたまゼロになった瞬間（喜んではいけませんが……）など。そういう時には世間と隔絶され、時間が止まったような、あるいはこの世で自分が最後の人間になったような気になります。それは「本屋」という空間だからこそ他の場所よりも強く感じるのかもしれません。

これには源がありまして、ずっと前、西海岸のある古書店の奥の部屋にいた時のこと。急にがちゃんと他フロアとの境にある扉の閉まる音がして、振り返れば誰もおらず、たった一人きりでその部屋に取り残されたことがわかって少し、いえ大そう焦りました。従業員は私がいないと思って閉めたのだろうか、あの重そうな扉は内側から開くのだろうか……？　と。海外用の携帯電話も持っていない時代、万一の時はどうするつもりだったのでしょうね。結局扉は別の従業員がすぐ入ってきたので、その時に一緒に外に出てことなきを得ましたが、振り返ってみれば、あの広い売り場にたった一人数分間残された、その経験だけがなにやら甘美な思い出のように残りました。

そんなわけで、知り合いの「初めて入った古書店でいきなり留守番を頼まれた経験」というのを聞いた際も、なんと羨ましい、と軽く目眩がしました。店主に「あなたを信じているよ」とまで言われたそうで、グッときます。急に取り残されるなら、やはり古本屋はいいですね。

このように本屋で一人きりになりたい人が多いかどうかはわかりませんが、少なくとも、本に囲まれた空間で、ただ己のみになる、という経験はどことなく自分の深いところに沈んでいけそうなものに感じられます。ただ、もし人が周りにいたとしても、本屋というものは、本と向かい合えばたちまち自分一人の世界に引きずり込まれ、周囲から薄い膜一枚分隔てられる場所ではないかと。以前ある哲学者の文章で「ただ一人になって世界と向き合い未知の知性と出会う。それこそが都市的であり、それを端的に叶えられる場は書店である」というようなことが書かれた一節を読みまし

読書は孤独な趣味だが、本を通して友だちができることもある。[P.277]

たが、我々の店が都市的かどうかはともあれ「本に耽る」という行為が心地よい孤独をもたらしてくれるのは確かかもしれません。

とはいうものの、近頃は勤務シフトの関係で一人っきりになる、ということもめっきり減りました。おそらく、それができているであろう忙しい若手スタッフに最近は無意味に嫉妬しています。

ちょっとした偶然

書店-20

本屋で働いていると、ちょっとしたタイミングのいたずらのようなものを目にすることがままあります。本を返品してしまった直後に問い合わせがある、平積みをやめて棚に差した途端ぽっと売れる。たった今売れた本を「さっきそこにあった本は……」と聞いてくる人がいるのはもちろんよくあることですが、まさか自分以外にあの本を買おうと思う人が同じ場所同じ時にいるなんて、と、その驚きっぷりを見ると皆さん考えることは一緒のようです。本は見た時に買うべし。とりあえずは手に持っておかなくてはなりません。

見つけたときに買わないと次にいつ買えるかわからない。[P071]

タッチの差、という意味では個人的なことですがこんな話もありました。ある人がお茶を飲みながら「遠方に住む友人が、自分の探している詩集が京都の古書店にあると聞いて問い合わせたところ、売れた直後と言われ悔しがっていた」という話をしたのですが、詳しく聞いてみたら、それは私が数日前に市内のとある古書店で買った詩集のことでした。よくある話とはいえ、偶然だねえと苦笑い。あちらはすんでのところで逃し、こちらはすんでのところで獲得できたわけです。立場が違えば結果も大違い。

本を手に入れ損ねる、という意味で思い出すのはシャーリイ・ジャクスンの「曖昧の七つの型」[*1]という短編です。場所はある古書店。登場人物は、読書家ながら貧しい青年と、読書の習慣はないが教養を身につけたいと思っている金持ちの中年男。青年は偶然出会ったこの男の求めに応じて親切に本のアドバイスをするのですが、物語の終わり、彼が「いつかきっと買おう」と憧れていた高価な古書を、そうと知りつつ男は金の力で密かに買い取ってしまいます。ストーリーはただそれだけ。男の意図はどこにあったのか。後味が悪いながらも独特の印象を残す作品で、これなどは本屋を舞台にした悪意の必然とでもいうべきでしょうか。青年にしたら、運悪く悪魔に出くわしたようなものです。

買い逃す、というどのお店でも普通にある当たり前のことを、わざわざ「偶然」「必然」と語ることもないかもしれませんが、自分自身のささやかな読書人生、そして書店員生活を思うと、本屋におけるそういったバッドタイミングについドラマを感じたくなるようです。何か特別なことが今起きてるんじゃないの、と。

本を逃したはなしだけではなく逆のおはなしも。もう随分前ですが、発注ミスだったのか思わぬ高価な画集が入荷した時のこと。おそらく返品不可の買い切り品、売れ残ったらちょっとした打撃であろうその本を前にして、うーんとスタッフ同士で唸っていました。そこに入ってきた朝一番のお客さん。外国人であるその人が告げたある芸術家の名前はまさにその「高価な画集」の人物。「!?」と思いつつ、おそるおそるその本を差し出すと、その人は「オウ」と声をあげ、その本をぽんと買い、さっとマントならぬ裾を翻し一瞬で姿を消しました。時間にしておよそ三分。あまりの早さとタイムリーさに、今のはなんだったんだろうとぽかんとしつつ、ひょっとして神様なんじゃないか、と思ったものでした。本一冊で悩む我々を天から見てい

面白いし、不思議だし、その不思議さは時におそろしかったり、気味悪く感じることすらあるほどだ。[P.287]

たんじゃないかと……。なかなかこれを上回るグッドタイミングはその後も経験していません。

*1―シャーリィ・ジャクスン「曖昧の七つの型」深町眞理子訳『くじ』（異色作家短編集）早川書房、一九六四年

小さな出版社

出版-14

少人数、ないしたった一人で切り盛りする小規模の出版社はもちろんこれまでも数多あり、我々もそれらの版元とはたくさんのやりとりを行なってきました。しかし、ここ数年、そういった従来のくくりにはおさまらない「小さな出版社」が多く誕生しています。すぐに思い浮かぶのが、ミシマ社、夏葉社、書肆汽水域、ナナロク社、港の人など。出版不況などどこ吹く風、とはなかなか言えませんが、苦しいからと言って「出したい本を出す」ことを諦めるつもりはない、という気概をそれぞれから感じます。

取次に関しても、通すところと、通さずに流通も自社で行うところとに分かれますが、後者はよりいっそう独立性が高くなり作り手と小売の距離も近くなります。自主制作本やＺＩＮＥなどとの区別が緩やかな時もありますが、複数の本を刊行するひとつの組織として成立しながらも、そういったインディペンデントなスピリットを忘れない、それがいま我々が目にしている新しい小出版の姿と言えるでしょう。自分で作って自分で渡す。たとえるなら理念を持った農家の直売にも通じる気がします。

そんな小出版の活況にあわせて、それらと読者をつなぐ取次の形態も徐々に変化してきました。これまでは地方・小出版流通センター[*1]が代表的でしたが、ここ数年は同じく小出版をとりまとめる小規模の取次の数

みほちゃんのお店、夏葉社っていう出版社の本、置いてない？[P.302]

も増加し、二十年ほど前とは隔世の感があります。さらには売る側である本屋も従来のやり方にしばられない、いわゆる独立系書店も増えているのはご存知の通り。取次を通さないことは不便でもありますが、逆に言えば、身の丈にあった条件で真に自分の扱いたい本を真に求めている人に提供できる、その風通しの良さが魅力です。そういったしばりの少ないお店が同じくフットワークの軽い版元と協力すれば様々な作用が生まれるでしょう。どちらからともなく相互に影響を及ぼし循環しているかのような現象は今の時代ならではだと思います。

　自由度の高い制作をし、同じく自由度の高い小売がさばく。それらの小さな活動の息吹は、我々にとっても日々の業務のなかで時に慰めであり時に大きな鼓舞となっているように感じます。と、色々と書きましたが、京都のはしっこの小さな店でアルバイト書店員を二十年続けただけの身にはこういった活況は単純にまぶしく見えます。ただの本屋好きとして生きてきて、時代は移ってゆくなあと。あの頃この未来は想像できたかしら、と。

　最後に書店員としても一読者としても名をあげておきたい「編集グループSURE」[＊2]の存在があります。京都を拠点とし、編集・制作・デザイン・流通すべてを三名のスタッフのみで行い、当然書店への卸も誰かの仲介を必要とせず、独立性の高さでは群を抜くこの版元のある種のストイックな潔さは、独特の出版内容ともあいまって、いつも何かを考えさせられます。本を作ること、読者に届けること、その原点を。

＊1―地方・小出版流通センター　その名の通り小出版をとりまとめる取次組織の老舗であり代表格。

＊2―編集グループSURE　「街の律動をとらえる」ことを目指し、京都で誕生した小さな編集工房。鶴見俊輔を始め多数の書き手とともに多彩な書物を制作中。

それでも、やはり店に並べておきたいな、と思う本と縁があるのなら仕入れたい。[P.308]

郷里には予備校に通っているといい、毎日、映画を見て、喫茶店で古本を読んでいた。[P087]

本屋と喫茶

読書-15

「この近くにどこか本がゆっくり読める喫茶店はありますか?」という質問をレジで受けることがたまにあります。私の働く書店は京都市左京区一乗寺というところにあり地元の商店街に位置するのですが、一見そういったくつろげるカフェや喫茶店がないように見えるのか、土地勘のない人は不安気です。

「本と喫茶」というと、どれだけ語られてきたかわからないテーマですが「本屋と喫茶」もまたそうでしょうか。本を携帯しどこかでコーヒーを飲みながら読むのはよくあることですが、書店で本を買い、そのまままっすぐ喫茶店に入ろうという人も少なからずいるでしょう。時間に余裕がある時にしかできない行為ですが、待ちきれない、という気持ちが「どこか落ち着いて本を開ける場所=喫茶店」を求めてさまよいます。レジで聞かれた時は、その気持ちわかるわかると張り切ってご案内します。

本屋から喫茶店への直行コースをゆく人の特徴は、私の独断ですが、まず午後のお客であること、荷物が少ないこと、そして一人であること、でしょうか。午前中から読み出すとお昼の時間にかかりますし、荷物が多いということは次の予定もあるでしょうし、連れがいたら本は読みづらい人も多いでしょうし（カップルで読書、の場合は別ですが）……というか、それはかつての私自身でもあります。河原町丸善から「築地」へ、天王寺ユーゴー書店から「田園」へ、という風にお気に入りの本屋からの帰り道は大体決まっていました。行く時は必ず一人。大型書店ではたまに背伸びして喫茶室も利用します。「リーブル」や「理文路」など似た名前でしたね。宮沢賢治が「丸善階上喫煙室小景」*1

でも描いたように、書店の喫茶室が知的サロンの様相を帯びていた、その名残のほんの先っぽだけをかじったような気がしていたのかもしれません。喫茶室は姿を消し、大型書店の隣にはカフェの併設が盛んな今、ただ懐かしい思いです。

着席し、オーダーし、ゆっくり本を袋から取り出す一連の流れ。その歓びは喫茶室がカフェとなっても変わりません。別にお店でなくともよいのです。天気がよければ缶コーヒーを買って公園で一服しつつ本を取り出す、あるいは電車で読み始めわざと目的地を乗り過ごすのも楽しそうです。時間が無限にあればなあ、とはいっても無限じゃないから今があるんだと思い直し、帰路に着いていたあの頃。

すでに若者でもなくなり生活も様々に変化したことから、なかなか今はそういった、本屋→喫茶コースはできなくなりましたが、そんな時は山川直人さんの『コーヒーもう一杯』[*2]を開きます。本屋から喫茶へとつながる道のりの理想郷がここには描かれている気がするのです。登場する喫茶店の名前が「ギッシング」や「ロルカ」など、細やかな作り込みがされているのも単純に嬉しい。この漫画の登場人物たちには、永遠に、本屋と喫茶の幸せな往復を続けて欲しい、そう心から思います。

＊1―「丸善階上喫煙室小景」(『宮沢賢治全集3』所収「東京」より)ちくま文庫、一九八六年

＊2―山川直人『コーヒーもう一杯』全5巻、エンターブレイン、二〇〇五年刊行開始。

わたしもたいてい起きると、喫茶店か古本屋に行く。家の中にずっといると頭がまわらない。仕事をする気になれない。[P.103]

オギハラフルホングラシムシ

【キョムシソオ科】 *Kiokuyori Kirokuninokoru Dokushoseyo*

はしご健康法
せどり今昔物語
帯と函
ネット古書店
ききめ
ツブシ
書物の敵

再読率
マタイ効果
背表紙
電子書籍
本の友
古書の壁

はしご健康法

習性-17

この書籍の町をぶらぶら歩いてめぼしい古本をさがすことを古本ハイキングと山仲間はいっている。[P.159]

寝ころんで本を読むのは人生の至福のひとつだが、読書三昧の日々は、どうしても運動不足になりやすい。いっぽう、読書は運動になるという説を唱える人物がいる。

河原淳著『雑学人生のすすめ――これで世界が面白くなる!』(新人物往来社、一九八四年)は、宮武外骨や植草甚一といった雑文雑学の大家の話から、雑本、珍本、変な広告、古本の蔵書印、本のあいだに挟まれた新聞の切り抜きなど、知る人ぞ知る本の本の名著。

河原淳はイラストレーター兼フリーライターで、評論やエッセイ、実用記事など幅広いジャンルで活躍し、「情報加工師」を名のっていた。

「ぼくは、古本屋や古書展に足しげく通います。情報加工師であるからには、面白いネタを探さなければなりません。ちょっとみ清潔そうな新刊書よりも、ほこりをかぶったり色あせた古本にしばしば掘り出し物がみつかります」(第二章「本や辞典や百科事典とつきあう」)

この本の第十七章「ピーピング・トム氏の健康法」に「はしご健康法」というコラムがある。

「はしご酒はあまりしないが、本屋や展覧会のはしごはよくやる」

家にこもって仕事をすることが多い河原淳にとって、書店や古本屋めぐりをすることは、健康法のひとつだった。

「古書展では、背のびをしたり、腰をかがめて珍本をさがす。本の包みが少々重くても、タクシーを拾ったりしない。電車で帰る。私は「古書体操」と呼んでいる」

本屋や古本屋に行って、上の棚から下の棚、下の棚から上の棚を見る。知らず知らずのうちに、屈伸、スクワットのような動きをしている。スクワットは、基礎代謝を上げ、かなりのカロリーを消費する運動として知られ、「やせる筋トレ」としても注目されている。スクワットは、太ももの前の「大腿四頭筋」、太ももの後ろの「ハムストリングス」、背中の「脊柱起立筋」、さらにお尻やふくらはぎの筋肉も鍛えることができる。しかもスクワットはスローなほうが効果がある。棚をゆっくり見れば見るほど、足腰が鍛えられるわけだ。

おそらく古書会館に行くと、元気な老人をよく見かけるが、長年、そうやって足腰を鍛えてきたことの証かもしれない。

また大型書店の棚をすみずみまで回れば、かなりの歩数になる。本というものは、冊数に比例して重くなる。何軒も書店をまわるうちに、しだいに、その重さは増していく。さらに何冊も本を持ちながら、スクワット運動をしていることになる。

つまり、日常生活に必要な筋肉は、書店めぐりで鍛えられるのだ。本で重くなった鞄や紙袋を持ちながら、古本屋をはしごすれば、かなりハードな「古書体操」になる。

本を買いに町に出る。ときどき、ふだん読まないジャンルの棚を見る。ついでに散歩して、喫茶店や文房具屋など、お店をはしごすれば、いい運動になるし、いい気分転換にもなるだろう。

ちなみに、河原淳の自宅は三階建てなのだが、いちばん上の階を書斎にしていた。運動不足にならないよう、わざと階段の多い家を作ったそうだ。さすがである。

「古本屋をやっていくうえで、大変だと思うことは何ですか？」と尋ねられたら、「本が重い」「腰に悪い」と即答する。［P.119］

いまから二十五年ほど前のある日、突如思い立って店舗を借り、手もとにあったわずかばかりの本を並べて古本屋をはじめた。[P.106]

せどり今昔物語

古本-14

「せどり」の語源は、競って取る「競取り」、背表紙を選んで取る「背取り」など諸説ある。

『古書店地図帖　全国版』（図書新聞社、一九七二年）の巻末にある「古書用語辞典」の「せどり」の項には「同業者の店頭より、転売を目的として抜き買いすること。もと店舗を持たずに専業としている者もあったが、市場発達のためまったく衰微した」と記されている。ちなみに同辞典の「ぬく」は「自店向きの書物を、他店の棚から抜買すること」とある。

　梶山季之著『せどり男爵数奇譚』（河出文庫、一九八三年、単行本は桃源社、一九七四年）の「著者ノートにかえて　戦後文壇の自爆者」（磯田光一）では「せどり」について次のように解説している。

「せどり男爵の〝せどり〟とは、新しく開業した古書店に同業者が出かけていって、良質の古本をまとめて買ってしまい、しろうとであればその店をつづけていくのがむずかしいような状態にしてしまうことである」

　松本謙治著『古書の見方・買い方——収集のポイントと利殖の秘訣』（東洋経済新報社、一九七四年）には「〝せどり〟といって同業者の書棚から自店に向くものを抜き買いする。この場合は小売値の一割引きで譲り合う商慣習がある。東京や大阪の有力古書業者は首都圏はもちろん全国各地の蔵書家の所へ出張すると同時に、そのついでに〝せどり〟して足代をかせいでいる」と記されている。

　ところが、一九九〇年前後、すでに「せどり」はA店で安く買った本をB店で高く売る「転売」を意味する言葉になっていた。もちろん、それで食べているプロの「せどり」はほとんどいなかった。

二〇〇〇年前後から、古本屋で安く買った本を自分で値段をつけて、アマゾンのユーズド、ヤフオクなどで売る「せどり（セドラー）」が登場した。「せどり」という言葉が広まったのも、このころからだ。

当初はそれなりに古本相場の知識を必要としたが、今はスマホ専用のアプリや小型のバーコードリーダーなどを使ってバーコードをスキャンし、瞬時に古書価の最低価格がわかる。

こうした機械を使った「せどり」のことを「ビームせどり（スマホせどり）」という。

今では「せどり」は古本にかぎらず、CDやゲーム、生活雑貨まで、あらゆる転売行為に使われる言葉になっている。転売で生計を立てている人を「テンバイヤー」ともいうそうだ。

近年では、実店舗ではなく、インターネットの古書通販サイトから安く仕入れて、高く売る「電脳せどり」も登場している。「電脳せどり」はアマゾンやヤフオクで買った本をメルカリで売るなど、ネット上の価格の差を利用した「せどり」である。

あるていど目利きになれば、相場より安く本を買うことはできる。ただし買った本を売るのは簡単ではない。読みたくて買った本ならまだしも、転売目的で買った本が、不良在庫化するのはバカバカしい。

たまにインターネットで「せどりで月収百万円！」みたいな情報商材の広告を見かけるけど、インチキとはいわないが、眉唾とおもっておいたほうがよい。心配な人は「せどり／詐欺」で検索してほしい。殺伐とした気分になるとおもう。

インターネットや目録で売るには「ちょっと無理かも」と思うような、ぼろぼろに傷んだ本でも、店頭ならばいちおう出しておくことが出来る。[P.115]

本は繊細。角を潰したくない、帯も守ってあげたい、本のそばでペン先を出しっ放しにしない、取次で貼られるシールは細心の注意で剥がす。[P.228]

帯と函

古本-15

古本とは帯である……といいきってしまうのはどうかとおもうが、古書目録やインターネットの古本屋に出品されている本には「帯付／帯なし」という記載がある。たとえば「初版函帯」とか「函イタミ、背ヤケ、シミ少」とか「経年劣化アリ」といった記述で本の状態がわかる。

　本によっては「帯付」かどうかで古書価が何倍もちがってくる。

　八木福次郎著『古本便利帖』（東京堂出版、一九九一年）の「古書価の特殊性」に「帯」の話が出てくる。

「帯紙のことを腰巻とも云っている。いつ頃からつけるようになったものか、大正になってからではないかと思うが、これが古書価に大きく影響するようになったのはそれほど古いことではないようだ」

　三島由紀夫の『魔群の通過』（河出書房、一九四九年）は帯紙付美本が八十万円、帯なしは数万円。こうなると、本よりも帯のほうが価値があるといっても過言ではない。

　出久根達郎著『作家の値段』（講談社文庫、二〇一〇年、単行本は二〇〇七年、講談社）には『三島由紀夫――古本屋の書誌学』（ワイズ出版、一九九八年）の著者の龍生書林・大場啓志さんに話を聞く形で、三島由紀夫の本の帯について取り上げている。

　帯は初版のときにはなく、再版からつくものがあり、研究者でも本の帯についてはわからないことが多い。

「ちなみに、三島由紀夫の『裸体と衣裳』は、「帯付きの古書価が極端に上がった本」の例に挙げられている。帯が無くカバーだけの初版本は、一万五千円で、カバー帯共に備わった初版は、十五万円である」

さらに『魔群の通過』の帯付であれば、「ン百万円」になるとも……。

八木福次郎著『古本蘊蓄』（平凡社、二〇〇七年）の「箱入り本」というエッセイには「本を現在のような差込箱に入れるようになったのは明治四十年代からのことらしい」と綴っている。

北原白秋の『邪宗門』（易風社、一九〇九年）は、函なしとおもわれていたが、後に「箱入り本」が何冊か現われた。八木さんは最初は函なしで刊行され、返品分に函をつけて出したのかもしれないと推測する。

また『古本便利帖』にも『邪宗門』の函の話が出てくる。

「この本の函入りが百五十万円で目録にでたことがある。函なしなら三十万円くらい。函代が百万円近いということになる」

帯もそうだが、本の函も壊れやすく、市場に残りにくい。以前、古本屋で函入りの本から中身を出そうしたとき、「そんなやり方じゃダメだよ」と注意されたことがある。

湿気で本がふくらむと、なかなか函から出せない。強引にひっぱり出そうとすると、函や本を傷めたり、本にかけてあるパラフィンを破いてしまったりする。

コツは本の差し込み口を下にして、函をゆっくりと上下に振る。それでも出せないときは店主に本を渡す。知り合いの古本屋は「函入りの本の扱い方でどのくらいの古本好きかわかる」といっていた。函から素早く綺麗に本を取り出せる人は古本の上級者とおもってまちがいない。

本の状態をよりよく保つこと。次の世代に美本を残すことも、愛書家の大切な仕事なのである。

また、ページが外れかけていたり、カバーが破れていたり、函が壊れていたりすると、なるべく目立たない場所に和紙を貼るなどして補修する。[P.116]

インターネットがあたりまえの時代になってから古本屋をはじめたとしても、やはり実店舗での開業を選択したのではないかと思う。[P.107]

ネット古書店

古本-16

一九九〇年代後半、インターネットの古本屋が出現し、古本業界はずいぶん変わった。

かつては古本の値段は店ごとにちがうのが当たり前だった。ある店では千円の本が、別の店では百円で売っている。いい本を安く買おうとおもえば、たくさん店をまわるしかない。長年探していた本を店頭で見つける。本を手にとった瞬間、「×千円いくらなら買う」と決めてから、値段を見る。自分の予想より安ければ嬉しいし、高ければ「やっぱり、この本はちゃんと評価されているんだな」と勉強になる。そんなふうに本を買うかどうか迷っている時間も古本の愉しみだ。

一九九〇年代後半のインターネットの古本相場は（店よりも）割高で、ネット専業の古本屋も少なかった。さらに送料が二、三百円、振り込み先が地方の銀行だと手数料もバカにならない。

インターネットの古本屋の黎明期に話題になった本といえば、二〇〇〇年に刊行された北尾トロ著『ぼくはオンライン古本屋のおやじさん』（風塵社、二〇〇〇年、後にちくま文庫、二〇〇五年）だろう。この本には『ヘンな本あります――ぼくはオンライン古本屋のおやじさん2』（風塵社、二〇〇三年）もある。

北尾さんは一九九九年十月に「杉並北尾堂」をオープン。部屋のいっぱいになった本棚を見て「オンラインで売ったらどうだろう」とひらめく。

「どこにでもありそうで、いざとなると発見しにくい本を集めて、同じ嗜好を持つ人たちに売る。価値のある本を集めて本格派ぶったりしない」

プロではなく、アマチュアの発想で「こんな店があって欲しい」というイメージを形にする。

北尾さんは「オンライン古本屋」の資質について——。

1　本が好きで、本に囲まれる生活が嫌ではないこと（否応なくそうなる）

2　読書家であっても蒐集家ではないこと（いい本が手放すことができるかどうか）

3　派手好きではないこと（古本屋の仕事の大半は地味である）

と述べている。

いわゆるネットの古本屋は、リサイクル書店（ブックオフなど）で本を仕入れ、自分で値段をつけ、販売する。しかし「買うとき」と「売るとき」では、ちがった才覚が必要になる。

何より本の管理能力が問われる。本を仕入れているうちに、どんどん在庫が増えていく。どこに何の本があるのかを把握し、注文がきて、すぐ発送できるかどうか。慣れもあるのかもしれないが、こうした地道でマメな作業には向き不向きがあるかもしれない。

この十年〜十五年くらいのあいだに古本業界は大きく変わったし、売れ筋の古本も変わった。これまで高値で取引されていた本が売れなくなることもあれば、急に高騰する本もある。そうした変化に対応できる柔軟さと同時に、自分なりの軸、失敗を糧にしていく強さも必要になる。

インターネットの古本屋は一冊の本からでもはじめられる。しかし、それで食べていこうとおもったら、膨大な知識、独自の感覚を磨き続けなければならない。誰にでもできるやり方は、すぐ通用しなくなってしまうのは、ネット古書店に限ったことではない。

本に囲まれているだけで、ボクは幸せだなあ。［P014］

もう我慢できないという風に「僕これ探してたんですよ、もうどこも置いてなくて」と話し始めました。[P.054]

ききめ

古本-17

『古書店地図帖　全国版』（図書新聞社、一九七二年）の巻末に「古書用語辞典」が付いている。古本好きのあいだでは有名だが、一般ではあまり知られていない言葉といえば、「ききめ」がそうかもしれない。「ききめ」は「効き目」と書くこともある。

「全集・叢書本などで、とくに入手しがたい巻。これが揃えば他のありふれた巻が当座みあたらずとも、完揃同然ということになる」

『日本随筆大成』第三期十巻、岩波版『鷗外全集』の別巻一・二などが「ききめ」の例としてあがっている。

紀田順一郎著『新版　古書街を歩く』（福武文庫、一九九二年）に「全集叢書に〝キキメ〟の巻あり」では、〝キキメ〟のことを〝迷える子羊〟と形容している。

「ある全集叢書には特定の、きわめて入手しにくい巻があって、それが欠けていると値段が廉くなる。その特定の巻を、古書界の用語で〝キキメ〟という」

全集やシリーズものなどで、何冊か抜けていると「端本（欠本）」といわれる。古本通いをはじめて、すこし本を入手することに自信を持ちはじめると、「揃い」ではなく、バラで一冊ずつ集めてみようと考える。それがなかなかうまくいかない。全二十巻の全集があったとして、「ききめ」の巻はたった一冊で残りの十九巻分の値段よりも高いなんてことがあるのだ。

「『××全集』第六巻欠、全七冊、二万円――などという売値を見て、「しめた、揃いで六万円のものが、たった二万円とは。一冊ぐらい、すぐ見つけてやるぞ」と、飛びつくのは素人なのである。その第六巻というのはたいてい〝キキメ〟であって、一冊で五、六万円もする。結局高い買物になってしまうのである」

どうして全集や叢書の中に「ききめ」の巻ができるのか。

紀田順一郎によると「その第一の理由は、配本が後の方になるほど、部数が減る」からだという。たとえば、改造社の『現代日本文学全集』は、全三十七巻、別巻一の予定で刊行されたが、増刊し、全六十二巻になった。

「後期になるほど部数が少なく、総じて五十巻以降は端本では入手しにくくなっている」

部数の減少だけでなく、研究者のあいだで資料価値が高い巻なども「ききめ」になることがあるそうだ。たとえば、昔の世界文学全集なども、新訳がなかったり、翻訳者が昔の訳語を参考にするために重宝したりして入手難になっている巻があるそうだ。

わたしは東京書籍の『アメリカ・コラムニスト全集』をバラで集めていたことがあった。同全集は全十九巻。十八巻の刊行が一九九四年十一月なのだが、最終巻のジョーン・ディディオン集（越智道雄訳）の『60年代の過ぎた朝』の刊行は一九九六年三月——。この巻だけ、刊行の時期が一年以上空いているため、しばらくのあいだ出ていたことすら気づかなかった。

『アメリカ・コラムニスト全集』は、バラだと古本屋の均一台に並んでいることもあるが、今『60年代の過ぎた朝』は「ききめ」になっている。定価より安く買えたら、かなり幸運といっていい。

もっとも刊行から完結までに百年くらいかかっている叢書や辞典もあるそうだ（未完のものもある）。本の世界のサグラダ・ファミリアだ。


どんなに古書価が高くても、自分の価値観とは一致するわけではない。[P278]

ツブシ

古本-18

古本屋の均一台で、わざとカバーなしのちくま文庫を買ってきて、表紙にイラストを入れて彩色するのも私の「自装」の楽しみ。[P319]

毎日たくさんの本が刊行されている。大量に出た本はどうなるのか。古本屋は売れない本をどんどん捨てる。在庫が増えれば、その分、保存のための場所が必要となる。売れない本を破棄することを専門用語では「ツブシ」という。

カバーのない裸本の文庫（刊行年が最近のもの）、書き込みが多い本、イタミの激しい本などは店の棚に並べる前に捨てられることが多い。店頭の均一台に並べてしばらく売れなかった本はどんどん処分されてしまう。ある古本マニアは、均一台や新古書店の百円コーナーで本を買うことを「救済」といっていた。ものはいいようだ。

もっとも廃棄された本の中には、将来、おもしろさが再評価されて、人気が出るかもしれない本もある。つぶされて数が減ったことで、稀少価値がついて人気が出るというパターンもある。

古本の市場にもある種の法則のようなものがある。漫画でいえば、手塚治虫のような有名漫画家の代表作は消えないし、次々と復刊が出る。それから『ガロ』系の漫画家のような少数だけど熱心なファンがいる作品も消えない。古書価がつけば、本は残る。問題はそれなりに部数は出ているが、古書価のつかない本だ。これがツブシの対象になりやすい。

ベストセラーになった作品はブームがすぎると値崩れする。どんどんつぶされる。でもそうした本が二十年三十年経つと、探すのに苦労するようになる。

すぐには価値が出なくても時間が経つと古書価がつく。たとえば、時刻表なんかがそうだ。時期がすぎれば捨てるから残らない。残らないから価値が出る。昔の時刻表の中には、何万円というものもある。プロ野球の選手名鑑などもそう。たとえば、広島カープが初優勝した一九七五年の選手名鑑は入手難になっている。

古本屋ではなく、図書館が増えすぎた蔵書を処分することもよくある。ただし、図書館のリサイクル本、廃棄本は、市場に出回り、売買される。

久源太郎著『古本用語事典』（有精堂、一九八九年）の「貫々（かんかん）」という項には「目方のことで、ツブシともいう。本としては売れない物を紙くずとして処理する場合、「貫々で売る」「ツブシにする」という」と解説。「重さ」で売られることから、そう呼ばれるようになった。同書の「廃棄本」の項には「図書館側ではいわゆる〝チリコウ〟に古紙として出したつもりが、珍しい単行本・雑誌が「たてば」から抜かれて、きまった古本業者に売られることもあるらしい」とのこと。

チリコウは「ちり紙交換」の略、たてば（建場／立場）は、チリコウの集荷場、問屋で古繊維・金属・本・雑誌などを仕分けし、重さなどで売買される。

伊藤昭久著『チリ交列伝——古新聞・古雑誌、そして古本』（ちくま文庫、二〇〇五年）によると「タテバ」のことを「チリ交基地」「チリ交ヤード」と呼ぶこともあったらしい。ちなみに、回収した古本や古雑誌は「ゴタ」という。

「チリ交が回収したゴタに古本屋が目をとおすことで、つぶされ、製紙原料にしかならなかった物が、本として復活し、活き本となっていたのです」

これぞ、本の「救済」だろう。

ざっと四千六百万冊が在庫処理として、読者の手に渡らないまま、このような形で処分されているとみられる。[P.216]

もしかしたら、まだどこかの倉庫に何かがあるかもしれません。そしてこれから新たな眠れる逸品も生まれるかもしれません。[P.061]

書物の敵

苦悩-13

『本の問答333選　付・出版界を築いた人々』（出版ニュース社、一九七六年）は、読書、出版、図書館、古書、製本、印刷など、本に関する知識を一問一答形式で解説した本。『333選』は『本の問答300選』（一九六九年）を改訂し、一九七六年に新版の形で刊行されている。実用性だけでなく、読み物としてもおもしろい。

この本の第5問は「〝書物の敵〟とはなにか……」。イギリスの書誌学者で印刷家のウィリアム・ブレイズは一八八〇年に *The Enemies of Books* という本を出した。いわゆる「本の本」の古典である。

「ブレイズは、この本の中で、〝書物の敵〟として、火、水、ガスと熱、塵となおざり、無知、紙魚（しみ）・その他の害虫、集書家などをあげている」

火や水はわかるが、なぜ「集書家」は〝書物の敵〟なのか。

「「集書家」とは、めずらしい書物の扉や口絵、蔵票、蔵書印などを他人の本から切りとって集める〝書物破壊病〟者を指している」

ブレイズの本を底本とし、解説した庄司浅水の『書物の敵』（講談社学術文庫、一九九〇年）という本もある。

ブレイズは、書物を破壊する敵として、火や水以外に「無知」もあげている。

ヨーロッパでは、宗教改革当時、「装飾文字の入った書籍」をパン屋に送って、燃料にしたそうだ。

ある図書館では、マザラン文庫の本が図書館員が「不用書」としてストーブをつけるさいの「つけ木代わり」に使用されたこともあった。

ブレイズによると、その燃やされた本は、一四八三年刊行のカクストン〔キャクストン〕版の『黄金伝説』の初版だったらしい。

ウィリアム・キャクストンは、英国ではじめて印刷機を導入し、印刷業をはじめた人物で、ヨーロッパのコレクターのあいだでは、彼の手がけた本は高値で取引されている。

そんな本が「無知」によって「つけ木」扱いされていた。『書物の敵』では、そうした例をたくさん紹介している。貴重な本の数々が「無知」ゆえに、パンを焼くために焼かれてきた。

庄司浅水の『書物の敵』では、最後に「書物の取扱い注意と保存法」を箇条書きで掲載している。

一、日光に直射させぬこと。
二、火にかざして読まぬこと。
三、枕にして寝ぬこと。
四、頭垢を本の上に落とさぬこと。
五、手に唾をつけてページを操らぬこと。
六、紙小口を折らぬこと。
七、本を開いた上で物を食べぬこと。
八、湿気のあるものの上に置かぬこと。
九、小口をとんとんついたり、または下向きに置かぬこと。
十、書架に曲げて立てぬこと

さらに庄司浅水は「書物を書棚に入れるばあい、出入れも容易にできぬほどぎっしりつめている人をよく見受けるが、これは非常によくない」と記している。

〝書物の敵〟にならないためには、本の価値を知るだけでなく、本の扱いにも熟知していないといけない。


こういう役立たずの本は一枚ずつ剥がして味噌甕の蓋にでもしてください。[P.208]

書評も、本の紹介もしなくていい身分になったら、庄野さんの作品だけを身の回りに置いて、何度も何度も最初から、読み返し読み継ぐことだ。[P.332]

再読率

読書-16

マイケル・ルイス著『マネー・ボール』(中山宥訳、ハヤカワ文庫、二〇一三年)は、資金不足の球団が「セイバーメトリクス」といわれるスポーツ統計学を駆使して貧乏球団を再建するノンフィクション。ブラッド・ピット主演で映画化もされている。

オークランド・アスレチックスのGMビリー・ビーンはよい打者を測る指標として、打率よりも出塁率やOPS(出塁率+長打率)などに注目した。

日本でもメジャーでも三割打者は昔から価値があるが、四球を選ぶ能力に優れ、出塁率の高い選手は(打率の高い選手と比べ)評価されてこなかった。こうした指標は打者だけでなく、投手にもある。K/BBという奪三振と与四球の比率もそう。

『マネー・ボール』を読んで以来、読書における新しい指標みたいなものはないかと考えている。

たとえば、本好きはよく「年に何冊くらい本を読みますか?」「蔵書は何冊くらいありますか?」といった質問を受ける。わたしもよく聞かれる。聞かれるたびに「読書量」や「蔵書量」が多いことに価値があるのかどうかと考えてしまう。

冊数であれば、一時間ちょっとで読める薄い文庫や新書も二段組五百頁をこえる大著も一冊は一冊。仮に「年に三百冊」としても、読んだ文字の量(読字量)は、本によってまったくちがってくる。もっとも、文字をたくさん読むことに意味があるかどうかといえば、それはそれで微妙なのだが。いっちゃなんだけど、病気ですからね、活字依存症は。

読んだ冊数にしても、はじめから終わりまで通読したかどうかも問われる。何かを調べるために一冊の本の一部だけ参照することはよくある。

斜め読みと精読のちがいもある。読書には、単純に冊数では測れない要素がたくさんあるのだ。

一冊の本を読んでいるあいだ、書かれている内容から脱線し、いろいろなことを調べることもある。あるいは本を読みながら、思索や妄想にふけることもある。そういう時間も読書の一部だろう。たとえば、一冊の歴史小説を読む。本に出てくる人名や地名を全部調べる。年表や家系図を作りながら読む。そういう読書をしていたら、一冊読むのに何ヶ月もかかる。読書中や読書後に、どれだけのことを考えたか。そういうことはなかなか数値化されにくい。

本好きの人の中には一冊の本を何度も読み返す人がいる。「再読率」の高い本というのは、まちがいなくよい本だ。読書量よりも、再読に値いする本がどれだけあるか。

貧乏球団ならぬ、貧乏読書人は蔵書を売りながら、本を買う生活を余儀なくされる。「蔵書量」は、住まいの広さに左右される。

本を売るさい、わたしは「再読率」を重視している。何度も読み返したいとおもう本は残す。そういう本にどれだけ出会えるかも読書の醍醐味だとおもっている。

わたしは『マネー・ボール』をプロ野球のシーズンがはじまるたびに読み返している。大ゲサにいえば、人生観を変えた一冊だ。

「記録よりも記憶に残る」読書もある。むしろ、そちらを目指すのが、本筋というものかもしれない。

まえがきとあとがきはていねいに、目次をさっとながめ、本文は指でなでるだけですよ…[p017]

マタイ効果

読書-17

イアン・レズリー著『子どもは40000回質問する――あなたの人生を創る「好奇心」の驚くべき力』（須川綾子訳、光文社、二〇一六年）という本を読んでいたら「マタイ効果」という言葉が出てきた。

「マタイ効果」とは、新約聖書の「マタイによる福音書」（第十三章十二節）の「富める者はますます富み、奪われるものはますます奪われる」という一節に由来する社会学用語。社会学者のロバート・K・マートンが提唱した貧富の二極化を説明する「マタイ効果」は、近年、さまざまなビジネス書や教育書で紹介されている。マルコム・グラッドウェル著『天才！　成功する人々の法則』（勝間和代訳、講談社、二〇〇九年）も「マタイ効果」を世に広めた本である。

聖書には本を食べるという話が二度出ています。[P.178]

勉強のできる子は、周囲の期待や本人の自信によってどんどん伸びる。当然、その逆もある。知識があればあるほど、新しい情報を得やすい。語彙力を含めた一般知識が多い子どものほうが、そうでない子どもよりも、将来の学業成績が優秀になる可能性が高い傾向があるそうだ。

勉強にかぎらず、趣味でも自分の好きなことであれば、それだけ知識が豊富になる。知れば知るほど、より深い情報にたどりつきやすくなる。読む力を伸ばすには、語彙を増やす必要がある。読書をしていても、知らない固有名詞が頻出すると、なかなか頭に入ってこない。自分の知識が少ないと楽しめる本も少なくなる。だから一見何の役にも立たなさそうな知識でも、ないよりはあったほうがいい。知識の網は大きければ大きいほど、新たな知識を獲得しやすくなるからだ。

いわゆるオタクもしくは活字中毒といわれるような

人たちは、ある種の「マタイ効果」によって、次から次へと気になる事柄が増えてくる。知識の網が大きくなれば、どうでもいいとおもっていたことの重要性に気づきやすくなる。

一冊の本を読むと、そこから派生して新たな本を知る。いもづる式に本を読んでいるうちに、気がつくと、部屋中が本だらけになってしまう。本はあればあるほど、さらに集まるのも「マタイ効果」なのかもしれない。

イアン・レズリーは、好奇心旺盛な子どもに育てるには、子どもの質問にたいし、答えを与えるだけでなく、説明できるまわりの大人の存在が重要だと述べている。

メアリアン・ウルフ著『プルーストとイカ――読書は脳をどのように変えるのか?』（小松淳子訳、インターシフト、二〇〇八年）では子どもの言語能力に関するこんな研究を紹介している。

言葉の刺激を受ける機会の多い豊かな環境で育った子どもと恵まれない環境で育った子どものあいだには、幼稚園に上がるまでに三千二百万語の差が出る。

「たくさんの言葉を耳にし、自分でも使用して、その意味を理解し、分類し、幼い脳にしっかりと刻んで入園する子どもたちは、教育面で有利な立場に立つ」

これも「マタイ効果」の一例だろう。

子どもの質問は厄介で面倒くさいことも多い。しかし大人が子どもの質問を封じるような対応をすれば、好奇心や学ぶ意欲の芽を摘むことにもなりかねない。

多くの言葉を知り、好奇心さえあれば、後は勝手に知りたいことを調べることができる。

子どもは親の背中を見て育つというが、親の本棚の背表紙を見て育つこともある。[P.273]

背表紙

読書-18

常々、背表紙は表紙よりも大切だと考えている。たまに背表紙の著者の名前が帯で隠れている本を見ると残念におもう。

蔵書は背表紙がちゃんと見えていることが重要である。見えていないと、どこにあるのかわからなくなる。必要なときに、行方不明になっていて、結局、買い直す。

日々の生活の中で、背表紙が目に入る。それも読書の一部である。

本棚に本を並べるとき、無意識に、ある作家とある作家を、あるテーマとあるテーマを隣合わせにしている。本と本のあいだに自分がまだ知らない何かがきっとある。この作家の隣にはあの作家、このジャンルの隣には、あのジャンル……本は一冊では完結しない。何かしらつながっている。

アンナ・クィンドレンはアメリカのコラムニストで小説家。学生時代、ジャーナリスト志望だったアンナはベビーシッターを募集している新聞記者を探し、その家で働きながら、自分を売り込み、新聞社の職に就いた。

念願の仕事をはじめてほどなく、彼女は結婚し、子どもが生まれる。そして母親、生活者の立場からコラムを書くようになる。

アンナ・クィンドレン著『言わせてもらえば』（松井みどり訳、文藝春秋、一九九三年）に「本棚にいっぱい」というコラムがある。

息子が一冊の本を「読み終わったよ！」と言いながらキッチンに現れる。息子が読んでいた本は、アンナが子どものころ大好きだったノートン・ジャスターの

むしろ面陳よりも背差しの方が存在感が増す本もあるようです。[P.238]

『ファントム・トールブース』(邦題は『マイロのふしぎな冒険』)という小説だ。アンナは十歳のときにこの本を読んだことがきっかけで、「本の虫」になった。

「読書は私にとって、人生の発見だった。世の中を理解する方法であり、未知の世界と日常生活の両方を通じて自分自身を理解するまたとない手段だった」

だからこそ読書の喜びを我が子に伝えたい。アンナは「うちの子が、本棚をたくさん造りつけるのが最高のインテリアだ、と思う人間になってくれたら」と願う。

『グッド・ガール、バッド・ガール』(廣木明子訳、東京書籍、一九九二年)では「本の匂いが好き」というコラムも書いている。

子どものころからアンナは、本屋の匂いが好きだった。引っ越しの多い家に育った彼女にとって、本は「持ち運びできる友だち」でもあった。


何のやる気も出ない平日の午後——古本屋に行って、背表紙を眺める。すこしずつ頭が冴えてくる。本のほうから「手にとってくれ」と呼びかけてくる。レコード好きのあいだでは「ジャケ買い」という言葉があるが、本の場合、「背表紙買い」もある。

本棚を整理していて、自分が知りたいこと、考えたいことを発見する。これまで読んできた本が、これから読む本を教えてくれることもある。一冊一冊読んでいたときには見えなかった自分の好みがはっきりしてくる。

子どもは親の背中を見て育つというが、親の本棚の背表紙を見て育つこともある。知らず知らずのうちに子どもは背表紙の言葉をおぼえ、本の匂いが好きになる。

子どもに本を読ませたいのであれば、親が本好きになるのがいちばんの近道なのである。


子どもは自分で本の香りを探り当てて見つけてゆく生き物かもしれません。[P.240]

電子書籍

読書-19

田舎にいた中・高校生のころ、ある作家やミュージシャンを好きになり、さかのぼって過去の本やレコードを読んだり聴いたりしたいとおもっても、なかなかたどりつくことができなかった。

たまに電車に乗って、古本屋や中古レコード屋のある大きな町に出かけたが、交通費もバカにならないし、本やレコードを買う金はいつも足りない。

早く大人になって、この町から出て、毎日大きな書店やレコード屋の棚を見たい——というのが、長年の夢だった。今は日本全国どこにいても、その夢が叶うようになった。

中島梓著『夢見る頃を過ぎても』(ちくま文庫、一九九九年)に、こんな記述がある。

「現実にパソコン通信の世界ではすでにかなり多くの地方の無名作家たちがどんどん自分の作品をアップし、希望するもののダウンロードにまかせることをこころみはじめた」

一九九〇年代のはじめころの話だ。中島梓は、このシステムが拡大され、採算が合うようになれば、活字の流通は大きく変わるだろうと予言している。

取次を通さず、書店に行く必要もなく、書き手から読み手に直接原稿が届く。そうなれば、「表現そのものの変質をもたらすだろう」とも述べている。

電子書籍元年といわれた二〇一〇年の秋、「本屋のない町で私たちは幸せだろうか?」という宝島社の新聞広告が出て話題になった。

「外出=本屋に行く」という生活をしている身としては、新刊書店がなくなるのはつらい。かならずしも目当ての本が見つかるとはかぎらないが、自分の知らな

好きな小説も童話も新聞もちゃんとスマホで読んでいる。[P.326]

い本に出あうのも書店めぐりの愉しみである。

いっぽう、本好きの中には増え続ける蔵書のために、生活空間が圧迫され、本を買いたくても買えない状況に陥っている人も少なくない。

数年前から、わたしは巻数の多い漫画をこれ以上買い続けることができなくなり、悩んだ末に電子書籍を利用するようになった。資料として必要な古典や全集も電子化によって、本の置き場所の問題は改善されつつある。

ただしよくいわれることだが、電子書籍で本を読むと、書かれている内容が記憶に定着しづらい。

同じ作家の本を二、三冊読むと、いろいろ自分の中で混ざってしまって、どの本に何が書いてあったのかわからなくなる。電子書籍は、本の厚みを実感できないから、今、どのあたりを読んでいるのか、混乱することもよくある。

紙の本だと、本を読んでいるとき以外も、日々の暮らしの中で背表紙が目に入る。背表紙を見るたびに、本の内容や本から受けた感銘をおもいだす。

電子書籍だと、ふだん表紙や背表紙を見ることができないから、そういった経験がえられにくい。

電子書籍は、家にいながら、ワンクリックですぐに読みたい本が読める。本の置き場所を気にせず、買える。寝る前、部屋の照明を切った後、布団の中で電子書籍で本を読みながら、眠りにつくこともできる。

本屋のある町で暮らし、散歩がてらに本を買う。本に囲まれた空間で生活する。この先、そういう暮らしは贅沢といわれる時代がくるかもしれない。

ただ私は、それでも『夢の浮橋』は紙の本、と呟いて死んで行く。［P.326］

本屋に入ってきて、すぐに椅子にすわってしまう、あるいはすわらされてしまうツィア・テレーサは、やっぱり変なお客だった。［P.242］

本の友

列伝-12

「古本屋には、自分の家にはいっていくようにして、本の山に首をつっこんだ。あの古い本特有のかびくさい、しめりけを帯びた紙の匂いがわたしを待っていた。期待で胸はふくらんだ。すばらしい本を、安い価格で自分のものにするのだ。チェホフ、プーシキン、ヘッセ、賢治、白秋……」

三木卓の『はるかな町』（集英社文庫、一九七九年）所収の「本の友」の一節である。

この連作短編集は、三木卓の少年時代、中学高校時代の記憶がもとになっている。

三木卓は一九三五年生まれ。中学高校時代は一九五〇年前後、この本の単行本の刊行時は四十歳だった。「本の友」は「わたし」が高校生になったばかりのころの話だ。

学校の帰り道、小さな古本屋を見つける。店主は町の中心にある大きな古本屋で働いていた青年だった。前の店にいたときはいつもハタキを手にしていらいらしていたのだが、新しい自分の店では別人のように、活気にあふれ、愛想がよくなっている。

放課後、「わたし」はかれの店に立ち寄るようになる。そのうち店番の台のそばに、椅子があらわれ、お茶を出してもらえる間柄になる。

「ひとつは、わたしの買う本のせいだったろうか。その頃もうわたしはマルクス主義に惹かれていたし、かれもまたそうだった、ということがあった」

といっても、思想について話をするわけではない。もっぱら話題は、文学や共通の友人のことである。店は、詩や小説や芝居を書きたがっている少年たちのたまり場となり、棚の本もだんだん充実してくる。

読書は孤独な趣味だが、本を通して友だちができることもある。

店の人と知り合いになると、自分の探している本を市場で見つけてきてくれたり、今度どこそこに新しい店ができるよといったことを教えてくれたりする。

別になじみにならなくても、古本屋の棚自体が、いろんなことを教えてくれる。

『はるかな町』の「かせごうとして」では、学校の帰り道に友だちと本屋で雑誌を立ち読みし、「魚粉と青海苔をべったりまぶした、この地方特有の味の濃いこんにゃくのおでん」（静岡おでんですね）を食べる場面がある。

二十代のころ、『はるかな町』を読んだとき、生まれた時代も場所もちがうにもかかわらず、「わたし」や登場人物たちに不思議なくらい共感することができた。四十歳になってこの作品を読むと、過ぎ去ってしまった時間をおもいだし、むしょうに切なくなる。小さな逸話のひとつひとつが、本や書店にまつわる記憶を刺激してくる。忘れたころに、ふと読書の記憶も甦る。

三木卓は「本を読むということが、読んだ人間に残す痕跡というものは当人の自由にならない」とも語っている。

『はるかな町』の単行本の巻末の「ノート」には、「この作品は『non・no』一九七四年四月から七五年三月にかけて連載された。今回、単行本として刊行されるにあたり各篇に手を入れ、かつ書き足した」とある。

初出が『non・no』というのは、ちょっと、いや、かなり意外だ。

当然と言うべきか、それらの本屋さんは今は一軒も残っていません。[P.240]

特別貴重というわけではなくても、その方の好みにぴったりの本が並んでいたりすると「こんな本を手放す人がいるんですか？」と驚かれることもある。[P.124]

古書の壁

苦悩-14

長年、読書していると、何度となく壁にぶつかる。

古本屋に行っても、収穫らしい収穫がない日が続く。ひたすら惰性で本を買い、読み続けていると、自分は何が読みたいのか、何を知りたいのか、何を考えたいのか、それすらわからなくなってしまうことがある。自分を見失ったまま、古本屋に通う。気がつくと、また本が増える。売る。増える。売る。

そんなことをくりかえしているうちに、あることに気づいた。

買って読んで売るという行為の中にも自分なりの選択や法則がある。

よくわからない人の遺稿集とか非売品の本とか「この本は売ってしまったら、買い戻すのに骨が折れそうだ」とおもう本はなかなか手ばなすことができない。かならずしも、それはいい本かどうかは関係ない。単に入手しやすいかどうかの問題である。

自分の蔵書が、そんなふうに形成されていることに気づいたとき、あまりよくない傾向だとおもった。

別に本棚を人に見せるために本を読んでいるわけではない。マニアのあいだでは珍しいといわれる本でも興味のない人からすれば、ただの古い本である。

どんなに古書価が高くても、自分の価値観とは一致するわけではない。

逆に、百円均一で買った本でも、自分が読んでおもしろかったり、何かひとつでも得るものがあったりすれば、それは素晴らしい本なのだ。

読んでいるときだけでなく、本棚に並べることで教えられることもある。

かけだしのころ、ある先輩のライターにいわれた助言がある。

「同時に追いかけなくもいいけど、テーマは常にふたつ以上あったほうがいい。並行して、ふたつのテーマを追いかけていると、片方が行き詰まったときでも、もうひとつのテーマを掘り下げられる」

これは読書についてもいえるだろう。ミステリーでもSFでも何でもいいけど、ひとつのジャンルを極めようとすると、何度となく壁にぶつかる。

最初は何を読んでも新鮮だったのに、しだいに目が肥えていき、ちょっとやそっとの傑作では満足できなくなる。さらに、ひとりの作家の本をすべて読破したいとおもっても、残りの二、三冊が「ほんとうに実在するのか」と疑いたくなるくらい見つからない。ようやく見つかっても高すぎて買えない。あるいはすでに興味をなくしている。

古本好きであれば、誰もが通る道だろう。


それにどんなに好物でも毎日同じものばかり食べていたら、飽きてくる。

日々の読書でマンネリに陥っているとかんじたら、別のテーマ（ジャンル）を追いかける。いろいろなテーマの本を読んでいると、ジャンルの枠とは関係なく、似たような感性や感覚、方法論が存在していることに気づく。自分の中でふたつのテーマが予想外の形で化学反応を起こす。本を読んでいて、そういう瞬間を味わうことは、稀少本を格安で見つけたときよりも嬉しい。


たのしみはそぞろ読みゆく書の中に我とひとしき人をみし時［P.188］

タナカコケカメムシブンコ

【リカジョシ科】 *Gikkurigoshi Yatte Ichininmaeninari*

本と水

組合未加入

品揃え

変な配置

本ではないもの

店猫2

自著

木山捷平案内所

記憶の底の古本屋

蟲の字

町の本屋

本と水

苦悩-15

昔、わたしも古本屋の店内に傘を持ち込んで怒られたことがあります。[P.086]

最初の店のオープンから六年ほどして移転してきたいまの店は、明治時代の中頃に建てられたなかなか立派な建物だ。しかしわたしが借りる数年前までは「幽霊屋敷」と呼ばれるほど傷んでいた。

といっても、実際に幽霊が出るとか出たというのではなくて、長く空き家のままだったため、二階の屋根の一部が落ちて廃屋寸前にまでなっていたのだ。おかげで、まわりの子供たちからそう呼ばれていたらしい。いまではすっかり観光地然とした通りだが、そういえば、わたしが小学生の時分には、まだまだ「ボロい」建物が多かった。

それを、何がきっかけだったのかは知らないのだけれど家主さんが直し、貸店舗として復活させた。まだ、町家再生やリノベーションなどと言われはじめる前のことなので、良い意味で必要以上の手は加えられていない。

一時は屋根が落ちていた、というくらいだから、借りるにあたっていちばん気になったのは雨漏りだが、さすがにそこはしっかりと修繕されたため、むしろ新築並の安心感だと言われた。たしかに、二階の屋根の一部と天井板は、建物全体の雰囲気に対して不釣り合いなほど真新しい。

本を扱う仕事にとって、水は非常に恐ろしい。最近のものでも紙質によっては、たった一滴の水が落ちただけで再起不能になる場合もあり、なんでよりにもよってカバーにこんな紙を使うのかと、自分の不注意は棚にあげて憤慨することがある。近所の人から、「お店に飾って」と切り花をいただくことがあるのだが、花瓶を置くなど恐ろしくて、いつも店の中からみえる裏庭の室外機の上に飾っている。お茶や珈琲を飲むコップも安定感が第一（最近友人が贈ってくれたイッタラのＴＥＥＭＡというマグカップはとてもよかった）。雨の日の傘はもちろん、夏場にお客さんが手に持たれているペットボトルにもいつもひやひやしている。できれば入口に傘立てよろしく「ペットボトル置き場」も作りたいくらいだ。以前はＰＰ加工された紙のカバーは味気ないようであまり好きではなかったが、今ではすっかり頼もしく眺めるようになった。

　ところで、雨漏りの心配がないのはよかったのだが、別の問題があった。店は丘陵地と接して建っており、山から伝い降りてくる雨水は自然排水にまかせる形になっている。おかげで台風や集中豪雨の時には水はけが追いつかないため、裏庭がまるで池のようになり、さらに裏庭と売り場との間にある帳場の床下まで流れ込んでくることもあるのだ。いまのところ売り場にまで達したことはないのだけれど、台風直撃の予報が出た時など、気が気ではないので店に泊まり込み、様子を見ながら低い位置に置いている本は避難させるようにしている。

　身近に、高潮や河川の氾濫で水浸しになったことのある知人の書店が二軒もあるのだが、後の始末のことを聞くだけでもほんとうに恐ろしかった。誰からだったか、水に濡れて膨らんだ本が棚から抜けなくなり、バールを使って掻き出したという話を聞いたこともある。怪談よりも怖い話だ。

　また、先日は老朽化した水道管が壊れ、壁の向こうから蛇口をめいっぱい開いたような水音が聞こえてきてひどくあわてた。この時は、すぐに連絡をした不動産屋さんの同級生という水道工事業の方が駆けつけて

先生は本が少したまると、品川沖まで小舟でこいで行って、水葬にして来られたのである。［P214］

東京や大阪の有力古書業者は首都圏はもちろん全国各地の蔵書家の所へ出張すると同時に、そのついでに〝せどり〟して足代をかせいでいる。[P.256]

くれて事無きを得た。

この建物は、戦後しばらくまで煎餅屋さんだったそうだ。いまでも近所の人が「このへん（文庫の棚がある、入ってすぐ左側のあたり）でおじさんが煎餅を焼いて売っとったんよ」と懐かしそうに話してくれることがある。そして決まって「そのおじさんが亡くなったあと、ずっと空き家になっとってなあ」と件の「幽霊屋敷」の話題にもなる。そのたびに「幽霊も嫌だけど、水もねえ」と思う。

組合未加入

苦悩-16

古書組合に未加入のままで、もうずいぶんになる。

全国古書籍商組合連合会。この「全連」に加盟している古書組合は、一部を除く各都道府県にあり、通常は自分の店がある、例えばわたしの場合は岡山県の組合に加入する。こうして組合員になると、どこの地域の古書市場にも自由に出入りでき、売買ができる。

都市部であればあるほど取引される本の数は多いので、岡山の組合員である知人から、大阪や神戸、場合によっては東京の市に行ってくるという話を聞くことも多い。そして、組合員ではない蟲文庫の場合は、もちろん、どこの市場にも一切出入りできない。

「同業の古書組合に加入するのが一等の最重要事である。市場での売買はもちろん、有形無形の情報など、組合員であることの特典ははかり知れない」（志多三郎『街の古本屋入門』コルベ出版、一九八二年）。

インターネットが普及する以前の一九八二年に書かれたもので、いまよりもはるかに切実な言葉であっただろうけれど、しかしその根幹の重要性はいまも変わるところがないものだと思う。

ではなぜ未加入なのかといえば、単に入りそびれただけなのだ。

開業以来、かなり長い間、必要な加入金が工面できず（たしか岡山県は安いほうのはずだが、それすらも）、その後も、多少は楽になってきたとはいえ、ゆとりがあるというほどでもなく、日々のやりくりに追われているうちに、ずいぶんな年数が経ってしまった。そして、だんだんと買取りも増え、質量ともそれなりに古本屋らしくなってきた。

「なんとなく、ずるずると」というわけである。

万事こんな調子で、生まれつきの向上心は低めのほうだ。それでも、思わず息をのむような品揃えの店や、しゅっとした格好のいい店を見ると、我とわが店とをふり返って落ち込む。そしていくらか焦ったりもする。「なんか、もっとちゃんとしないといけないかもしれない」「でも、ちゃんとってなに？」「組合に加入？」「でもそうなると車の運転ができるようにならなくちゃ」と考えているうちに、「いやいや、自分自身が長く続けられるやり方でないと意味がないじゃないか」「何が一番大切かといえば、それは〝継続〟だ」とか「上をみればきりがないけれど、いまこうして自分に出来ることがあるだけで充分幸せなことではないか」「それに、そうは見えないかもしれないけど、いまどき古本屋なんて、それなりにがんばってないと続けられないのよ」などとだんだん現状維持の楽な考えのほうに落ち着いてくる。

また、時々同業者から「組合に入らなくても、買取りだけでやっていけるなら、それはそれでいいよね」と言われることもある。入ったことがないので実際のところはわからないけれど、たしかに、特別に専門の分野があるわけではなく、古本全般を扱う場合は、デ

自由度の高い制作をし、同じく自由度の高い小売がさばく。［P.249］

メリットばかりではないのかもしれない。それでも、主に経済事情のためとはいえ「入らない」のではなく「入れない」でずっと来たので、未加入であることに、いくらか引け目を感じているのだろうと思う。他人事のようだけれど。

少し前、東京の、ある大先輩の古書店主にお会いする機会があった。古本や出版に関わる数人でのお酒の席で、お互いにざっくばらんな話ができた。わたしの場合は、このような、店についての情けない話を披露することになるのだけれど、そうしたら「でも田中さん、すごく楽しそう。お店やるの楽しいでしょ。いいなあ」と言われた。

たしかにそうだなと思う。誰か他の人がこんなことをやっていたら、とても羨ましいと思う。とにかくまずは続けていきたいと思う。

仕事が楽しくなければ、おもしろいものは作れないし、遊び心がないといい「企画」は生まれないのである。[P.095]

品揃え

書店-21

古本一般、という言い方は最近もよく使われているのかどうかわからないのだけれど、例えば歴史や国文、美術、絵本など、特定の分野の専門ではない、ごく普通の、いろいろな分野の本を置いている古本屋の品揃えをひとことで表したものだ。古本全般、という場合もある。蟲文庫がまさにそのとおり。

もともと、ほとんどのものに対して「ああしたい」「こうでなくては」というような具体的な希望や理想のようなものを持たない性質なので、店作りや品揃えについても、特別に嫌いなものや苦手なことだけを避けつつ、目の前に現れたものごとの中から「Aよりは Bのほうがなんとなく好みかな」とか「扱いやすそう」という程度の選択の仕方をし、あとは成り行きにまかせてやってきた。

なにもこれは自分のことを卑下しているわけではない。向き不向き、得手不得手の「向き」と「得手」のほうでやってきた結果がいまの店であり、「まあ、自分にしては、よくできたほうではないか」とけっこう喜んでいるのだ。

本の世界は果てしなく広いので、自分の好みがもっとはっきりしていたとしたら、一生手に取ることはなかっただろう、さまざまな本が常に目の前にあり、ひっきりなしに行き交っている。そして店主のわたしも知らぬまに、大事な本が大事な所へと渡って行く。面白いし、不思議だし、その不思議さは時におそろしかったり、気味悪く感じることとすらあるほどだ。

ともあれ、そうやっているうちに、得意分野である自然科学の本がだんだんと集まるようになった。

きっかけは昆虫に関する本の大量入荷だった。かつて昆虫館の館長をなさっていたという方が亡くなられ、ご家族が蔵書をすべてお売りくださったのだ。他県から、大きな車でわざわざ運んで来られたのだが、なぜかというと、この店の名前が「蟲文庫」だったから。「インターネットで古本屋を検索していたら偶然みつけた」ということだった。

昆虫図鑑や昆虫関連の読み物はもちろん、専門書、洋書、詩歌、小説、漫画まで、昆虫に関連のある内容や、タイトルに「虫」や「蟲」の字がつくものを片っ端から集めたような、大変なコレクションだった。

こうして昆虫に関するまとまったコーナーが出来たおかげで、その後、動物や植物、地学、天文の本の買取りも増えはじめ、いまでは店の看板のようにもなっている。これは、わたし自身の著書にコケやカメなどの科学分野の随筆や入門書があるからだろうとも思う。

小学生の頃、学校の図書室で飽きずに眺めて、借りて帰ってまた眺めていたのが、学習図鑑の類だ。[P.156]

また最近は数学、物理、化学などの理工系の本の買取りがコンスタントにあり、思った以上に需要もある。こちらは本来、かなり苦手な方面だというのに不思議なものだ。

古本屋に限らず、店をやっていると、「お店のコンセプトは?」とか「こだわりの部分は?」というふうな質問をよく受ける。もちろんうまく答えられない。そして心の中ではいつも「たまたま、というのもなかなかすごいものなんですよ」とつぶやいている。そしてわたしは、そうした本の〝番〟をしているのだなとあらためて思う。今後の具体的な希望をひとつあげるとすれば、〝番〟をするためのスキルアップだと思っている。

なじみにならなくても、古本屋の棚自体が、いろんなことを教えてくれる。[P277]

変な配置

書店-22

日本文学、海外文学、詩歌、評論、思想、哲学、社会、歴史、自然科学、美術、映画、音楽、漫画、それと新刊書、というふうに店の棚は、おおよその分野別に分けて並べている。

はじめ、店舗の形状にあわせて出来る限りのスペースに本棚を設置した。文学や社会学など、手持ちの在庫が多く、コンスタントに買取りもあるものは、このあたりにこれくらいの場所を取り、とか、入る以上に売れやすく、常に在庫は貧相だけれど、それでもやはり手に取られる方の多い映画や音楽の本は、あまり奥まっていない所に、観光地という場所柄「帰りの新幹線で読もうと思って」というふうな需要の多い文庫や新書はよく目立つ場所に、とか、最近、東洋史がまとまって入ったので、ではこの棚を広く開けて内藤湖南先生と宮崎市定《いちさだ》先生の全集はお隣同士に……。というふうな目の前のさまざまな事情によってその場所におさまり、だんだんと改変を繰り返してきたのがいま現在の棚の配置になる。

　時々、書店や図書館にお勤めの方などから「なぜ、このA分野の隣にF分野を並べているのですか？」と質問されることがある。いわゆる書誌学的分類からすればめちゃくちゃなので、きっと見ていて気持ちが悪いのだろう。

　そう尋ねられるのは、だいたい決まった場所で、「ああ、そうですよね、変ですよね、じつは万引き対策で」と事情を話すと、納得というのでもないけれど、まあ、それならば仕方がないですね、という顔で同情される。

　見聞きする限り、他の古本屋や、近隣の商店と比べても、万引きは少ないほうだと思う。たしかに、この店の品揃えは非常に地味だ。とはいえ、こんな小さな店でも死角はあり、遊び半分での万引きもなくはない。ただ、何とは書かないけれど、この立地とこのお客さんの層では、まず盗まれることはないだろう、という分野もある。それゆえの配置でもあるのだ。

　もちろん、このままで良しと思っているわけではない。そんなわけはないけれど、でも、やっぱりどうしようもないこともある。ここはどうか見て見ぬふりをしていただければありがたいと思う。

料理法、占星術、植物、そしてあらゆる読物、例えば、騎士道物語からペローの童話まで、が揃っていました。[P.217]

我々の店では、本と雑貨の同時ラッピングも多々あるのですが、平たいものと凸凹したものという組み合わせの包装はこれまた難儀です。[P.228]

本ではないもの

書店-23

昔から、「もう、本屋は本だけ売っているのではどうしようもない」と言われてきた。

わたしも店をはじめた時から、なんとなくそんなことを考えていた。ただ、この店の場合は、事前に何の準備もなく、ある日突然の思いつきではじめたという経緯から、当分の間は売るべき本も揃わない状態が続くであろうことが十二分に予測できていたせいも大きいのだけれど。

これまで、駄菓子を手はじめに、手作りのトートバッグやアクセサリー、Tシャツ、知人の作った陶器、行き来のある音楽家やレーベルのCD、知り合いから譲ってもらった中古の理科器具など、あの手この手を考え、思いつくままにあれやこれやを並べてきた。この店の中に喫茶のスペースを、ということだって考えたことがないわけではない。

もともと、そういった雑貨類は好きなほうだし、これまで扱ってきたものの中にはずいぶん評判がよかったものもある。しかし、いま店のオリジナルとして並べているのは栞セット（「胞子」と「天文」の二種類がある）くらいで、他から仕入れているものも、ノートなどの文房具数種とCDだけになった。なんてことはない、店を続けていくうちに、本が増え、古本屋らしくなり、だんだんと他のことに手が回らなくなってしまったのだ。増産や仕入れに無理のないものだけが残った。

当初の問題が解決したから、といえばそうなのだけれど、「一度にたくさんのことが出来ない」という自分自身の性質がここでも明らかになり、「やれやれ」とため息をつきたくなる気持ちもある。ひとところ頻繁に行っていた店内でのイベントも今では一、二年に一度くらいになった。

いまでは、はじめから古本と喫茶、本と雑貨というふうに、どちらも同じくらいのスペースを設け、品揃えに力を注いでいる店も珍しくなくなった。さらにここが観光地というせいもあるのだろう、今度は「あれ？　本しかないんですか？」とか「なんだ、ほんとに普通の古本屋さんだ」とがっかりされることも増えた。もともと、古本以外のものがそれほどたくさんあったわけではないのだが、長年のうちに「古本以外のものもいろいろと置いている店」というイメージが出来てもいるのだろう。

表から、ちらっと覗いていった若者から「ガチの本屋」と言われることも多い。まあ、これまでのことを思えば、たいへん光栄なことではある。

冒頭の「もう、本屋は本だけ売っているのではどうしようもない」という言葉は、大正時代にはすでに言われていたとどこかで読んだことがある。百年も前からのことだと思えば「なんとかなるかもしれない」と長年、小さな古本屋で、本好きの人とばかり接してきたので、ついそう暢気《のんき》なことを考えたくなる。

店猫 2

古本-19

ナドさんより二年遅れでやってきた、もう一匹の店猫ミルさんも、昨年の秋、とうとう死んでしまった。二十一歳と五ヶ月。年齢からも想像できるように、老衰だった。

縞のまざった三毛猫で、もちろん雌だ。猫の好きな方ならたいていはご存知ではないかと思うが、三毛猫は遺伝子の関係で基本的に雌しかいない。ごく稀に雄

猫はその店の時の流れをつかさどる。[P.227]

スペインのある街で古書店に入った時など、老店主がガラッと開けた机の一番下の引き出しに白猫が入っていてびっくりしました。[P226]

が生まれても、その個体には繁殖能力はないと言われている。

ミルさんは僅かに長毛種の血筋も混じっていたようで、ふんわりふっくらとして見えたが実際にはかなりの痩せ形。最晩年まで贅肉のないひきしまった体つきのままで、病気ひとつしたことのない丈夫な猫だった。それでもやはり、いつかはこうしていなくなってしまうのだ。

運動神経がよく、たいへん身軽で、いつも高いところからわたしたち人間を見下ろしていた。しかしナドさんと違って臆病な性格だったので、ネズミどころか虫一匹捕まえたことがない。夏場、うっかり台所の黒いあれなどに遭遇すると、文字通りとびあがって驚いていた。

本屋に猫はよく似あう、という声はよく聞かれる。

自分が猫好きであるという贔屓目はひとまずおいて考えても、本屋や古本屋には、やはり犬ではなくて猫のような気がする。本屋でなくても「看板猫」がいる店は多い。なぜだろう。

犬は人につき、猫は家につくと言われるが、猫は「環境の一部」になり、まわりの風景に溶け込んでしまうところがあるせいかもしれない。それから、本屋ということでいえば、じっとしている時の、どことなく思慮深げな表情のせいもあるだろうか。実際には、あまり何も考えていないようだけれど。

ネズミを捕らなかったミルさんはさておき、猫といえば、古くからネズミ対策のために飼われてきた。農作物や食料品、衣類などはもちろん、大切な蔵書を守るために猫を飼うというのも決して珍しいことではない。

横浜に「金沢文庫」という地名がある。はじめ「金沢」を「かなざわ」と読んでしまったため、「金沢から移り住んで来られた人たちの町かしら」と勝手に思っていたのだが、しばらくして、「かねさわぶんこ」と読み、北陸の町とは関係がないことを知った。

金沢文庫とは、鎌倉時代中期に北條実時が建てた図書館のことで、高校の日本史でも習うそうなのだが、まったく覚えていなかった。

金沢北条氏が領したことが、金沢という地名の由来になっているようだ。

田中貴子著『猫の古典文学誌——鈴の音が聞こえる』（講談社学術文庫、二〇一四年）を読むと、この金沢文庫に収められている書物を中国から運んだ際、長い船旅の道中、ネズミの害に遭わないよう、猫も一緒に乗せてきたのだとある。

万巻の書を守るため、特別ネズミをよく捕る優秀な猫が選ばれたそうだが、この渡来猫たちは、ふたたび中国に戻ることなく日本の地で繁殖し、末裔まで「金沢猫」と呼ばれ、ネズミ捕りに絶大な力を発揮する「逸物」と名高かったそうなのだ。

この伝承はずいぶん長く受け継がれ、村松梢風の「猫」という随筆（『七いろの人生』三笠書房、一九五八年）にも登場するという。

また、ロシアやイギリスなどの図書館で、ネズミパトロールのために猫が飼われているというようなニュースを見ることもある。

とはいえ、経験上からも、ネズミに齧られるのは、かなり古い本が中心だ。ちなみに最近被害に遭ったのは、新村出《しんむらいずる》『南蛮更紗』で、大正十四年に改造社から出されたものだ。背の糊の部分が特に美味しいらしい。また、いまのように隙間のない、しっかりとした住宅に住まわれている場合は、ネズミといってもあまりピ

裏塩迎得小狸奴　塩をつつんで、小猫をもらい、数えきれないわが家の本を、やっと守れた…[P.210]

ンと来ないかもしれない。

しかし、身近に害虫や害獣の駆除を職業にしている知人がいるのだが、「結局、ネズミの被害を防ぐには、猫を飼うのがいちばんなのかも」と、その仕事上の苦労とともにぼやくのを聞いたことがある。

ミルさんは、さきほども書いたように、実際にネズミを捕ることはなかった。しかしそんな猫でも、いるというだけでネズミはあまり寄りつかないもののようだ。ネズミのほうの長きに渡る苦難の歴史によって遺伝子に組み込まれているのかしら、とも思うけれど、そもそも自分よりも大きな肉食動物と出会ったら、ネズミでなくとも逃げるのが普通ですよね。

神経質で賢いタイプのナドさんとくらべると、「天然」でちょっとおバカさんなところが魅力の猫だった。あまり人見知りはしなかったので、お客さんにもよく可愛がってもらった。いまでも「あの三毛猫ちゃんは？」と訪ねてくださる方もおられる。

一昨年、ちくま文庫から再刊された拙著『わたしの小さな古本屋』のカバーには平岡瞳さんによる版画で店の表から店内を覗いた様子が描かれている。事前にお送りした写真をもとに彫られたものなのだが、平岡さんの創作で、平台の上には眠るミルさんが小さく描かれている。最初に見た時は、あまりにもよくなじんでいて気がつかなかったほどだ。

本が出た後、平岡さんご自身から、きれいに額装されたこの版画をいただいた。いまは帳場からもよく見えるところにかけてある。ああ、たしかに古本屋と猫はよく似あうな、といつもそう思いながら眺める。ミルさんとのいい思い出にもなった。

自著

出版-15

はじめての著書である『苔とあるく』（WAVE出版、二〇〇七年）を出してからもう十年以上になる。その後もずっと、仕事として文章を書く機会に恵まれ、現在、単著だけで五冊もある。

単著というのは、このたびの『本の虫の本』のような共著ではなく、自分ひとりの著作である本のことだ。出版にたずさわる側ではあたりまえに使われる言葉で、たしかに文字を見れば一目瞭然なのだが、ふだん出版の仕事に関わりのない方には、会話の上で「たんちょ」と発声しても、たいていは通じない。

わたしも最初の本の執筆中、ある文芸誌の編集者から「単著なんですか？　すごいですね」と、これまでに何の実績もないというのにそうであることに驚かれ、さらに、それでもわたしがぼんやりと要領を得ない顔をしているため「あ、単著というのはね」と説明されたせいで、「そうか、こういうのは単著というのか」と知ったのだった。

自分の本を出す機会があったおかげで、読んだり買ったり売ったりしているだけでは触れることもできなかったであろう、出版の世界の事情は多い。

例えば、著書を持つ者にとって、これほど甘美な言葉もないと思われる「重版」や「増刷」。

かりにそれによって得られる経済的な利益が僅かばかりであろうとも、自分が書いたこの本を買って読んでくださる方があり、今後もまだいくらかはその状態が続きそうだと版元が判断し、本の形となり、いましばらく新刊書店の世界で命をつないでいく、という。これは、著者本人の努力だけではどうしようもない部

単行本が文庫化される。その際、単行本は文庫に対して「元本」と呼ばれる場合がある。［P325］

ベストセラーになった作品はブームがすぎると値崩れする。どんどんつぶされる。でもそうした本が二十年三十年経つと、探すのに苦労するようになる。[P.264]

分なのだ。

わたしの場合、もともと本に関わる仕事をしているため、さすがにそれはなんとなく知っていたけれど、周りの友人知人には「え？　あれって書いた人が増刷したいと言ってもダメなの？」と驚かれることも珍しくはない。

そうなのですよ。だから増刷が決まると、著者はみなあんなに喜ぶのです。そして「じゃあ、あとは古本でしか読めないってこと？」とついでに古本屋の仕事の重要性まで理解してくれる場合もある。

それから、これは版元の傾向や編集者の考え、初版部数、著者の実績、企画そのものの内容にもよるとは思うけれど、本のタイトルは必ずしも著者の望んだものが採用されるわけではない、ということも、普通はあまり知られていないことだと思う。

わたしの経験した限りでは、著者好みのままだと地味というか、大人しくまとまりすぎて、日々大量に出される新刊書の大海原の中に紛れ、沈み込んでしまいかねない、という事情が大きいようだった。

ちなみに『苔とあるく』については幸いにも、わたしが提案し希望したものに決まったのだが、この時も当時流行っていた『○○力』というタイトルそのままの『コケ力』という案まで出ていた。もう、これだけは勘弁してほしいと思っていた。

新刊ではもちろん、古本屋で売るにしても、もちろんタイトルは重要で、あまりにも時代性が反映されているものについてはだんだんと扱いにくくなる。『苔とあるく』はおかげさまで昨年末に第六刷となり、いまだ現役で新刊書店におります。『コケ力』じゃなくて、ほんとによかったな。

その他にも、そうか、本の定価というのは、こんなふうに決まるのか、ということなど、いろいろとあるのだが、結果的に古本屋をやっていく上で、どれもこれもたいへん役立っている。

古本屋の店主が本を書いているということで、最近では、それらを読まれた方が訪ねてみえ、声をかけてくださることが増えた。地元の方はもちろんだが、遠方からはるばる、という方も少なくはない。たまに、読者の方がまったく偶然に店の前を通りかかり、驚いて飛び込んでこられることもある。これは観光地ならではのことだろう。

ただ、「本、読みましたよ」とだけ言われると、古本屋と関係のない内容のものも多いため、ちょっとまごまごしながら、「あの、この店の？　あ、コケ、ですか？　カメ？」と尋ねることになる。

すると、本や古本屋についてご興味をお持ちの方はもちろん、コケの育て方や種類を調べてほしいという依頼、カメを拾ったのだがどうしたらいいか、飼いはじめたカメを冬眠させても大丈夫だろうかという質問など、やはりけっこういろいろなのだ。昨年からは「星」も増えた。

木山捷平案内所

読書-20

「木山捷平《きやましょうへい》の本はありませんか？」とよく尋ねられる。

以前なら、いかにも古本好きという雰囲気の方で、お求めのものも、文学館のガラス越しくらいでしか目にすることがないような、おそろしく希少な詩集や、そこまでではなくとも、その方のコレクションにはない、あまり出回ることのない作品をお探しの方が多かった。

「地元の古本屋ならば、もしかしたらあるのではないか」と旅行や出張などの機会に足を伸ばし、尋ねて来

私は旅行したらその土地の記念に本を買うことにしている。[P.086]

られるのだ。

　もちろん、たいていは、ない。お尋ねの本が特に珍しいものとなると、「いやー……、ないですねえ、さすがに」と答えると、お客さんのほうも、はははと笑いながら「ですよねー」と応じてくださり、がっかり感とある種の安堵感とがないまぜになったような、微妙な空気が流れる。

　とはいえ、まったく機会がないかというと、そうではなく、じつはごく稀には入ってくるのが古本屋の不思議なところなのだけれど。

　ところが最近、「読んだことがないので読んでみたい。読めさえすればなんでもいいので、値段が安ければそれに越したことはない」という方も目立つようになった。この場合は地元の方も多く、たいていは、現在、講談社文芸文庫でかなりの巻数が出されていることはご存知ない。


木山捷平ファンの少女漫画家がいるなんて、それだけで驚きである。［P.151］

　木山捷平の文庫は、入ってきても、すぐに売れてしまうため、残念ながら、これも店頭にない場合が多い。

　先日は、あるにはあったのだけれど、『長春五馬《ちょうしゅんうーま》路《ろ》』という長編で、その方のご希望は「初めてなので、まずは短編を」ということだった。『長春五馬路』もいい作品なんだけれど、仕方がない。

　そんな具合なので、たいていは「いま、うちの店にはありませんけれど、新刊書店で買えるものもいろいろとありますから」といくつか候補をメモしてお渡しする。

　なぜこんなやりとりが増えたのかというと、それは「あなたの本で読んで興味を持った」という方が訪ねて来られるためで、他でもないわたしのせいなのだ。

　これまでに、木山捷平に関するエッセイをいくつか書いたことがある。

木山捷平は明治三十七年に現在の岡山県笠岡市に生まれた。若いうちに文学を志して上京。二十五歳の時に詩集『野』を自費出版。その後、太宰治らと『海豹』を創刊。詩人として出発したが小説や随筆も多く書いた。「うけとり」などの初期の代表作はこの時期に書かれている。太平洋戦争末期の昭和十九年十二月農地開発公社の嘱託職員として満州に渡り、ほどなく現地で召集され応召。敗戦後難民となるが奇跡的に生還。戦後しばらくのあいだ妻子の疎開先であった郷里の笠岡で静養し、昭和二十四年にふたたび上京。満州での体験に材を取った「耳学問」「大陸の細道」などで評価を得る。昭和四十三年に六十四歳で亡くなるまで東京で暮らした。

そんなわけで、岡山の出身とはいえ東京暮らしも長かった作家なのだ。

はじめて木山捷平を読むという人に、よくおすすめしている作品は、地元や近い地域の方ならば、まずは故郷を舞台にした「尋三の春」や「おじいさんの綴方」など。遠方や、特に東京近郊などの都市部にお住まいの方ならば、雑司が谷や杉並区のあたりが描かれる「市外」「軽石」などが入っているものをすすめている。

地元の方には「猫」もいいと思うのだが、残念ながらいま新刊で手に入る本の中には入っていなかったと思う。フタという名前の三毛（白黒）の猫とサト婆さんとの、もの悲しい中にも、ぬくもりやおかしみの感じられる話だ。生家のある笠岡あたりの方言も、しっかりと文字で再現されており、つい笑ってしまう。「それから、個人的には「苦いお茶」が大好きです」ともいつも付け加えておく。こちらは戦後の東京が舞台で、現在でも文庫で読むことができる。

自分の出身地、あるいは青少年期を送った地、あるいは大学入学や就職で現在住んでいる街を舞台にした作品を、とりあえず読んでみることだ。[P.141]

早く大人になって、この町から出て、毎日大きな書店やレコード屋の棚を見たい――というのが、長年の夢だった。[P.274]

木山捷平は、ようやく作家として評価されはじめたその矢先、病に倒れ、亡くなった。六十四歳はまだ若い。食道癌だったが、寒さと餓えとに苦しめられた満州での生活でひどく体を傷めていたことも原因のひとつであると思う。どれほど心残りだったろうか。

　夫人に対して、つねづね「一篇の詩でも小説でも、五十年後、百年後の人がひとりでも読んでくれたらうれしい。それが自分の望みである」と語っていたそうだ。作品については、我が身の不遇についてさえ、常に飄々としたユーモアでもって客観的に書いているだけに、そのまったく何のてらいもない率直な言葉は、なおさら胸に迫るものがある。

　わたしも、地元の本屋としても、いち愛読者としても、この店で、いまの自分にできる限りの形で木山捷平の文学の普及を目指している。そして、先に書いたようなわけで、少しは貢献できつつあるのかもしれないな、と感じるようになった。ひき続きこの「木山捷平案内所」の道を邁進していくつもりだ。

記憶の底の古本屋

古本-20

倉敷に古くからある古本屋のN書店は、先代の頃、いまのわたしの店と同じ地区にあり、その斜向かいのお店は小学校の同級生のゆきちゃん（仮名）の家だった。ゆきちゃんはその後お店の跡継ぎになり、いまもそこにいるが、N書店は二度ほど移転をし、現在は駅前の県道沿いにある。

　学校帰りに、自宅とは反対方向のゆきちゃんの家へ遊びに行くようになったのは小学三年の頃だったと思う。当時から観光客の多い賑やかな通りにあり、お店の前を行き交う人々を眺めるとなく眺めながら過ごすのは、そういえば、いまのわたしの毎日とほとんど同じだ。

斜向かいのN書店の様子もよく眺めていた。表にまで溢れんばかりに本が積み上がっている、昔ながらの古本屋だ。少なくとも小学生のわたしにはそう見えていたが、自分がこうして古本屋になってから、当時のことを知っている年長のお客さんに話を聞いてみると、おおよそはその印象に間違いはないようだった。

なんとなく子供が入ってはいけない場所のような気がして、中に足を踏み入れたことは一度もなかったが、自分にとっては最初に記憶している古本屋の姿なのだ。

ゆきちゃんとは中学も高校も違ったので、それからずっと疎遠になっていた。蟲文庫がいまの場所に移転してきた頃から、お互いの様子は風の噂でそれとなく知っていて、「ゆきちゃん、お店を継いだみたいだな」「みほちゃん、本町に引っ越してきたんだ」と思いあっていたようなのだが、小学校卒業以来、年賀状のやりとりすらしていなかったので、わざわざ訪ねて行くということはなかった。お互いの店（仕事場）が近すぎ、営業時間もかぶっているため、意外と立ち寄りづらいということもある。

それが一昨年の春、いつもなら蟲文庫の開店時間ぎりぎりに自転車で通りすぎるだけなのに、その時はぎっくり腰の治りかけだったため、早めの時間に、ゆっくり、ゆっくりとそのお店の前を歩いていた。すると、白い暖簾の向こうに、ゆきちゃんらしき女性の姿がみえた。もう何十年も顔を合わせていないけれど、たぶんそうだろうと思った。

思いきって中に入ると「いらっしゃいませ」と声をかけられた。もちろんわたしだとは気がつかない。こちらも、いざ面と向かってみると、ちょっと自信がな

小さな逸話のひとつひとつが、本や書店にまつわる記憶を刺激してくる。[P.277]

なってきた。「ゆきちゃんて、姉妹いたっけ」などと考えながら、「あの、Tさん？」とまずは名字で尋ねてみた。ちなみに彼女の名字はかなり珍しい。

ゆきちゃんは「あ、父ですか？」とお父さんに用事がある人かと思ったようで、そう尋ね返された。そこで「ええっと、あの、ゆきちゃん？」と今度は、かつての呼び慣れた愛称で尋ねた。

すると「あっ！　田中のみほちゃん！　うわー！ひさしぶりー！」と気がついてくれた。やはり彼女だった。奥にいた旦那さんを呼んで紹介してくれた。「たぶん、三十年ぶりかな。ずっと気になってたんだけど、なかなかきっかけがなくてね」と言いあいながら三人で笑った。なんと、わたしが書いた本も何冊か買って読んでくれているということだった。

それからしばらく当時の思い出話をしたり、他の同級生の消息を報告しあったりしているうちに、ふと
「そういえば、みほちゃんに聞きたいことがあったんよ。みほちゃんのお店、夏葉社っていう出版社の本、置いてない？」と、思いも寄らないことを尋ねられた。雑誌などで紹介記事を読んだらしいのだが、「岡山に置いてるところがあるかどうかもわからなくて」ということだった。

「あるよ、何冊もある」と返事をした。数年前から、「夏葉社」や「港の人」の本などを少しずつ新刊で扱いはじめていた。

それからしばらくして店を訪ねてきてくれた。そして「そうそう、この本」と彼女が手に取ったのは、『昔日の客』だった。

かつて東京の大森にあった古書店「山王書房」の店主、関口良雄さんが、文学や古本への思い、親交のあった文学者などについて書かれたもので、長らく

「幻」とまでいわれていた本だ。わたしもずっと読みたいと思っていた。それが二〇一〇年に夏葉社から復刊された。

子供の頃、ゆきちゃんと本の話をしたことがあったかどうか、まったく思い出せない。わたしよりもはるかに勉強も運動もよくできる、明るく活発でやさしい性格の女の子だった。いまもほぼその雰囲気のままだ。賑やかな通りの商店主がよく似合う。

「じゃあまたね」と手を振ってから、ゆきちゃんと『昔日の客』との取り合わせを少し意外に感じつつ、ぼんやりとしているうちに、「あ、そうか」と思った。彼女こそ幼い頃からずっと古本屋を眺め、親しんで育った人だったのだ。

三十年ぶりの再会に、子供の頃のふたりの古本屋の記憶も関わっていたことに気がついて、少しじんとした。

あれ以来、お店の前を通りかかり、タイミングがあえば「おはよう」と声をかけあうようになった。近所の商店主同士、相変わらずゆっくりと話す機会はないけれど。今度ぜひ、当時のN書店の思い出を聞いてみたいと思っている。

蟲の字

古本-21

「こちらは蟲文庫さんといって、古本屋さんです。店主さんが〝本の虫〟だから、この名前なんですよ」と年配のボランティアガイドの女性が観光のお客さんに説明している。また、二階の漆喰格子を指さして「この窓、すごいでしょ。これは〝虫籠《むしこ》窓《まど》〟といいます。ここの蟲文庫さん、たぶんこの窓からとった名前ですよ」と言っているのが聞こえてくることもある。

古い本の特性であるが、手頃で安価なタイムマシーンとなりうるのだ。[P.157]

どちらも違うのだけれど、いちいち訂正しない。いや、本当はしたいのだが、そもそもこの屋号にたいした意味はないので、表に飛び出して行って「それ、違います」と言ったあとの、肝心の理由がそれほどはっきりと説明出来ないのだ。「これは単に虫が三つ並んだ字面が気に入ったからつけただけなんです」などと気の抜けたことを言われたって、聞かされたほうも反応に困るだろう。

「蟲」という文字の印象が強いせいだからなのか、店名の由来を聞かれたり、話題にされたりすることはとても多い。

それから、「蟲」の字が読めないという方も珍しくない。学校で習わないから当然といえば当然だ。表から「虫三つでなんだっけ?」「むしむしむし」や「こおろぎ（蜻）」や「せみ（蝉）」や「かに（蟹）」など、あてずっぽうにいろいろと言ってみているのがよく聞こえてくる。『蟲師』という有名な漫画でこの文字をご存知であるばかりに、「むししぶんこ」と惜しい読みをされる方も多い。また、「うごめき（蠢）」「こ（蠱）」など、たしかに字面は似ているけれど「いくらなんでもそれは」と思うような不気味きわまる屋号にされることもある。先日は「虫三つで古本と読むの?」という斬新な発想が聞こえてきて驚いた。

いよいよ「なんて読むんですか?」と尋ねられ、「これは旧字で」と正しい読みを答えると、たいていは「え?　ただのむし?　むしぶんこ?」とがっかりされるのだ。気持ちはわからないでもないけれど。

そういえば以前、店の向かいに住んでおられた釧路生まれのTさんというおじいさんは、小学校の時にこの三つ書く「蟲」の字で習ったと言われていた。生きておられたら百歳を超える方だ。たしかに、昭和二十年代くらいまでの図鑑などには「昆蟲」と書かれているものが多い。ただ、ずっと音読みの「ちゅう」だと思い込んでおられたので、Tさんからはいつも「ちゅうぶんこ」と呼ばれていた。

大正時代に出された『大字典』には、

「「虫」⑴キ　マムシ、虺ト同ジ⑵チュウ　ヂュ　蟲ト同ジ　ムシ　字源　象形。説文に一名蝮、博三寸首大如擘指象其臥形物之微細、或行或飛或毛或贏或介或鱗以虫爲象と注す。マムシの臥したる形を象る、ムシには種類多けれど皆虫を以つて其代表とす。又䖵は蟲の總名、蟲は足あるムシと注すれど現今は䖵は用ひず、虫は音義共に忘れられて專ら蟲と同音義に用ふ。虫は他の字の扁となる時、虫扁（むしへん）といふ。」

とある。

「虫」はマムシを指す象形文字で、「キ」と読んでいた。それを三つ合わせた「蟲」のほうは「チュウ」と読み、足のない虫をさす「豸〈チ〉」に対して足のあるものをさす文字だった。また、「虫」を二つ並べた「䖵」という字もあって、これは「コン」と読んでいたが、やがてその「昆虫の総称」という意味に「蟲」の字があてられるようになったため、忘れられてしまった。また、「蟲」は画数が多く場所もとるため、省画されて「虫」の字が代用されるようになり、それにつれてこの字本来の意味や音も消えてしまった、ということらしい。

明治四十一年の『漢和大辞林』には、「人類、禽獣魚以外の生き物の総称」というふうな記述もある。その他諸々といったところか。

また、これも明治期の『同意語二十萬辞典』には「甲蟲長」という言葉が出てくるのだが、これはカメのことを指す。この語の元になったのは中国古典にある「甲蟲三百六十而神龜爲之長」で、「甲蟲には三百

読書をしていても、知らない固有名詞が頻出すると、なかなか頭に入ってこない。[P.270]

六十種あり、神亀はその長である」というくらいの意味だ。これは『和漢三才圖會』に書かれている。

先ほども書いたように、蟲文庫という店の名前は、なんとなく「蟲」の字面が気に入ってつけたものだ。特に意味はなかった。けれど、こうしてあらためて考えてみると、なかなかよく似合った名前をつけたものだと思う。

そういえば、わたしは亀を数匹飼育しており、亀についての著書もあるためか、「甲蟲の長」たる亀の生きたのも置物もつぎつぎと集まってくる。もしかしたらこれは屋号のせいもあるのかもしれない、とこうして書いていて気がついた。

いまの自分なら、きっとこんな屋号にはしないだろうと思う。でも、蟲文庫にしてほんとによかったなとも思っている。これもなんとなくなのだけれど、無意識のほうからやってきた名前のような気がしている。

読み虫類書肆虫のなかの特別な能力を持った虫で、真理子虫(Mariko insect)と命名されている。[p.029]

町の本屋

書店-24

S書房、N書店、E書店、A文社、H書房……。

わたしが高校生だった頃までは、倉敷駅前の商業地区だけで六、七軒の個人経営の新刊書店があった。それがいまでは、古くから教科書を扱っている一軒だけになってしまっている。

そしていつのまにか、蟲文庫を「古本屋」というよりは「町中にある、本が買える店」として覗いて行かれる方が増えてきた。

郊外のショッピングモールの中には大きな書店があり、わたしも目指す新刊がある時には、まずそこへ行ってみる。ただ、生活圏が駅周辺で、基本の移動手段が徒歩か自転車という人にとっては、なかなか遠い場所なのだ。

そこで、「ちょっと何か読むものを」という時に「図書館か蟲文庫へ」となるようだ。

長年、地域で「変わった店」とか「変な人」などと怪しまれてきた古本屋だけに、それに気がついた時にはおおいに驚いた。そして「なんだか〝普通のお店〟みたい」とうれしくなった。

そういえば数年前から、交流のある著者のものや小規模出版の本を中心に新刊も少し扱うようになったせいで、「大型書店では見つけられなかった」とか「インターネットで調べたら、県内で扱っているのは蟲文庫だけだった」という方が訪ねて来られるようにもなった。そしてきまって「お店のことは前から知っていたんですけど、来るのは初めてです」と言われる。最近では、ある出版社の新刊が出ると、必ず覗いてくださる方もおられる。

新刊をきっかけに来られるようになった方の中には、古本も新刊もまんべんなく見て買われる方もあれば、いつも新刊だけという方もある。また、わたしの店で扱っている新刊は、古本や古本屋好きの人との相性が良いことが多いので、以前からのお客さんが「ここに来たら、ついでに買えるから助かるわ」と喜んでくださることもある。もちろん、新刊には目もくれない、という方だって珍しくはないけれど、以前よりもいろいろなタイプの方が本を求めて覗いて行かれるようになったことは確かだ。

少し前まで、新刊の一般的な流通経路である取次を通さずに仕入れることは、とても難しかった。いままでも、特に大手などはそうだ。けれど最近では、こういった零細個人商店への、取次を通さない「直販」を積

そのころ、私の町には本屋が二軒しかなかった。三十年あまり昔のことである。[P086]

極的に行う出版社もずいぶん増えてきた。「直販」とは、出版社から、個人や個人商店などに直接卸売をすることだ。たしかに直販を行うのは、かなり手間のかかることだと思う。でも、そうのんびりしたことも言っていられなくなっている、本の世界の差し迫った事情のせいもあるのだろう。いまでは、新刊も置いているカフェや雑貨屋なども珍しくはなくなった。

とはいえ、最低発注数が決められていて、しかも買切り（返品不可）という、なかなか厳しい条件の場合が多い。しかも新刊の利益率は低いので、一冊でも売れ残ったり、汚損したり、万引きにあったりすれば、もうそれだけでマイナスになることだってある。

それでも、やはり店に並べておきたいな、と思う本と縁があるのなら仕入れたい。ただし、その時どきの店の経済事情で無理な場合も少なくないのだけれど。

わたしは、時間や空間が複雑に行き交っているような地味で埃まみれのこの古本屋の仕事が好きで、やはりどこまでも古本屋でありたいと思っている。でも、この店がいくらかでも「町の本屋」として機能できるなら、それはとても幸せなことだろう。町の本屋は一軒でも多いほうがいい。

オカザキフルホンコゾウムシ

【キンイツ科】 *Onajihon Nandodemokau Bakadeii*

野球場内にあった古本屋街

格上げ本

白い本・黒い本

古本の埃

ビニカバ

自装本

豪華本・限定本

本のページを開く日

編集者

単行本

「本の虫」名言集

本の運命

読書の守護神

本とつきあう法

野球場内にあった古本屋街

古本-22

いま、大阪・南海電鉄「なんば駅」南に隣接して、巨大な建物「なんばパークス」がある。レストラン、ショップ、シネコンなどを内蔵する複合型商業施設で、二〇〇三年に開業した。その前、ここに建っていたのは何か？　若い方なら想像もつかないことだろう。南海ホークス（現・福岡ソフトバンクホークス）というプロ野球の球団が本拠地とする野球場があったのだ。

その名も「大阪スタヂアム」（通称「大阪球場」）。戦後まもない一九五〇年秋に完成。まわりはまだ、戦災で焦土と化し、バラック仕立ての家がようやく建ち始めた頃だから、その鉄筋コンクリートの威容は「昭和の大阪城」と呼ばれたという。

そして、ここからが商都・大阪らしいところだが、大阪一の繁華街にある球場という立地条件を見逃さず、球場観客席下にテナントを入れ、副収入を得ることを考えたのである。どんな店が入ったかは、ウィキペディア等で確認していただきたいが、驚くべきは、ここに一九八〇年にできたのがなんと古書街。「大阪球場なんばん古書街」は、百八十坪に十四店を集める一大古書街であった。

一九九八年の球場閉場とともに姿を消したのだが、野球場内にある古書街というのはおそらく世界広しといえどもここだけ。頭上では野球の試合、下には何万冊という古本が売られている。なんともファンタスティックな光景であった。私は大阪ミナミへ行くたび、ここでよく古本漁りをした。時折、夢にまで出てくるほど、たまらなく懐かしい。

当時、心斎橋筋には書店が軒を連ねておりました。［P.183］

格上げ本

古本-23

かつて、というのは三十年から四十年ぐらい前、古本屋で岩波書店の刊行物が幅を利かせていた時代があって、文庫でも岩波文庫は特別扱いであった。現在のように、一冊ごとに定価がつく、というのではなく、星の数の表示で値段が決められていた。つまり刷り直さなくても、星一つの価格を上げれば、それで値上げができたのである。控えおろう！　と、文庫の殿様であった。「岩波文庫あります」という表示を、看板にわざわざ大書する店もあったくらい、岩波文庫の有無(質量)が、その店のステイタスとなっていた。

　現在、岩波文庫にそれほどの格はない。とって代わって、古本屋が大事に扱う文庫と言えば、講談社文芸文庫ではないか。右肩下がりで威光を失う「純文学」を、ほとんど孤塁で守る叢書である。一九八八年四月創刊だから、歴史はもう三十年にもなる。

　創刊から五百点ぐらいまでは、品切を出さない方針でいたが、その後そうもいかなくなり、現在では、これまで積みあげた出版点数の半分以上が品切のはずだ。たまに、書目においては復刊や、「ワイド判」(サイズも本文文字も大きい)というかたちで出し直したりもするが、ほんの一部で入手困難なものも多い。

　菊地信義デザインによるカバーを含むフォーマット、「人と作品」「解説」「年譜」、それに「著書目録」など、巻末資料を充実させることで、文庫は単行本の二次使用というイメージと差別化を図って成功した。文庫と名乗っているが、新しい意識による文芸叢書という位置づけがされ、その証拠に、ずっと定価を高めに設定されてきた。現在、千五百円〜千七百円という価格帯が主流で、これは単行本並みの値段である。

ある全集叢書には特定の、きわめて入手しにくい巻があって、それが欠けていると値段が廉くなる。[P.262]

すでに「せどり」はA店で安く買った本をB店で高く売る「転売」を意味する言葉になっていた。[P256]

仲のいい書店員の話によると、これは文庫だからという意識で、三冊ぐらい選んで、客がレジへ行き、「全部で四千いくらです」と聞いてたじろぐ場面があるそうだ。まさか、文庫がそんなに高いとは思ってもみないのだろう。

というわけで、古本屋でも売価は高止まりで、よほどのことがない限り、店頭の均一台に並ぶこともない。業者市でも人気アイテムとなり、高値で入札され（いったい、あんなに高く買って、いくらで売るつもりだろう）、驚くこともあるそうである。品切書目においては、元の定価より高くつくこともしばしばである。桐山襲《かさね》『未葬の時』（一九九九年）など、早くに品切となり、定価より高くつけた店があって驚いたことがある。元の単行本は古本屋の店頭で百円で買えても、講談社文芸文庫では半額以下にならないのもよくある話。

井伏鱒二、木山捷平、尾崎一雄、上林暁《かんばやしあかつき》、庄野潤三、小沼丹《おぬまたん》など、地味な私小説系の作家を優遇したのが特徴で、女性作家では幸田文、白洲正子などは、講談社文芸文庫に揃うことで殿堂入りした観がある。吉田健一人気なども、この文庫が支えたと言える。

本棚にどれだけ講談社文芸文庫が並んでいるか。これが今や、古本屋の格を作ると言っていい。私なども、知らない店へ入って、講談社文芸文庫がたくさんあると「おおっ！」と思う。その逆も然り、である。

白い本・黒い本

古本-24

古書の世界で、「黒っぽい本」「白っぽい本」と呼ばれる区分けがある。ブックオフなどで扱われる、わりあい新しめの本が「白」で、五十年以上前に出て全体に変色した本が「黒」である。しかし、ここでは別の話をする。

書店(古書店)へ入ってすぐ、パッとそこが白っぽく見える一角がよくある。たいてい、そこには学術書、専門書など人文関係の本が並んでいる。みすず書房が代表的だが、東大、法政大、慶應大などの大学出版会、青土社、平凡社、白水社などでも硬い内容の本の背は白いことが多い。それらは、集中して並べられるため「白」っぽく見えるのだ。部数が少ないこともあり、総じて定価も古書価も高めに設定されている。

みすず書房の創業者・小尾俊人《おびとしと》は、自社の出版物を自ら装幀したことで知られているが、白い簡素なデザインのカバーを多用したことについて「読書子の生活空間のなかの清々しく爽やかな部分でありたい」と言ったそうだ。読書人にみすず書房のファンが多いのは、こうした創業者の理念が、白い背によく象徴されているからだろう。


逆に「黒」のイメージがあるのは、現代思潮社の本、あるいは埴谷雄高の一連の著作。表紙を黒くするというのは、全体のパーセンテージからするとあまり多くないから、目立つということはある。埴谷雄高は、『死霊』を始め、「黒」(ないし濃い灰色)が似合う作家だった。『死霊』は、戦後文学最大の問題作と言っていいが、長らく文庫化はされなかった。講談社文芸文庫に入ったときはさすが、と思ったら、やっぱりカバーは黒だった。

古本の埃

古本-25

東京・目黒に古くからある古本屋「弘南堂」を訪ねた時のこと。入店記念にとにかく一冊買いたいと、文庫本を選んで帳場へ運んだ。「そのままで(包まなくて

必ず白いページの向こうから　手を握り返してくる[P322]

毎日本が入荷し毎日本棚を触っているにもかかわらず、いつのまにか堆積してゆく埃は悩みの種です。[P047]

いいです)」と私が言うと、高齢の店主が「そうですか」と答え、片手に持った本を、空いた方の手で軽く二三度、パンパンと叩いた。新しめの出版物で、埃はついていないようだったが、昔気質の店主はよくそうするのだと、話には聞いていた。それを目の前で見られたのだ。

　書店員の必需品に「ハタキ」があって、本についた埃を落とすのだ。とくに古本屋にある本は、滞留時間が長いから、ときどきハタキをかける店主の姿を見かけたものだった。作業としては、埃を除去するためだが、何か、店主が自慢の蔵書に命を吹き込んでいるようにも見えたのだ。

　今や読む者は少ないが、島木健作（一九〇三〜四五年）は共産主義からの転向作家で、一九三七年に出した『生活の探究』（河出書房）はベストセラーとなった。左翼思想者の一斉弾圧事件で獄中に入り、仮釈放後、本郷で古書店を経営していた兄の世話になる。その時の体験を生かした短編が「煙」（一九四一年）で、古書店経営の裏側まで書かれた珍品である。

　小説では、主人公・耕吉が本郷の叔父の古書店を手伝っているという設定。そこに次のような記述がある。その頃（昭和初年）、英文学の学生たちに人気のある作家はハックスレイやローレンス。モロッコ皮張りで美しい装幀のディッケンズ全集は売れない。「片隅から取り出して来て、塵をはたいて、いくら人目につくところにならべておいても売れるということは少なかった」。やっぱり塵をはたいている。

　横田順彌は、もとはSF作家であったが、古典SFの研究から古書を漁りだし、ついに明治、大正の資料探索にハマって、どちらが本業がわからなくなった。新しい古書買いの視点を提示し、われわれ後輩たちも大いなる影響を受けた。『古本探偵の冒険』（学陽文庫、一九九八年）は、そんな涙ぐましい古書漁りに一喜一憂する泥沼の日々をつづった本。

そこに「江口書店のこと」という一文がある。店主亡き後、妹さんが後を継いで今も東京・三宿にある小さな古本屋さんのことだ。ここは営業時間も短く、「お世辞にもきれいとはいえない」店で入りにくい。横田もバスでこの前を何度も通りかかりながら入ったことはなかった。ある夜、灯りがついているので思い立って入ってみたら、「中も汚い。本棚もあちこちがすきまだらけで、本にもほこりが積もっている。／（だめだな、これは……）」と思いつつ、本棚を見たら、ここが垂涎本の宝庫であった。昭和四十三年刊の『日本三球人』を始め、昭和五十年『日本スポーツ創世記』など、横田が蒐集する近代の野球史資料が次々と、こともなげに並んでいて、しかも「価格を見ると安い！」。

野球解説で最初にスターとなった小西得郎の『したいざんまい』（実業之日本社、一九五七年）は、「この半年ほどずっと探していた本」だった。これも「江口」にはある。ためらわず脇に抱え込んだ。その後がいい。「ほこりまみれだったが、そんなことは問題ではない。ほこりは、はたけば落ちる」

いいこと言うなあ。本の埃を吸って死んだ者はいない。そうとも、本の埃は古本についた勲章だ。

ビニカバ

苦悩-17

「本の虫」および蔵書家にとっての大敵は、火、水、そして妻（もちろん男性の場合）と言われているが、もう一ついけないのは「ビニールカバー」（以下ビニカバと略）だろう。最近こそ、新刊書でカバーの上からさ

わたしは、時間や空間が複雑に行き交っているような地味で埃まみれのこの古本屋の仕事が好きで、やはりどこまでも古本屋でありたいと思っている。［P.308］

どこの書店のカバーだろうとよく見てみたら、それは新聞に挟まれている不動産広告のチラシでした。[P046]

らにビニールを巻いた装幀は見かけなくなったが、かつては横行していた。すぐ思い出すのは中央公論社で、七〇年代ぐらいまで、多くの書籍にビニカバがかかっていた。中学時代に読み始めた庄司薫の『赤頭巾ちゃん気をつけて』四部作、北杜夫の『どくとるマンボウ』シリーズなども、すべてビニカバ仕様であった。手近なところで探すと、晶文社のバタイユ『青空』（一九六八年）、二見書房『チビっ子猛語録』（一九七二年）、ブロンズ社『歌謡詩集　及川恒平』（一九七二年）などはビニカバ装幀だ。晶文社で言えば、『植草甚一スクラップブック』も、すべてビニカバがかかっていた。

　これ、何がダメって、高温多湿の日本の住居環境においては、本棚に並べた場合、隣りの本のカバーとべったりくっついてしまうことがある。取り出すと、一緒に付いてきて、剝がそうとすると、ビニカバに隣りの本の表紙が貼り付いたまま破れてくっつく。思わず「わあ」と声が出る。最悪である。

　そのほかにも、経年でビニールが劣化し、変色したり、縮んで角のところが裂ける、あるいは本体のサイズと合わなくなるため、表紙が反ったりすることもある。まったく、困ったものである。丸谷才一が書いたベストセラー『文章読本』（一九七七年）も中央公論社刊で、ビニカバがかかっている。どこかで書いていたが、丸谷は、このビニカバが嫌い。ビニカバの手触りが、読書する気分を害するという趣旨ではなかったか。そのため、『文章読本』の帯には「著者から――」として「ビニール・カバーをはづしてから読んで下さい」と断り書きがある。こんなの、珍しい。

　しかしどうだろう。ずいぶんよく売れたから、その後、古本屋でもよく見かけたが、わざわざビニカバをはずした『文章読本』にお目にかかった記憶がない。元のままの体裁でないと、古本屋が引取りたがらないという事情もあるだろう。私が所持する『文章読本』は初版だが、ビニカバの上部の角が割れてしまっている。

ビニールを巻くというのは、もちろん本体保護の意味がある。ある時代までは、高級感が出るというプラス面もあったろう。古本屋の棚で、ビニカバの背が、まっ茶色になった本がよくあったが、あれは煙草のヤニである。長年の喫煙で、燻されたように、煙草のヤニがべったり塗り重ねられてしまったわけだ。

あれが同様に肺の壁に付着していると想像すると恐しくなり、禁煙しようと思ったものだった。ただ、中性洗剤を水で薄めて、ティッシュなどに含ませて拭くと、わりあいキレイになるし、あまりに変色が甚だしい場合は、思い切って剝がしてしまう。ビニカバのおかげで、本体はきれいなのである。唯一の長所かもしれない。

古本屋によっては、透明なポリプロピレンを、商品に巻いているところもある。これはたしかに、本が美しく見える。ビニカバのようには、ほかの本とくっついたりもしない。

ヘビースモーカーの書棚にあったとすぐに分かる「かうばしい」本にも、かつては、しばしば出会ったものです。[P025]

自装本

偏愛-16

フランスでは、革の表紙にくるまれた豪華な本が書棚を占める光景をよく見ることがある。かの国では「薄い一枚続きの紙で中身をくるんだだけの〈仮とじ本〉を買い、アンカットのページを自分で切り開きながら読み、読み終わったものを蔵書として個人的に革装本に仕立てさせるという習慣は、20世紀に入っても続いていたし、現在でも文学書の多くは仮とじ本のまま売られている」（平凡社『世界大百科事典』）のだ。

日本の文芸書は、最初っから布製本体であったり、花布《はなぎれ》がついていたり、函入りだったり、それなりに工芸的完成品であるから、そのまま流通している場合が多い。それでもときに、買った本を仕立て直して、フランス流に「自装」した本を古本屋、古本市で見かけることがある。面白いと思ったものは買って、私も何冊か持っている。

文庫はある意味「仮とじ本」に近いから、「自装」意欲が増すらしく、布表紙でくるんだり、函入りにしたのを見かけて、これも何冊か持っている。カルチャーセンターなどで、文庫を手芸感覚で製本し直す教室が開かれて、けっこう人気があるようだ。私が所持している丸山健二『雨のドラゴン』は、黒っぽい写真を貼った函に、布背の継ぎ表紙の本体という凝りに凝った一冊で、惚れ惚れするというか開いた口がふさがらないというか……。もとは角川文庫の『雨のドラゴン』と『穴と海』二冊。この表紙を剥がし合体させている。もとの表紙の題字を切り取って、貼付けるなど、とにかく手が込んでいる。

しかし、作った人の個性が強過ぎて、買って自分の本になったのだが、どこか他人の本という気がして、あまり愛着は持てない。私は、もう少し手前で、穏便に「自装」することがある。旧・河出書房で「市民文庫」という文庫判の叢書が出ていて、そのうちの一冊、山本健吉編『上林曉集』は大学時代に手に入れ、ずっと大切に持っている。表紙は取れ、背は割れ、悲惨な状態になったのを、「丸善」の文庫カバーをつけて、背に自筆で「上林曉集　河出市民文庫」と題字を入れた。こうなるともう捨てられない。市販品だが、ちょっと手を加えてカスタマイズすることで、「自装本」に近くなる。そうすることで、誰でも持っている本でも、世に一冊という本に化ける。

単行本でも文庫でも、購入した新刊書店の包装紙カバーをそのままはずさずに使い、保存しているケースはよくある。本体の保護にもなるし、どの書店で買ったかの記録にもなる。そして、たいてい背にタイトルや著者名を自筆で入れている。

故・串田孫一の蔵書が大量に古書市場に流れたことがあって、一部を古本市で見た。文庫にすべて新刊書店の包装カバーがかかり、背に万年筆でタイトルが書かれてあった。こうなると中身はどうでもいい。串田孫一自装と言いたくなる一冊（海外文学でタイトルは忘れた）を、買ったことがある。

古本屋の均一台で、わざとカバーなしのちくま文庫を買ってきて、表紙にイラストを入れて彩色するのも私の「自装」の楽しみ。中野重治『本とつきあう法』、『内田百閒集成3 冥途』、吉田健一訳のイブリン・ウォー『ブライヅヘッドふたたび』、吉本隆明『源実朝』などに、私が描いたイラスト入りの「自装本」。百冊溜ったら、どこかで展示したい。

書店ではおなじみのブックカバー、「書皮」とはよく言ったもので、くるりと巻かれた姿はまるで衣服を身にまとったようです。[P.045]

豪華本・限定本

偏愛-17

世の中には、贅と粋を凝らしつくした、宝石箱のような本がある。古書店でも鍵のかかったガラスのショーケースに鎮座しているような本である。価格もウン十万円とかする。高橋啓介『珍本古書』（保育社カラーブックス、一九八七年）には、そんな豪華本・限定本が、カラー写真入りで麗々しく紹介されている。興味のある方は、ぜひ御覧いただきたい。カラーブックス・シリーズ自体、文庫判の写真百科で楽しい書目が多い。なかでも人気がこの一冊で、珍しく古書価（千円〜三千円ぐらい）がついている。

いくつか例を挙げておく。人間国宝の染色家・芹沢銈介『絵本どんきほうて』は、昭和十一年開板、限定七十五部。「限定本の中でも最も人気のある珠玉の一冊であり、珍本中の珍本」と著者の調子も高い。ある古書サイトでは、百八十万円の値がついていた。

「武井武雄刊本作品」は、「童画家・版画家の権威武井武雄が、昭和十年五月に『十二支絵本』という書名の小型本を、新宿三越における玩具小手工芸品展覧会の賛助出品として頒布された」。以後、会員のみに限定で、四十年以上にわたり、「素晴らしい美術工芸品とも言い得る本」が生み出され続けた。「印刷様式に、用紙に、あるいは装本」を凝りに凝った小型本。別に民芸調の木製の収納箱まで作られている。現在、古書価は一冊、五千円から数万円を超えるものもある。

　本と言っても「紙」だけではない。羊皮紙、コルク、鉄、ガラス、陶板などなど、あらゆる素材が表紙に使われている。斎藤昌三『当世豆本の話』（青園荘、一九四六年）には、なんと乾《ほし》海苔が張られているという。お腹が空いたら、どうぞお食べ下さい。

羊皮紙は何にもまして瓶の蓋にぴったりだった。[P.208]

ついでだから、「珍しいものを嵌め込んだ本」も紹介しておく。酒井徳男『趣味と人生』（水曜荘文庫、一九七〇年）には「手鏡」。同じ著者の『蒐集物語』（青園社、一九六六年）には「刀の鍔」。長岡博男『日本の眼鏡』（東峰書房、一九六七年）にはタイトル通り「眼鏡」。辻本勇『富本憲吉と大和』（リーチ、一九七〇年）には、帙《ちつ》に富本憲吉作の陶板が埋め込まれている。

　見ている分には楽しいし、面白い。『珍本古書』を久しぶりに、パラパラめくっていて、『不謹慎な宝石』（国際文献刊行会、一九二九年）という三方小口マーブル染めで表紙にガラスを張った本を、京都の「中井書房」さんを取材した時、「こんなものがありますよ」と見せてもらったことを思い出した。落としたら大変と緊張したものである。

　ところで、かなりの「本の虫」である私だが、そのような、将来困ったら売って換金できるような本は一冊も持っていない。経済的に持てなかったし、やや踏み込んで言えば、持とうとしなかった、という方が近いか。「ちくま文庫」を立ち上げた、元筑摩書房の編集者・松田哲夫が、自著の中で次のように書いているのに、大いに同意した。「でも、本当にやせ我慢ではなくて、ぼくは限定品の豪華本や稀覯本には、それほど興味がない。それよりも、世の中に流通している普通のたたずまいの本に惹きつけられるのだ。深窓の令嬢や絶世の美女よりも、市井にいる庶民的で活発な娘さんに親しみを覚えるようなものか」（『「本」に恋して』新潮社、二〇〇六年）。

　もともと「深窓の令嬢や絶世の美女」には、私など縁がないもんな。

本のページを開く日

読書-21

扉、窓、そして本
どれも手で開く
開いて初めて　外の世界と触れる
世界はあなたを待っている
自分の手を動かして得る外気だ

本を読む行為は
最初のページをめくるドキドキ感から始まる
何千何万冊の本と出会っても
最初のドキドキはいつも同じ
それも開かないと始まらない

友だちがいない　できないと嘆く若者がいる

そのへんにざらに転がつていないからこそ、掘り出し物、というのかも知れぬ。が、本当はいつも、掘り出し物は、全く手近にあることが多い。[p.078]

本は友だちなんだと考えてみよう
いつもキミのそばにいて待っている
急がせない　脅かさない　裏切らない
そして　こちらから手を伸ばすと
必ず白いページの向こうから
手を握り返してくる

楽しい話を聞かせてくれたり
知らなかったことを教えてくれたり
行けない場所へ連れていってくれたり
時間を遡ることだってお手のものだ

本を味方につけよう
声に出して読んで
本と話してみよう
手で包んで　触って

ずっと読んで来た本は、私のきょうだいみたいなものだからね。[P.124]

大切にしてあげよう
あなたに最初のページをめくられることを
本は息を潜めて待っている
本が友だちでよかったと思える日が必ずくる
外の世界なんか少しも怖くない
読書はつまり　生きることと同じ行為なんだ

編集者

出版-16

一冊の本の成り立ちを知らない人は、本はほぼ百パーセント、著者によるもので、ほんの少しそこに、編集者や装幀者、校正者、印刷所などの助力が添えられていると思っていないか。三十冊以上の本を世に送り出した著者としての私の経験から言えば、本が書店に並ぶまでの自分の力はせいぜい五十パーセントぐらいと考えている。あとはみなさんのおかげ。

とくに私の場合、編集者の協力が大きい。企画を出して、編集会議で無事通って、原稿のやりとりをして（ときに催促も）、それをどうアレンジして（章分け、図版の入れ方、ときに小見出しをつけて等々）一冊の本に仕立てるかは、多く編集者に頼っている。妊婦と助産婦、という関係がいちばんわかりやすいかも知れない。事実、入稿や編集作業がトラブル続きで、仕上がりまで苦労すると、よく「難産でしたね」と言う。

だから、多くの本の末尾にある「あとがき」を読むと、たいてい最後に編集者への感謝の言葉で終わっている。世に言う名作の多くの陰に、名編集者が存在することを、ちょっと出版に興味を持ち始めたなら、誰でもすぐに気づくだろう。

私が晶文社から『雑談王——岡崎武志バラエティ・ブック』（二〇〇八年）というエッセイや評論の混ざった本を出した際、担当して下さったのは島崎勉さんだが、『小野二郎著作集』、早川義夫『ぼくは本屋のおやじさん』、レイ・ブラッドベリ『さよなら僕の夏』等々を手がけた名編集者として、その名を知っていたので感激した。黒子に徹して、奥付にも名前を出さない（たまにクレジットされることもある）編集者の存在が気になり始めると、本の味わい方が濃くなるのだ。

私は編集者が退職後に、さまざまな作家との関わりを書いた回想記が好きで、けっこう集めている。舞台裏、というのはいつも面白いものだ。詩書出版の書肆ユリイカを作った伊達得夫『詩人たち　ユリイカ抄』（平凡社ライブラリー、二〇〇五年）、長井勝一『「ガロ」編集長——私の戦後マンガ出版史』（ちくま文庫、一九八七年）、などは現在でも入手可能だし、名著だと思う。文芸誌編集者で言えば、戦後長らく『新潮』を担当した野平健一は、太宰治との深い関わりを『矢来町半世

大工さんは何枚も何枚も設計図を引き直し、材料を仕入れ、切ったり削ったりして、一軒の家を建てる。編集者はどこか大工さんに似ている。[P.023]

かけだしのころの寺田博が編集長にその疑問をぶつけると、即座に「良い作品は必ず売れる」という答えが返ってきた。[P095]

紀――太宰さん三島さんのこと、その他』（新潮社、一九九二年）に記した。講談社『群像』には、「鬼」が冠についた大久保房男の『文士と文壇』（講談社、一九七〇年）、三島由紀夫及び女流作家がこぞって信頼を寄せた松本道子『風の道――編集者40年の思い出』（ノラブックス、一九八五年）なども、ぜひ見つけ出して読んでほしい。編集者という仕事への見方が変わるはずだ。

川島勝も『群像』の編集者。寺田博『時代を創った編集者101』（新書館、二〇〇三年）でも「多芸でユニークな「生涯一編集者」」として取り上げられている。同著によれば、川島はマメで面倒見が良く、「旧知の芥川比呂志が死ぬと、その七回忌には東京会館での偲ぶ会の準備に奔走するばかりか、写真集を編纂し、上梓までした」（執筆・大村彦次郎）。そのほか、作家の集まりの世話役を手弁当で任じ、「あさって会」（埴谷雄高ほか）は、十数年間つき合ったという。その川島が書いた『井伏鱒二――サヨナラダケガ人生』（文春文庫、一九九七年）は、編集者の領分を超えて、井伏に近づき慕った純情ぶりが描かれ何とも好ましい。

私が接した中では『海』『マリ・クレール』を独自のカラーで塗り替えた安原顯が印象深い。毀誉褒貶あった人だが、話していて真性の本好きであることが伝わって来た。その一点で、私はこの編集者を信用した。

単行本

習性-18

非常に基本的な出版用語でも、知られていないことが多くて、人と話していてとまどうことがある。文庫と新書の区別がついていないのはよくある話で、新書、新書と言うけど、途中からそれは、新刊書の話をしているのだと気づくこともある。いや、出版社の名前なんて、かなりの大手でも知らないですよ、みんな。

単行本が文庫化される。その際、単行本は文庫に対して「元本《もとぼん》」と呼ばれる場合がある。テキストは同じでも、姿かたちを変えれば、名前も変わる。単行本で買っていて、それが文庫化されたら、やっぱり文庫の方も欲しい。これはよくありますね。逆に、文庫で読んでいたのを、古本屋などで「元本」（単行本）を見つけて、へえ、こんなんだったのか、と欲しくなることもある。くり返すがテキストは基本、同じ。それでも欲しくなる、というあたりから「本の虫」が、頭に巣食い始める。

私の場合、文庫で先に読んで、あとで古本屋で元本を見つけて買うことはよくある。やっぱり、単行本は造本、装幀を含め、そのたたずまいが一冊いっさつ違っている。手近にある本で言えば、倉橋由美子『夢の浮橋』なんかもそうだ。最初に読んだのは中公文庫で、その華やかで典雅な時間と空間の描き方と、危険水域の男女関係を描いて、トップクラスの日本文学である。嵐山、嵯峨野が登場するからとくに京都在住の方にはおすすめ。

くり返すが、最初は文庫で読んで感動し、そのあと単行本（中央公論社、一九七一年）を見つけ、これは欲しいとダブリを承知でずいぶん前に買った。四六判よりやや横幅が狭い変型で、灰色の函入り。背に明朝活字で著者名、タイトル、版元の文字が入り、表に白井《しらい》晟一《せいいち》による筆文字で中央に白抜きで掲げられている。まことにシンプルだが印象的で、函は強固に作られているため、本体の出し入れはしやすい。

本体を引き抜くと、グラシン紙（半透明の薄い紙）でくるんだクリーム色の簡易フランス装の表紙が現れる。五十年近く経過しているにも関わらず、新品に近い状

別に単行本は四六判の一段組で作らなければいけないというルールはない。もっとデタラメでいい。[P091]

数年前から、わたしは巻数の多い漫画をこれ以上買い続けることができなくなり、悩んだ末に電子書籍を利用するようになった。[P.275]

態で、いつ本文が現れるかドキドキしながらページをめくることになる。本文活字は中央公論社がよく使った三陽社の明朝体。旧かな正字である。

なんというか、本文にたどりつくまでのプロセスが、厳かで、邪魔は一切なく、静かな廊下を歩いて行く気分になる。これは文庫では味わえない。もちろん作品理解に、文庫も単行本もその差はない。電子書籍でだって、感動は変わらないと思う。しかしやっぱり私は倉橋由美子『夢の浮橋』は、単行本で読みたいな。できれば京都で読みたいな。

二〇一七年の某紙投稿欄に、二十三歳の女子大学生が「スマホ使用時間　長くても当然」と題して書いている。世の「スマホ中毒」への批判に対し、「スマホの用途の多様さ」を主張し、好きな小説も童話も新聞もちゃんとスマホで読んでいる。日常でも「スマホの便利さで助かったことが何度もあります」「使用時間が長くなるのも当然です」と言うのだ。いや、いいですよ、別に。どんどんやって下さい。あなたのような人が今や主流なんですから。ただ私は、それでも『夢の浮橋』は紙の本、と呟いて死んで行く。

「本の虫」名言集

列伝-13

本が好きになると、本について書かれた本も好きになる。書肆・出版史、読書論（エッセイ）、編集者の回想、書評集の類が、わが書庫では分散しているが、拾い集めれば本棚五、六本分はあるか。そんな中から、いまパッと背表紙で「本」「読書」関係のタイトルが入ったものを手元に引き寄せてきた。そこから「読書」「本」についての名言を紹介したいと思う。気に入った言葉があったら、本体も読んで下さい。

そんな不遇とおもわれるような時期であっても、詩や本を手あたりしだいに読み続け、いつの日か自分は書くだろうという予感を持ち続けた。[P087]

　群ようこ『生きる読書』（角川oneテーマ21、二〇〇〇年）で、著者は図書館との関わりについて書いている。「私は毎月本も買うが、図書館もよく利用する」というのは私と同じ。あまりに蔵書が増え過ぎて「本は図書館で済ます」と決意したこともあった」が無理だった。やっぱり欲しい本は手元に置いておきたい。その気持ちをこんなふうに書く。

「私は読みたいとなると、すぐ読まなければ気が済まないタイプで、だだをこねる子供のように、「読みたーい、やだやだやだ、今じゃなくちゃいやだあ」といいたくなる」

　図書館で人気本を予約して、順番待ちが半年後で、待っていられる人が信じられないのである。これも私と同じ。

「狐」というペンネームで、「日刊ゲンダイ」という夕刊紙に、毎週八百字ほどの書評を二十二年余りも書き続けた人がいる。選ぶ本の目と精度の高さ、背後に感じられる高い教養、短い文の中に盛り込まれた読みと鑑賞の確かさに、世の読書人たちは大いに驚いたのであった。やがて、私立大学図書館司書を本職とし、本名・山村修だと知られ、本名でも続々と著作を出し始めた。

『〈狐〉が選んだ入門書』（ちくま新書、二〇〇六年）は本名を明かした最初の一冊で、言葉、古典、歴史、思想史、美術の各分野における極めつけの本を紹介している。三十年に及ぶ勤め人生活の折々に、さまざまな困難にぶつかった時、氏がすることは読書だった。

「しかし、本がある。どんなときにも読書というものがある。本好きはそれを救いとすることができます。むずかしい局面に立たされたとき、なにもその局面に直接的に関係する本をさがして読むこともありません。なんでもいい、いま自分がいちばん読みたい本を読む

地元に本屋がなかったという若いスタッフの一人は「移動図書館ひまわり号」を利用していたと言います。[P.240]

のがいいのです」

私事ではあるが、この本が出た時、一読感動して著者インタビューを申込んだ。しかし、すでに山村は深刻な闘病中で直接面会が叶わず、メールのやりとりで取材原稿を書いた。それでも、私は敬愛する人と対話ができてうれしかった。それからまもなく、二〇〇六年八月十四日、「狐」こと山村修は死去した。享年五十六。

鎌倉幸子は東日本大震災後に立ち上げられた、被災者に本を届ける移動図書館プロジェクトの中心人物。命がもっとも大事。しかし、その後、「心の回復」のために、本という存在がいかに大事か、思い知るのだ。その思いを書いた『走れ！　移動図書館――本でよりそう復興支援』（ちくまプリマー新書、二〇一四年）にこうある。

「本を選ぶのは人です。しかし本が、その本を読まなければいけない人を選んでいるのではないか、と思える出会いがありました」

本の運命

列伝-14

『本の運命』（文芸春秋、一九九七年）は井上ひさしの著作のタイトル。「本の虫」と呼ぶにふさわしい人物による、本にまつわる話題満載のエッセイ集である。本好きなら一人一冊常備したい。要約が難しいので、帯の解説文を引いておく。

「本のお陰で戦争を生き延び、闇屋となって神田に通い、図書館の本を全部読む誓いをたて、（寮の本を失敬したことも、本のために家が壊れたこともあったけれど）本と共に生きてきた井上ひさしさんの半生と、十三万冊の蔵書が繰り広げる壮大な物語」

初出は『本の話』に一九九六年に全七回で連載。その後単行本になり、現在文春文庫で入手可能。第三章「井上流本の読み方十箇条」の巻にある見出しを挙げれば「本は書き込み、赤線だらけ」「整理するから忘れるのです」「いかに早く読むか」「ノリと鋏は読書の必需品」「ついに床がぬける」「戯曲を読む楽しみ」とある。

井上流読書術の要諦は、買った本は、徹底的に自分のものにしてしまうことにある。「面白いと思ったら赤鉛筆で、線を引く」というのはその一例。本に線を引いてしまうと、古本屋へ売却する際、「本の値段は悲劇的に下落する」と注意書きがある。忌むべきことと通常されている。しかし、井上は、本から栄養分を思う存分吸い取って、血肉にするつもりなので、その後のことは考えない。私もけっこう本に線を引く方で、線を思う存分引くために、わざわざもう一冊買ったりもする。

面白いのは、この『本の運命』が私の部屋ですぐに見当たらず、やむなく行きつけの古本屋の店頭均一で百円で見つけたのを買ったのだが、前の持主は井上の教えに従って、線を引いている。ただし、赤鉛筆ではなく赤いボールペン。「中公版『世界の歴史』」という個所に引かれているが、なぜここに？　おそらく私ならその前、「もう一度その本を読むときに、線を引いたところを読むだけで、大事なところがわかる」をチェックする。

前の持主が線を引いたかどうか、いちいちチェックせずに買うので、ときにあとで開いて気づいて「あちゃあ」と落胆することもあるが、他人がどう読んだかわかる利点もある。私はもうその本を次に古本屋へ売却することを諦め、思う存分線を引く。これはこれで快感である。これもまた『本の運命』なのだ。

私自身は祖父母の薫陶のおかげか、本を汚すのを恐れるタチで、踏むのはおろか書き込みすらも出来ない人間なのですが……。［P041］

たまに最後の最後、「あとがき」や参考文献一覧にまで熱心に引いてあるものもある。[P.112]

『本の運命』について驚くべき話も披瀝されている。「小説を書くようになってしばらくたった頃のこと」、アメリカの大学に留学している日本人の学生から手紙が来た。そこに「アイオワ大学の図書館に、井上さん所有の漱石全集があります」と言う。岩波の漱石全集は、戦後間もなく出た版から、次々と新版へと編集し直されている。井上は新版が出た際、旧版を処分した。それが流れ流れてアメリカの大学へ売却されたらしい。

なぜ、井上所有だとわかったか。「僕は本を買うと、大切だと思うものには蔵書印を押したり、手に入れた日付を書き込んだりしますが、それがそっくりそのまま」残されていたからだ。蔵書印、買った日付や氏名の書き込みもまた、古本屋で「悲劇的に下落」する条件になるが、もし井上がそれを守っていたら、このドラマは生まれなかった。

読書の守護神

読書-22

倉本聰のテレビドラマ『風のガーデン』にこんなシーンがある。姉とイングリッシュガーデンを育て管理する、知的障害のある少年・岳（神木隆之介）が、ある日ガーデンで思いがけない人物とばったり出会う。それは生き別れた父・貞美（中井貴一）であったが、岳はそれを知らず、日頃、自分を守る大天使・ガブリエル様だと思いこむ。余命いくばくもない貞美も、その誤解を誤解そのままで息子と秘かに交流し始める。誰の身にも、人知れず、守護天使が背後にいて、加護を与えているものだ。

私は、なんとなく十六歳の夏に早くして逝った父親（享年四十二）が、自分のことを守ってくれていると、都合よく考えている。進退窮まって立ち尽す時、深く絶望しこの世を呪う時、「お父さん、ぼくを守って下さい」と秘かに祈るのだ。

読書の世界においては、私の場合、庄野潤三が守護天使だ。これまで、職業柄（書評家、古本ライターを名乗る）数限りない作家や作品を読んでは、ときに紹介を務めてきたが、正直言って、世評は高いがピンと来ない作品、古典と言われながら何が書いてあるかわからない難解な本、どうも気が合わない作家とも出会って来た。すべてがすべて、腑に落ちて面白いということはありえないのだ。

この本を面白いと思えないのは、自分の方に非がある。自分の読みが浅い、あるいは鑑賞眼に難があるのかも知れないと、少し気弱になる日もある。しかし、そんな時は庄野潤三のことを思う。いやいや、何を言ってるんだ。代表作『夕べの雲』を始め、庄野さんの作品なら、ドンピシャ、少しも狂いなく、いつも自分の胸を深く撃つではないか。

自分は間違っていない。自分の読む力を疑ってはならない。そう思い直すことができるのは、庄野潤三という、早くに私を深く捉えて離さない作家がいるからだ。いつでも庄野潤三へ帰って行けばいい。そう思えるからだ。こんなに間違いない基準はない。

庄野潤三と読者としての私の関わりは、自分で編んだ『親子の時間——庄野潤三小説撰集』（夏葉社、二〇一四年）ほかでくわしく書いたからくり返さない。二〇〇九年九月に逝去した庄野潤三は、長く生田丘陵の上に建てた家に住んでいた（『夕べの雲』の舞台）。私が結婚して、最初に住んだのが川崎市多摩区宿河原という町で、西側に小高い生田緑地がこんもりと視界を遮っていた。まだ向ヶ丘遊園という遊園地があった頃で、大きな観覧車がカラカラ回っていた。

庄野潤三は、その丘陵地を一つ越えた山の上に住ん

長年、読書していると、何度となく壁にぶつかる。［P.278］

でいた。そのことを知っていた私は、とても畏れ多くて訪ねることをしなかったが、「この丘の向こうに庄野さんがいる」と思い、それだけで勇気づけられて来たのである。

　夏葉社の依頼で『親子の時間』という庄野潤三の家族小説を編むことになって、思いがけず、庄野さんがいない庄野家を訪ね、ご遺族と言葉を交わす光栄に浴した。その後、夫人の千寿子さんは亡くなられたが、まるで庄野潤三の作品そのままの一家に接して、私の中の守護神ぶりは、ますます存在が大きくなっている。私が思い描く自分の晩年は、書評も、本の紹介もしなくていい身分になったら、庄野さんの作品だけを身の回りに置いて、何度も何度も最初から、読み返し読み継ぐことだ。怖いものなど、もう何もない。

本とつきあう法

読書-23

一日一、二時間はかならず本を読む。どんな本でも、読む。酒をのんで、ベロンベロンに酔っぱらって帰宅して、それでも、読む。[P080]

『本とつきあう法』は、中野重治の本にまつわる文章を集めた一冊である。一九七五年に筑摩叢書に入り、八七年にちくま文庫で甦った。新聞や雑誌に依頼された、さまざまな読書体験、本の思い出、書評などが収録されていて、結果的に、まさしく「本とつきあう法」について書かれた本になっている。

　標題作となった一編では、「読むことの楽しさ」が獄中体験から語られる。非合法活動で検挙された中野は、一九二八年春に仲間（「相棒」と中野は書く）と二人、香川県善通寺の留置所に入れられる。退屈する二人に、巡査が親切で雑誌を差し入れてくれた。中野はその一冊を二つに割って、相手に渡した。「それから取りかえて二人は広告の文字まで残さずに読んだ」という。

それは「二人腹ぺこでいるところへ握り飯が一つはいってきて、いきなりそれをぱっと二つに割ってそれぞれに食い、それから、指についた米つぶ」まで食べるようなことであった。読むことは、食べることと「肉体的に似ている」。

また、石井桃子の『子どもの図書館』（岩波新書、一九六五年）に書かれた文章を引用している。こんな文章だ。「私は、この本を書くにあたって、「これからの子どもは、いままでの子どもにくらべて、本を読まなくていいのか、または、本を読まなければいけないのか」という点では、「読まなければいけない」という立場をとりました」。

中野はこの文章に感心する。内容はもちろん、それ以上に「石井のこの書き方、そのいさぎいい書きざま、その美しさに賛成する」というのだ。私などは、中野の「いさぎいい書き方」にも感心するのだ。文章と心が一つになった好例だと思う。

近頃は、「本を読まなければいけない」というのは建て前としては聞こえがよく、反対する人も少ないだろうが、実質は形骸化し、水道より井戸の水の方が甘くて美味しいというのと変わらなくなっている。しかし、「読まなければいけない」と、なおも主張することが、やっぱり大切なのだ。石井も中野も、そのことを実践した人だった。

さらに、この本で感動的なのは、解説の澤地久枝が明かす中野の執筆者としての態度。澤地は中野の没後、妻の原泉から、夫妻の書簡集『愛しき者へ』（中央公論社、一九八三年）をまとめる仕事をまかされた。その過程で知りえたこと。中野は「原稿の初出時の間違いを、再度の全集編纂のときにも、もとの間違いのままおかれていた」というのだ。

初出の原稿執筆時での間違いは誰でもある。単行本

ライターの読書は、たいていの読者がやめてしまうところから始まる。つまり、予想もつかない新しいことを探究し、調査するのがライターの読書なのだ。［P097］

すべての人々ののっぴきならない生き様の果てに成立する一冊。それを書物という。[P.028]

化や、全集へ再収録する際に、指摘された間違いの個所は直す。初出に当たらない限り、間違った事実は消える。しかし、中野は赤字で文章に手を入れることをしなかった。本書でも補注に、「博文館は東京朝日新聞社の誤りである」と正しはするが、本文は元のまま。「間違えたそのことを大切にするきびしさが中野さんの文学者としての資質の根底にあった」と澤地は書く。「顔を見たこともなくからだをさわったこともない人間に、一生この人にしたがって歩いて行こうと私が思い定めることになりかねぬあの関係」とあるのは、中野が考える著作者と読者の関係である。読書は娯楽としての一面を兼ねながら、ときに人の一生を決める大きな体験ともなることを『本とつきあう法』は教えてくれている。

プロフィール

林　哲夫　はやし・てつお

1955年香川県生まれ。画家。武蔵野美術大学卒業。書物雑誌『sumus』を編集。著書に『喫茶店の時代』(編集工房ノア)、『古本屋を怒らせる方法』(白水社)他。装幀の仕事として『書影でたどる関西の出版100』(創元社)、『書影の森――筑摩書房の装幀1940–2014』『花森安治装釘集成』(みずのわ出版)他を手がける。

能邨陽子　のむら・ようこ

1969年石川県生まれ。書店員。京都・恵文社一乗寺店で1998年より勤務。一貫してパートタイマーのまま書籍全般をゆるやかに担当。現在は仕事量を減らしつつ細く長く勤務中。たまに文芸リトルプレス『ぽかん』などに参加。

荻原魚雷　おぎはら・ぎょらい

1969年三重県鈴鹿市生まれ。1989年、大学在学中からフリーライターとして書評、コラムの執筆をはじめ、現在に至る。本の蒐集ジャンルは、私小説、アメリカのコラム、野球、将棋、釣り、家事など。著書に『古本暮らし』『閑な読書人』(晶文社)、『活字と自活』『書生の処世』『日常学事始』(本の雑誌社)、『本と怠け者』(ちくま文庫)。編著に『吉行淳之介ベスト・エッセイ』(ちくま文庫)、梅崎春生『怠惰の美徳』(中公文庫)がある。

田中美穂　たなか・みほ

1972年岡山県倉敷市生まれ。同市内の古本屋「蟲文庫」店主。1994年開業、2000年に移転、現在にいたる。著書に『わたしの小さな古本屋』(ちくま文庫)、『苔とあるく』『亀のひみつ』『星とくらす』(WAVE出版)、『ときめくコケ図鑑』(山と渓谷社)、編著に『胞子文学名作選』(港の人)などがある。

岡崎武志　おかざき・たけし

1957年大阪府生まれ。立命館大学二部人文学部卒。1990年春に上京、編集者を経てライターに。書評、古本関係を専門に雑誌、新聞などで執筆。『文庫本雑学ノート』(ダイヤモンド社)で単著デビュー。代表的な著書に『女子の古本屋』(ちくま文庫)、『読書の腕前』(光文社知恵の森文庫)、『古本道入門』(中公文庫)、『気まぐれ古書店紀行』(工作舎)、『ここが私の東京』(扶桑社)、『気がついたら本ばかり読んでいた』(原書房)などがある。

赤井稚佳　あかい・ちか

イラストレーター。大阪市生まれ。京都市在住。第9回HBファイルコンペ大賞(藤枝リュウジ賞)他受賞。雑誌「Coyote」のブックイラストレーションで注目を集める。新聞・雑誌の挿絵やエッセーなど、エディトリアル分野を中心に活躍。書籍の装画は、沢木耕太郎著『246』、宮本輝著『三千枚の金貨』『真夜中の手紙』、夏井いつき著『伊月集　龍』など多数。著書に『Bookworm House & Other Assorted Book Illustrations』(誠光社)がある。

本の索引

『本の虫の本』に登場する書物は、
その数なんと400冊以上！
ムシたちの血肉となった一冊を、
あなたもぜひ手にとってみては。

あ

『アウラ』カルロス・フエンテス……207
『青空』バタイユ……316
『赤頭巾ちゃん気をつけて』庄司薫……316
『悪女』大下宇陀兒……034, 035
『芥川龍之介全集』……207, 214
『あこがれ』石川啄木……213
『穴と海』丸山健二……318
『アホウドリにあいにいった』阿奈井文彦……103
『雨のドラゴン』丸山健二……318
『雨の日はソファで散歩』種村季弘……085
『雨降りだからミステリーでも勉強しよう』植草甚一……084
『アメリカ・コラムニスト全集』……263
『あるきながら　たべながら』串田孫一……074, 075

い

『異郷の景色』西江雅之……084
『生きる読書』群ようこ……327
『伊豆の踊子』川端康成……141
『一握の砂』石川啄木……214
『一万十秒物語』倉多江美……151
『いつも夢中になったり飽きてしまったり』植草甚一……166, 193
『移動図書館ひまわり号』前川恒雄……240
『愛しき者へ』中野重治……333
『いどの中』岸田今日子 編……149
『井伏鱒二——サヨナラダケガ人生』川島勝……324
『井伏鱒二対談集』……028
『言わせてもらえば』アンナ・クィンドレン……272
『鷗外全集』……262
『印刷事典』日本印刷学会 編……191
『インポテンツ』野坂昭如……034, 035

う

『植草甚一スクラップブック』シリーズ、植草甚一……316
『失われた時を求めて』プルースト……017–019, 130, 161
『嘘つき』ヘンリー・ジェイムズ……034, 035
『内田百閒』…………123, 125
『ウは宇宙船のウ』萩尾望都……151

え

『映画暦 day cinema 1986』四方田犬彦、鈴木一誌、稲川方人 編……154, 164
『エディトリアルデザイン事始——編集制作のための造本科学』松本八郎……200
『江戸団扇』大庭柯公……181
『エピクロスの園』アナトール・フランス……014
『絵本どんきほうて』芹沢銈介……319
『エマ』ジェイン・オースティン……032

お

『黄金分割』柳亮……195
『大阪繁昌詩』田中金峰……183, 184
『お楽しみはこれからだ——映画の名セリフ』シリーズ、和田誠……139
『小野二郎著作集』……323
『おばけどり』アレクセイ・ニコラエヴィチ・トルストイ……061, 167
『親子の時間——庄野潤三小説撰集』岡崎武志 編……331, 332
『折々のうた』大岡信……131
『オルノーコ 美しい浮気女』アフラ・ベイン……017

か

『絵画の彼岸』マックス・エルンスト……209
『回想の百鬼園先生』平山三郎……123
『海底軍艦』押川春浪……091
『快楽としてのミステリー』丸谷才一……147
『梶井基次郎全集』…132
『画商の想い出』アンブロワーズ・ヴォラール……181
『ガストン・ガリマール——フランス出版の半世紀』ピエール・アスリーヌ……019
『風に吹かれて』パトリシア・ハイスミス……045
『風のうた』サンドバーグ……152, 153, 170
『風の道——編集者40年の思い出』松本道子……324
『活版印刷発達史——東京築地活版製造所の果たした役割』板倉雅宣……198
『活用自在 くずし字字典』くずし字字典編纂委員会 編……035
『カフカ短篇集』……048
『歌謡詩集』及川恒平……316
『ガリマールの家——ある物語風のクロニクル』井上究一郎……019
『カルメル修道会に入ろうとしたある少女の夢』マックス・エルンスト……209
『瓦礫の中』吉田健一……094

『「ガロ」編集長——私の戦後マンガ出版史』
長井勝一……323
『上林曉集』……173, 318
『漢和大辭林』郁文舎編輯所 編……305
き
『絆——不肖の息子から不肖の息子たちへ』
石ノ森章太郎……080
『北園町九十三番地——天野忠さんのこと』
山田稔……054, 175
『喫茶店まで歩いて3分20秒』阿奈井文彦……
102, 165
『ギッシング短篇集』……048, 168
『〈狐〉が選んだ入門書』山村修……327
『逆まわりの世界』P・K・ディック……181
『木山捷平全集』……123, 125, 171
『旧新約聖書』……179
『郷玩』酒井徳男……078
『霧と影』水上勉……143
『今世名家文鈔』月性 編……198, 200
く
『愚雑俎』田宮仲宣……211
『くじ』シャーリィ・ジャクスン……248
『グッド・ガール、バッド・ガール』アンナ・クィンドレン……273
『「暮しの手帖」とわたし』大橋鎭子……22
『クルアーン(コーラン)』……180
『訓蒙要言故事』宮川道達……211
け
『毛皮を着たヴィーナス』L・ザッヘル=マゾッホ……36, 37
『けちん坊』十返肇……034, 035
『結婚式のメンバー』カーソン・マッカラーズ……138
『源氏物語』……204, 205
『現代日本文学全集』……263
こ
『校閲ガール』宮木あや子……023
『高円寺純情商店街』ねじめ正一……142
『好古日録』藤原貞幹……199
『香泉遺稿』……184, 185
『高慢と偏見』ジェイン・オースティン……032
『黄葉夕陽村舎詩』菅茶山……200
『コーヒーもう一杯』山川直人……251
『古今聖歌集』古今聖歌集改訂委員会 編……
191
『こけし人形の話』酒井徳男……078
『苔とあるく』田中美穂……295, 296
『語源をさぐる』新村出……205
『こころの遠近』勝本清一郎……214
『心残りは…』池部良……144, 145
『古書街を歩く』紀田順一郎……262
『誤植読本』高橋輝次 編著……053, 054, 201
『古書店地図帖』図書新聞社 編……256, 262
『古書道楽』水曜荘主人……078
『古書の見方・買い方——収集のポイントと利殖の秘訣』松本謙治……256
『今年の秋』正宗白鳥……082
『子どもの図書館』石井桃子……333
『子どもは40000回質問する——あなたの人生を創る「好奇心」の驚くべき力』イアン・レズリー……270
『この星の忘れられない本屋の話』ヘンリー・ヒッチングズ 編……225
『コルシア書店の仲間たち』須賀敦子……242
『金色夜叉』尾崎紅葉……141
『こんにゃく横丁』奥野信太郎……070
さ
『雑学人生のすすめ——これで世界が面白くなる!』河原淳……172, 254
『作家の家——創作の現場を訪ねて』フランチェスカ・プレモリ=ドルーレ文、エリカ・レナード写真……022, 023
『作家の猫』コロナ・ブックス編集部 編……227
『作家の値段』出久根達郎……258
『作家のペンネーム辞典』佐川章……100, 101
『殺人は面白い《僕のミステリ・マップ》』田村隆一……092
『雑談王——岡崎武志バラエティ・ブック』岡崎武志……323
『サド侯爵の手紙』マルキ・ド・サド……037
『さよなら僕の夏』レイ・ブラッドベリ……323
『山月記・李陵 他九篇』中島敦……056
『三四郎』夏目漱石……016
『サンドバーグ詩集』……152
『山陽詩鈔』……200
し
『シェイクスピア全集』……118
『シカゴ詩集』カール・サンドバーグ……152
『四十二行聖書』……195
『詩集 ぼくの博物誌』玉置保巳……019
『詩人たち ユリイカ抄』伊達得夫……323
『慈善週間または七大元素』マックス・エルンスト……209
『したいざんまい』小西得郎……315
『時代を創った編集者101』寺田博……324
『下着は嘘をつかない——アンディ・ルーニーの「男の枕草子」』アンディ・ルーニー……076
『実歴 阿房列車先生』平山三郎……123

『字統』白川静……203, 205
『支那閨房秘史』渋川玄耳……186
『渋江抽斎』森鷗外……212
『事物はじまりの物語／旅行鞄のなか』吉村昭……195
『詩篇』……179
『紙魚繁昌記――魯庵随筆』内田魯庵……014
『詩めくり』谷川俊太郎……154
『詩めぐり』谷川俊太郎……154
『邪宗門』北原白秋……213, 259
『蒐集物語』酒井徳男……078, 320
『十二支絵本』武井武雄……320
『宿命の壁』黒岩松次郎……101
『出版事典』出版事典編集委員会 編……189, 197
『出版年鑑』出版年鑑編集部 編……216
『樹皮・葉でわかる樹木図鑑』菱山忠三郎 監修……203
『趣味と人生』酒井徳男……078, 320
『趣味馬鹿半代記』酒井徳男……078, 079 169
『書誌学辞典』植村長三郎……198
『書誌学の回廊』林望……209
『書藪巡歴』林望……189
『書店員あるある』書店員あるある研究会、菊地秀規……030
『書店員　波山個間子』黒谷知也……043
『書店主フィクリーのものがたり』ガブリエル・ゼヴィン……019
『書物の喜劇』ラート＝ヴェーグ・イシュトヴァーン……014, 179, 201, 209
『書物の敵』庄司浅水……266, 267
『書物之賦』酒井徳男……078
『シルヴェストル・ボナールの罪』アナトール・フランス……218
『死霊』埴谷雄高……313
『新　折々のうた』大岡信……131
『新人作家はなぜ認められない――作家の不遇時代考』長野祐二……098
『新選古語辞典』中田祝夫 編……028
す
『図説　本と人の歴史事典』高宮利行……205
『素敵な活字中毒者』椎名誠 選、日本ペンクラブ 編……028
『隅っこの昭和――モノが語るあの頃』出久根達郎……077
せ
『生か、死か』マイケル・ロボサム……162
『生活の探究』島木健作……314
『井月句集』復本一郎 編……151
『聖書』……178–181, 270
『性的精神病理』クラフト＝エビング……037
『世界大百科事典』平凡社 編……317
『昔日の客』関口良雄……163, 302, 303
『説得』ジェイン・オースティン……032
『せどり男爵数奇譚』梶山季之……256
『Seven Stories High』アン・キャロル・ムーアほか……240
そ
『装丁ノート』栃折久美子……235
『装丁問答』長友啓典……193
『其日の話』大庭柯公……181
た
『大字典』上田萬年、岡田正之、飯嶋忠夫、榮田猛猪、飯田傳一 編……305
『大東京オアシス散歩』大畠達司……158
『第二愛の詩集』室生犀星……028
『大菩薩峠』中里介山……130
『啄木・ローマ字日記』石川啄木……214
『橘曙覧遺稿志濃夫廼舎歌集』井手今滋 編……188
『橘曙覧歌集』藤井乙男 編……188
『玉勝間』本居宣長……013
『卵をめぐる祖父の戦争』デイヴィッド・ベニオフ……147, 148
『田村隆一 ミステリーの料理事典――探偵小説を楽しむガイドブック』田村隆一……092
『丹下左膳』林不忘……100
『煖爐棚上陳列品一覧』谷川俊太郎 編……149
ち
『小さな町にて』野呂邦暢……086
『地上の星座』牧逸馬……100
『乳と卵』川上未映子……028
『父の帽子』森茉莉……218
『チビっ子猛語録』ソレン・ハンセン……316
『中国行きのスローボート』村上春樹……147
『長春五馬路』木山捷平……298
『チリ交列伝――古新聞・古雑誌、そして古本』伊藤昭久……265
『珍本古書』高橋啓介……319, 320
て
『テキサス無宿』谷譲次……100
『鉄道ひとつばなし』原武史……142
『天才！ 成功する人々の法則』マルコム・グラッドウェル……270
『点と線』松本清張……142–144
と
『同意語二十萬辭典』津村清史 編……305

『当世豆本の話』斎藤昌三……320
『動物園』真鍋博……058, 176
『動物園の珍しい動物』金関寿夫 編……149
『ドーナツブックス』いしいひさいち……130
『読書家の散歩』春山行夫……193
『読書の歴史——あるいは読者の歴史』アルベルト・マングェル……023, 032, 034
『どくとるマンボウ』シリーズ、北杜夫……316
『ドストエフスキイの生活』小林秀雄……181
『徳利』酒井徳男……078
『とっておきの本の話』紀田順一郎……134
『トットのピクチャーブック』黒柳徹子……133
『とひとひ雨あがり』浜田義一郎 編……149
『富本憲吉と大和』辻本勇……320
な
『内藤湖南全集』……289
『夏のおわりのト短調』大島弓子……050
『七いろの人生』村松梢風……293
『南蛮更紗』新村出……293
に
『日記の中の散歩』串田孫一……074
『日本三球人』五十公野清一……315
『日本釈名』貝原益軒……211
『日本随筆大成』……262
『日本スポーツ創世記』遊津孟……315
『日本の喜劇人』小林信彦……133
『日本のZINEについて知ってることすべて——同人誌、ミニコミ、リトルプレス 自主制作出版史1960〜2010年代』野中モモ、ばるぼら……244
『日本のブックカバー』書皮友好協会 監修……047
『日本の眼鏡』長岡博男……320
『日本のライト・ヴァース』シリーズ……149
ね
『猫との対話』渡部義通……211
『猫の古典文学誌——鈴の音が聞こえる』田中貴子……293
の
『野』木山捷平……299
『ノーサンガー・アビー』ジェイン・オースティン……032
『暢気眼鏡』尾崎一雄……098
『ノンフィクションの書き方』ヘイズ・B・ジェイコブズ……096
は
『破戒』島崎藤村……098
『馬鹿一』武者小路実篤……034, 035
『博士の本棚』小川洋子……023
『白痴』ドストエフスキー……034, 035
『走れ！ 移動図書館——本でよりそう復興支援』鎌倉幸子……328
『バラカン平原のアザミ』パナイト・イストラティ……026
『パラノイア創造史』荒俣宏……035
『はるかな町』三木卓……276, 277
『阪急電車』有川浩……142
ひ
『ビジネスエリートの新論語』司馬遼太郎……101
『一つの秘密』正宗白鳥……083
『一箱古本市の歩きかた』南陀楼綾繁……218, 220
『一人三人全集』……100
『ひとり日和』青山七恵……142
『百頭女』マックス・エルンスト……209
『百鬼園寫眞帖』内田百閒……123
『百鬼園先生と目白三平』中村武志……123
『百鬼園先生よもやま話』平山三郎……123
『百鬼園の手紙』平山三郎……123
『昼間の酒宴』寺田博……094
ふ
『フィロビブロン——書物への愛』リチャード・ドベリー……182
『不謹慎な宝石』デニス・ディデロ……320
『覆醤集』石川丈山……208
『物類称呼』越谷吾山 編……211
『船の本』柳原良平……060, 061
『舟を編む』三浦しをん……207
『ブライヅヘッドふたたび』イブリン・ウォー……319
『仏蘭西文学』辰野隆……014
『プルーストとイカ——読書は脳をどのように変えるのか？』メアリアン・ウルフ……271
『古本蘊蓄』八木福次郎……259
『古本暮らし』荻原魚雷……221
『古本探偵の冒険』横田順彌……314
『古本デッサン帳』林哲夫……026
『古本便利帖』八木福次郎…………258, 259
『古本用語事典』久源太郎……265
『プレ・グーテンベルク時代——製紙・印刷・出版の黎明期』鈴木敏夫……198
『文庫本雑学ノート——文庫がボクをつかんで放さない』岡崎武志……136
『文士と文壇』大久保房男……324
『文章読本』丸谷才一……316, 317
『分別と多感』ジェイン・オースティン……032

へ
『平家物語』……203
『ペリカン嶋』渡辺修三……015
『ペルシャの幻術師』司馬遼太郎……101
『変!!』中島らも……054
『編集狂時代』松田哲夫……020
『ヘンな本あります——ぼくはオンライン古本屋のおやじさん2』北尾トロ……260
『返品のない月曜日——ボクの取次日記』井狩春男……041
ほ
『ぼくが読んだ面白い本・ダメな本そしてぼくの大量読書術・驚異の速読術』立花隆……017
『ぼくの読書法』植草甚一……088
『僕の名はアラム』ウィリアム・サローヤン……138
『ぼくはオンライン古本屋のおやじさん』北尾トロ……260
『ぼくは本屋のおやじさん』早川義夫……227, 323
『星の王子さま』サン=テグジュペリ……031, 032
『坊っちゃん』夏目漱石……141
『掘り出し物』水曜荘主人……078
『本が好き』安野光雅……146
『ボン書店の幻——モダニズム出版社の光と影』内堀弘……016
『本棚の歴史』ヘンリー・ペトロスキー……236, 237
『本とつきあう法』中野重治……319, 332, 334
『「本」に恋して』松田哲夫……321
『本の運命』井上ひさし……328-330
『本の虫——その生態と病理 絶滅から守るために』スティーヴン・ヤング……030
『本の問答300選』出版ニュース社編集部 編……266
『本の問答333選　付・出版界を築いた人々』出版ニュース社編集部 編……266
ま
『マイロのふしぎな冒険』ノートン・ジャスター……273
『魔群の通過』三島由紀夫……258, 259
『街の古本屋入門』志多三郎……284
『マネー・ボール』マイケル・ルイス……268, 269
『まほろ駅前多田便利軒』三浦しをん……141
『マラマッド短編集』……010
『マンスフィールド・パーク』ジェイン・オースティン……032
『万葉集』……203
み
『三島由紀夫——古本屋の書誌学』大場啓志……258
『未葬の時』桐山襲……312
『源実朝』吉本隆明……319
『宮崎市定全集』……289
『宮沢賢治全集』……251
『未来の世界』高木純一、岸田純之助……156
む
『むさし走査線』かんべむさし……090
『蟲師』漆原友紀……304
『無能の人』つげ義春……034, 035, 150, 151
『村上朝日堂』村上春樹、安西水丸……227
『村上柴田翻訳堂』シリーズ……138
め
『名言随筆　サラリーマン』福田定一……101
『明治世相編年辞典』朝倉治彦、稲村徹元 編……195
『冥途』内田百閒……319
も
『モースの見た日本　モース・コレクション［民具編］』小西四郎、田辺悟 構成……197
『モダン都市東京』海野弘……133
『モリス・レスモアとふしぎな空とぶ本』ウィリアム・ジョイス……207
や
『野獣死すべし』ニコラス・ブレイク……093
『山からお宝——本を読まずにはいられない人のために』南陀楼綾繁+積ん読プレス……072, 073
『闇のなかの黒い馬』埴谷雄高……180, 181
『矢来町半世紀——太宰さん三島さんのこと、その他』野平健一……323
ゆ
『夕べの雲』庄野潤三……331
『夢の浮橋』倉橋由美子……325, 326
『夢見る頃を過ぎても』中島梓……274
よ
『夜明け前』島崎藤村……141
『ヨコジュンのびっくりハウス』横田順彌……091
『よろこんでいきる　まいにちひふみん』加藤一二三……154
『読んでいない本について堂々と語る方法』ピエール・バイヤール……232, 233
ら
『落梅集』島崎藤村……214
『裸体と衣裳』三島由紀夫……258
『ランボー全詩集』……185

り
『陸游詩選』一海知義 編……211
『罹災日録』間島保夫……212
『竜の星座——内藤湖南のアジア的生涯』青江舜二郎……017
れ
『レオナルド・ダ・ビンチになりたかった』石森章太郎……080
『列女伝』劉向 編著……186
『レッド・ドラゴン』トマス・ハリス……179
『檸檬』梶井基次郎……132, 220
ろ
『朗読者』ベルンハルト・シュリンク……031, 032
『60年代の過ぎた朝』ジョーン・ディディオン……263
『ロング・グッドバイ』レイモンド・チャンドラー……035
わ
『若き日の詩人たちの肖像』堀田善衛……181
『吾輩は猫である』夏目漱石……026
『若者たちの神々』筑紫哲也……043
『和漢三才圖會』寺島良安……306
『忘れ得ぬ人々』辰野隆……038
『わたしの小さな古本屋』田中美穂……294
『和本入門——千年生きる書物の世界』橋口侯之介……196
『ワンダー植草・甚一ランド』植草甚一……056, 088, 089
雑誌・フリーペーパー
『美しい暮しの手帖』衣裳研究所……022
『海』中央公論社……094, 324
『AMP』(個人誌)……212
『えんぴつ』(同人誌)……099
『オール讀物』文藝春秋……101
『面白半分』面白半分……084
『海燕』福武書店……094
『海豹』(同人誌)……299
『学燈』丸善……013, 014
『ガロ』青林堂……264
『組紐・組物学会ニュースレター』組紐・組物学会……191
『群像』講談社……324
『月刊エディター』日本エディタースクール出版部……023
『現代』講談社……028
『作品』作品社……094
『something』サムシングプレス……013
『詩・現実』武蔵野書院……221
『新潮』新潮社……323
『すばる』集英社……094
『墨』芸術新聞社……199
『大学出版』大学出版部協会 編……028
『25才児の本箱』ブックギャラリー・ポポタム……230
『non・no』集英社……277
『美術手帖』美術出版社……193
『ヒトハコ』ビレッジプレス……219, 220
『復式スピン製造案内』(パンフレット)……190
『プルウスト研究』作品社……019
『プリンス通信』Omego Verlag……024
『文藝』河出書房新社……094
『彷書月刊』弘隆社……199
『本の雑誌』本の雑誌社……029
『本の話』文藝春秋……329
『マリ・クレール』中央公論社……324
『ユリイカ』青土社……094
『洋酒天国』(PR誌)壽屋……099
Esquire(エスクァイア), Hearst Magazines……096
Harper's Magazine(ハーパーズ), Harper & Brothers……096
La Nouvelle Revue Française(NRF), Éditions Gallimard……019
The New Yorker(ニューヨーカー), Condé Nast Publications……096
洋書
Bookshop Memories, Goerge Orwell……045
Early Moon(あたらしい月), Carl Sandburg……152
Estelle (エステル・ネモラン物語), Jean-Pierre Claris de Florian……217
Everyman, A.C.Cawlay……024
Golden Legend(黄金伝説), Jacobus de Voragine…………267
Histoire naturelle, générale et particulière, avec la description du Cabinet du roi(博物誌), Georges-Louis Leclerc, Comte de Buffon……036
La littérature de colportage, Claude Bonnefoy……218
Le voyageur françois, ou La connaissance de l'ancien et du nouveau monde(旅行者), Joseph de La Porte……036
Los días enmascarados(仮面の日々), Carlos Fuentes Macías……207
Phantom Tollbooth(ファントム・トールブース), Norton Juster……273
The Enemies of Books, William Blades……266
The Fantastic Flying Books of Mr. Morris Lessmore, William Joyce……174, 207
The Holy Bible……179
Wind Song(風のうた), Carl Sandburg……152

付録　ちょっとマニアックな用語集

文・ヘンシュウムシ

ソウテイ問題

古くから議論の絶えない問題で、「ブックデザイン」を漢字でどう表記するかですが、ある人は「装丁」、またある人は「装釘」、またまたある人は「装幀」を使い、いやいや「装訂」が本元なんだと主張する人もいます。「図書設計」「造本設計」「装幀意匠」「装本」などの表記を使う人もおり、いまだ決着のつかないところです。本書のなかでも著者それぞれに異なる表記をしていますし、引用元によってもバラバラです。電子書籍が普及した今日では、ネット上での見栄えと読みやすさも考慮したブックデザインをお願いすることも多くなりました。もしかしたら今後、新たな「ソウテイ」表記が生まれるかもしれません。……………………

縦中横

先の字を音で読み、後の字を訓で読む熟語を「重箱読み」と呼ぶのはよく知られています。「額縁」や「台所」などが有名ですね。実は「本屋」もそうですし、「本棚」だって音訓の重箱読みです。その逆は「湯桶読み」といって、「見本」や「夕刊」などがそうです。職業柄手放せない「手帳」も、しょっちゅう指示を入れる「太字」もそうです。

さて、「縦中横」。なんと読むでしょう。タテナカヨコ？　ジュウチュウオウ？　正解は「タテチュウヨコ」です。なんと「訓音訓」です。なんだこりゃ、ですよね。意味は縦書きの文章内で二文字か三文字の半角英数字を横並びにする組文字のことなのですが、このむりやり文字を横並びにする感じと、音（チュウ）を真ん中に訓（タテ）と訓（ヨコ）で挟んで読ませるむりやり感がシンクロしてる気がして、個人的にはちょっと気に入ってることばです。……………

ほんもん

本作りの現場では頻繁に飛び交うことば「ほんもん」。漢字で書けば「本文」。字面のとおり「ほんぶん」ページのことですが、制作現場では、本の主たる文章が書かれているページのことを「ほんもん」と言い、前付《まえつけ》（まえがきや目次など）や後付《あとづけ》（索引やあとがきなど）部分と区別します。たとえばこのようなやりとりが現場では聞こえてきます。「べっちょうとびらのあとにまえづけはっぺがきて、そのあとほんもんひゃくにじゅうはっぺがあってあとづけじゅうろっぺがきます」「はりこみやなげいれは？」「よんおれとごおれのあいだにペラのはりこみでなかとびらをいれます」「いろかずは？」「まえづけもあとづけもほんもんともがみでいってオールスミです」「ひょうしまわりのめんつけってどんなかんじですか？」「おびとべっちょうとびらとなかとびらはともがみにしますんでしゅうはんしてもらって、しろくのしさいにそれぞれ、にちょうづけでぎりぎりはいりますんで、それをさらにおくってもらってしろくのはんさいでにせんとおしです！」。この文章の意味がすぐ理解できる人は、別の意味でホンモンです。………………………………………

断裁・裁断

どちらも紙を切ることですが、印刷・製本の工程では「断裁」を使います。厳密な意味の違いがあるのかは分かりませんが、裁断は1枚ないし数枚の紙をはさみやカッターで裁ち切る、断裁は数十枚・数百枚の紙を重ねて大きな刃物で一気に切り落とすというイメージがあります。そういえば「裁断」は物事の善悪・適否を判断して決めること、という意味もありますね。やはり丹念に精査しながら刃を入れるという意味あいが強いのでしょうか。

ここまでは「なるほど」で済むはなしなのですが、ここからが冷や汗もの。書店で売れ残った本は当然返本として版元（出版社）に戻ってくるのですが、色々な事情があって、基本的には廃棄処分となります。また、動く見込みのない在庫となってしまった本も多くは廃棄処分となります（まれにゾッキ本として古書市場に流れます）。そのことを業界では「断裁」あるいは「断裁処理」と呼びます。出版社に勤めるものにとっては最も発したくないことばの一つであって、まるでホロコーストを指示するような気分に陥ります。処理方法も回転式の大型カッターでズタズタに切り裂いたり、ドロドロの液体になるまで溶かしたり。ああ、考えただけで動悸が起きてきます。いや、処理業者さんは何も悪くないですよ、ひとえに編集者の力不足によるものなのです。救いなのは現在では断裁処理をしたほとんどの返本はリサイクルされ、再度新しい紙として生まれ変わってくれることです。……………

約物

編集者にとって避けては通れない宿題が、約物《やくもの》の名称の記憶と使用法。(「 」) かぎかっこや (･) ナカグロ・中ぽつや (‰) パーミルなど、普通発音はされないけれど文章に意味づけをしたり、慣用的に使われたり、単位量を表したりする記述記号の総称です。区分を紹介すると、《くぎり符号》《かっこ類》《つなぎ符号》《しるし物》《アクセント記号》《学術記号・商用記号類》《踊り字類》などとなります。使用方法は出版社によって、あるいは書き手によって違いがあるので省略しますが、ここではマニアックな用語集らしく、ちょっとマイナーな約物たちの名称や読み方をごく一部だけ紹介します。

《くぎり符号》:(⁈) ダブルだれ・両だれ、(＼) バックスラッシュ・逆スラ、《かっこ類》:(《 》) 二重括弧・二重パーレン・ふたえ括弧、(" ") ちょんちょん・ダブルミュート・ノノかぎ、(“ ”) ダブルクォーテーション・二重引用符・ロクロクキュウキュウ、({ }) ブレース・波括弧・こうもり、《つなぎ符号》:(゠) 二重ハイフン・ダブルハイフン ※イコール (＝) とは別、(‥) 二点リーダー・てんてん、《しるし物》:(‡) ダブルダガー・二重剣標、(&) アンパサンド・アンド、(〽) いおりてん・歌符号、(♨) 温泉マーク・逆さクラゲ、《アクセント記号》:(`) グレーブアクセント・抑音符、(˜) チルダ・ウェーブ、(ˇ) ハーチェク・ウェッジ・キャロン、《学術記号・商用記号類》:(♂) 雄記号・マスキュラ、(♀) 雌記号・フェミニン、(Σ) シグマ、(®) 登録商標・レジスト記号、(＃) 番号符・ナンバー記号・井桁・ハッシュ・パウンド ※シャープ (♯) とは別、(ゟ) より ※「よ」と「り」の合字、(℅) ケアオブ・気付 ※care ofの略、《踊り字類》:(〃) ノノ点・同じく、(ゝ) 一の字点・一つ点、(々) 同の字点・漢字返し・ノマ、(〻) 二の字点・ゆすりてん、などなど。ああ、クラクラする。

もちろん全てを覚える必要はないのですが、基本的なところはおさえておかないと思わぬところで大恥をかくことになり〼。……………

セキリョウ

編集の仕事をしたての頃、著者から泣きそうな声で「セキリョウでお願いします、あとはそちらにお任せします……」と電話で報せを受けたことがあり、「ああ、自分の文章を手放すのはとてもさびしいことなんだ、でも、色んな事情があって他人に任せるしかないことだってあるんだ。うんうん、セキリョウ感ありますよね、いいことばだなあ」とひとり感慨にふけったことがありましたが、もちろん「寂寥」の意味ではなく「責了」、つまり責任校了のことで、泣きそうな声だったのも、「わたしはもう疲れが限界で一文字も見られません。あとはあなたに任せます。間違いが起こらないと信じています」という、いわば最後のバトンを渡されたわけであって、「いいことばだなあ」なんて呑気なことは言ってられない、著者の血と汗と涙の結晶を受け取ることだったんですね。…………

ひらく

校正の段階などで、漢字をひらがなにすることを「ひらく」と言います。なぜこのように言うのかは分かりませんが、語感がとてもしっくりきますし、ひらがなの「ひら」と同訓でこれ以上ない動詞だと思います。読みやすさを考慮してのことはもちろん、読者対象に応じて使い分けたり、語感を強調したい時や口語的な息づかいを残したい時などにもひらきます。強者《つわもの》になれば、紙面を見たときの白っぽさ黒さっぽさを調整するために漢字をとじたりひらいたりしているとか。

はなしはそれますが、「ひらく」と読める漢字は想像以上に多いことをご存知でしょうか。「拓く」「披く」「拆く」「発く」「易く」「挨く」「啓く」「發く」「開く」「辟く」「墾く」「擺く」「闓く」「闢く」「攤く」などなど、実際にはもっとあるようです。それぞれの漢字を見るとおおよそ何を意味しているのか想像がつきますが (つかない漢字もありますけど……)、これほど日本語の「ひらく」には多様な意味や観念やイメージが内包されてるのですね。とても豊かな文字表現だとは思いますけど、ちょっとは校正する身にもなって欲しいなと思う気持ちも、なくはありません!……………

白焼き

「今から急いでシロヤキを持って行きます!」と印刷会社さんから連絡を受けた時のこと。これもまだ仕事したての頃のはなしで、「なぜにうなぎを⁉　突然の陣中見舞いか⁇」と勘違いしたことは今になればほほえましいはなし、と、言っていいものかどうか。われわれの業界での「白焼き」とはホワイトプルーフとも言い、印刷する前の最後の段階、これで印刷しますけどいいですね?　本当に

いいですね？　あなたがオッケーと言ったらこれがそのまま製品になるんですよ、という最終確認、最後の審判用の校正紙のことで、「よし、いっちょうなぎでも食べて精をつけるか」なんて言ってるどころではないのです。もちろん、うなぎの方はシラヤキでした。……

数字問題

問題です。【Q1】国内の出版社数は？【Q2】そのうち、所在数第2位の大阪には何社ある？【Q3】国内における1年間の新刊書籍の「出版」点数は？【Q4】では、国内における1年間の書籍の「販売」総冊数は（雑誌除く）？【Q5】全国に在る新刊書店数は？【Q6】全国に在る公共図書館の数は？

答え【Q1】3,434社（2017年3月「出版年鑑」出版ニュース社）。出版物を刊行していない会社もありますので、実質的な数字はもう少し下がります。【Q2】137社（同）。第2位でも全体の約4パーセントにしかなりません。ついで第3位京都115社、第4位神奈川78社となります。当然1位は東京で、日本国内にある出版社の実に76.8パーセント（2,636社）が所在しています。【Q3】80,048点（平成27年、総務局統計局）。平均すると1日に約200点以上の新刊が出ている計算になります。【Q4】6億4,461万冊（平成27年、経済産業省）。平均すると1日に約180万冊売れているということになります。【Q5】12,526店（平成29年、日本著者販促センター）。この数字には営業所や外商のみの書店も含まれているので、実数としては1万店舗を割っている可能性もあるようです。【Q6】3,292館（平成29年、日本図書館協会）。全館の蔵書総数は約4億5,000万冊。国立国会図書館は3館在り（東京本館・分館、関西館、国際子ども図書館。行政・司法支部図書館は除く）、蔵書総数は約1千500万冊です（平成27年、総務局統計局）。…………

へんたいがなといたいじ

「変態仮名」と「痛い字」。そうこれがやっかいな文字たちで、変態的な動きをする仮名や、すぐにおいたをする文字がある……わけはなく、しかし、そう遠からずなのも事実ですが、日本語の文字表現の歴史と多様性と創意工夫が垣間見られる、おそらく古本・古書を主食とするムシたちの好物なのではないかと思います。もちろん正しくは「変体仮名」と「異体字」。変体仮名は今ではほとんど使われなくなったひらがなで、たとえば「a」という音はその昔、少なくとも4つ以上の異なった漢字を母字（崩す元となる漢字）としたひらがなで書かれていました。現行の「あ」は漢字「安」を母字としていますが、そのほかに「阿」の「𛀄」、「愛」の「𛀃」、「悪」の「𛀅」などがあります。食べ物屋さんの看板などで「なんて読むんだろう」と迷うことが時々あるかと思いますが、多くがこの変体仮名が使われているケースだと思います。一番よく見かけるのが「[illegible]」（楚者゛＝そば）でしょうか。お店で出される「御手[illegible]」（御手茂登＝お箸の「御手もと」）の「もと」も変体仮名が使われています。現行のひらがなの母字で「おてもと」を書くと「於天毛止」となります。

異体字は同じ意味・読み方を持つけれど字体の異なる文字群のことで、「本字」「旧字」「略字」「俗字」などに分けられたりもします。昔は同じ漢字のヴァリエーションがいろんな要因で生まれていました。手書きによる省略や個人差から生じたり、誤字がそのまま定着したり、看板用に装飾したり、遊び心で改変したり。そんな混沌とした漢字状況を整備すべく、昭和21年に制定されたものが当用漢字（のちに常用漢字）で、その多くは新字体としてかなりの簡略化がなされています。現在異体字と呼ばれる文字群はこれ以降紙面から徐々に姿を消していき、現在では人名や地名や一部の看板などでひっそりと息をしているのでした。文字も淘汰の歴史を歩むとはいえ、ある日突然「痛い字」扱いされるとは、少しかわいそうになってきます。

変体仮名や異体字を楽しめるようになると、古書の世界は今より何倍も美味しくて高カロリーな餌場としてムシたちの目の前に広がることでしょう。なんて、常用漢字もおぼつかない筆者が言えたものではありません。………

文字化け

本書の中でも語られているように、古今東西、編集者が恐れ続けているのが「誤植」です。「紙面を見れば誤植が青白く光る」と豪語する手練《てだ》れの校閲者をもってしても侵入を許すことがある「ウイルス（本書200頁）」。現在では文字入力作業のほとんどをコンピューターで行いますので、誤植も正確に言えばタイプミスや変換ミスで起こることで

あり、人為的ミスであることは変わりませんが、その責は主に書き手側や校正者側にあります。コンピューター以前、それこそ文字を植えていた頃は文選工さんや植字工さんの正確性に依《よ》るところが多かったと推測します。

その代わりに今日において新たなウイルスとして出現したのが「文字化け」です。ときどきメールの文章やテキストファイルを開けると「縺ｨ縺阪←縺阪｢繝ｼ繝ｫ縺ｮ譁?ｫ?繧?ユ繧ｭ繧ｹ繝医ヵ繧。繧、繝ｫ繧帝幕縺代k縺ｨ」のような文字列が現れて何かの呪い文かとびっくりすることがありませんでしょうか。これは文字の入力コードと出力コードの違いで起こる現象のようで、直前の文章「ときどきメールの文章やテキストファイルを開けると」が化けた結果です。化けるのでウイルスというよりは、「ゴースト」と言ったところでしょうか。欧米ではあまり起こり得ない現象なので、そのまま「MOJIBAKE」で通用すると聞きます。

このゴーストさんが上記のように文字列として連なっていれば発見も容易なのですが、一文字などで現れるときが怖ろしい。特に、白焼きの時に出現するゴーストさん（リッピングというデータの書き換え処理をする際に発生するエラーの一種）は、何万字の中の一文字なので、さながら森の中の木の葉、死体の山の中の死体と言えなくもない。現在では処理技術も向上して「白焼きのゴーストさん」にはめったにお目にかかれなくなりましたが、それでもとにかく化けて出ないことを神仏に祈りながら、日々校正紙に向かうのでした。‥

おわびをわびる

パソコン入力が当たり前になった今でこそ聞かなくなりましたが、ひとむかし、いや、ふたむかし前の誤字「あるある」として、刊行物の誤字脱字や事実誤認に対して入れる「正誤表」や「訂正文章」の、「おわび」の漢字を「お詫び」としてしまい、さらにそれを追加で「詫びる」ということがあったそうです。編集者としてはまったく笑えない笑い話として先輩から語り継がれています。どうかこの本では「詫びる」ことがありませんように。いわんや「詫びる」なんてことは。…………………

日本図書コード

現在新刊書店で販売されているほとんどの書籍の表4（裏表紙）には、ISBNから始まる13桁の数字とCから始まる4桁の数字、そして¥から始まりEで終わる3〜5桁の数字が記載されています。これらアルファベットと数字のセットをまとめて「日本図書コード」といいます。ISBNはInternational Standard Book Number＝国際標準図書番号であり、C番号は本の分類コード、¥〜Eは価格コードとなります。この英数字のセットには「どこの国」の「どの出版社」の「どの書名」であり、「販売対象」は誰で、「発行形態」はどのようなもので、「内容の主題」は何であるか、そして最後に「価格」はいくらであるかという情報が入っています。あまり規模の大きくない出版社のものであれば、この本がその出版社の通算何番目の刊行物かもおおよそ分かります。なのでときどき、あまり聞いたことがない出版社名だなあと思ってコードを見てニンマリすることがあります。「ほほう、2冊目の書籍がこれかあ。こりゃまたおもしろい出版社が出てきたなあ」なんてね、えらそうですけど。…………………

編集

編集者として仕事をしていて時々、「編集とはなんだ？」と思い悩むことがあります。字引にあたっても「一定の方針に従って資料を整理し、新聞・雑誌・書物などにまとめること」とあるだけで、「そりゃそうだ」で終わってしまいます。しかし、編集業務のふとした瞬間に、上記の疑問が頭をよぎるので漢字の意味を調べてみたところ、何となくですが腑に落ちたのでした。

「編集」は本来「編輯」と書き、「集」は当用漢字導入の際に音が同じで意味もだいたい同じだからと置き換えられた字で、「輯」は、あつめる、あつまる、やわらぐ、おだやか、むつまじくする、おさめる、とりおさめる、縫い合わせるなどの意味があります。解字としては、「車（くるま）＋咠（シュウ）」の形声、人や物を寄せ集め乗せる車の意。旁《つくり》の「咠」は、「口（くち）＋耳（みみ）」の会意文字で、耳に口をよせてささやくことを意味しています。

つまり編集とは、著者の耳元に口を寄せて「先生、あともう少しです」と囁《ささや》き、纏《まと》めて縫い合わせて斂《おさ》めて編んで、著者の文章に最も睦まじく、寄り添い続けることなんだろうかと。当面は、これでいきます。………………………

書店の棚

01 青木まりこ現象 028
02 この本、ありますか? 041
03 まぼろしの本 043
04 カバーおかけしますか 045
05 埃 047
06 装丁で並べる 051
07 客注台帳 058
08 検索 062
09 みつからない 064
10 スリップ 065
11 本屋で本は読めるか 224
12 猫を抱いて本屋になる 226
13 本を包む 227
14 オンラインショップ 231
15 棚出し 235
16 面陳 237
17 本屋と子ども 239
18 座り読み 240
19 本屋で一人きり 244
20 ちょっとした偶然 246
21 品揃え 286
22 変な配置 288
23 本ではないもの 290
24 町の本屋 306

古本の棚

01 掘り出し物 078
02 インターネット 106
03 消しゴム 112
04 紙袋の判子おし 113
05 汚れ落とし 115
06 紙魚 117
07 値札 122
08 買取り 123
09 店猫1 127
10 半世紀前の未来とは? 156
11 古い観光ガイド 158
12 本は泣いているか 214
13 一箱古本市 218
14 せどり今昔物語 256
15 帯と函 258
16 ネット古書店 260
17 ききめ 262
18 ツブシ 264
19 店猫2 291
20 記憶の底の古本屋 300
21 蟲の字 303
22 野球場内にあった古本屋街 310
23 格上げ本 311
24 白い本・黒い本 312
25 古本の埃 313

読書の棚

01 全部読んだんですか? 016
02 失われた時を求めて 017
03 たいせつなことは目に見えない 030
04 読書会 032
05 バラエティブック 090
06 詩人とミステリー 092
07 おすすめの本 138
08 ご当地小説 140
09 点と線 142
10 ライト・ヴァース 148
11 漫画が教えてくれた 150
12 児童書だってバカにできない 152
13 日めくり本 154
14 たのしみは 187
15 本屋と喫茶 250
16 再読率 268
17 マタイ効果 270
18 背表紙 272
19 電子書籍 274
20 木山捷平案内所 297
21 本のページを開く日 321
22 読書の守護神 330
23 本とつきあう法 332

列伝の棚

01 SM 035
02 ショトン 037
03 活字中毒の漫画家 080
04 倦怠感 082
05 小さな町にて 086
06 ジンクス 088
07 理想の住まい 102
08 本を食べる 178
09 天才美少年詩人 183
10 スーパー読書 185
11 本の行商人 216
12 本の友 276
13 「本の虫」名言集 326
14 本の運命 328

本の虫の本棚

この本に出てくる項目を、それぞれの棚に並べてみました。

本の虫の習性と苦悩。読書の愉悦、書物への偏愛。書店や古本、出版の世界。そして本の虫の強者ども……。

気になる棚から順番に読むのもいいですし、目に留まったタイトルを気まぐれに抜くのも楽しいですね。

どうぞ、ご自由にお楽しみください。

習性の棚

01 犬耳する……012
02 つんどく……013
03 小脇にはさむ……015
04 本で喧嘩する……034
05 檸檬……049
06 夢にみた本……055
07 本を贈る……056
08 蒐集癖……070
09 雨の日……084
10 手持ち無沙汰……130
11 同じ本を何冊も買う……132
12 本の夢……134
13 ティッシュボックスの空き箱……135
14 スクラップブック……136
15 自作の索引・人物紹介……144
16 本占い……180
17 はしご健康法……254
18 単行本……324

苦悩の棚

01 本の山に埋もれて……072
02 整頓……074
03 イン&アウト……076
04 倉庫問題……108
05 店番危機……110
06 腰痛……119
07 本屋の匂い……125
08 トムとジェリー……209
09 本棚崩壊……211
10 受贈本……213
11 百冊……220
12 本屋泣かせの本……233
13 書物の敵……266
14 古書の壁……278
15 本と水……282
16 組合未加入……284
17 ビニカバ……315

偏愛の棚

01 古本はチョコレートの匂い……025
02 新刊はゆまりの匂い……026
03 不良な本……053
04 アクセサリーとしてのポケミス……146
05 フィロビブロン……181
06 ブック・マン……188
07 スピン……190
08 ジャケ買い……191
09 √2矩形……194
10 文月……202
11 本の木……204
12 空飛ぶ本……205
13 スクラップ・アンド・ビルド……207
14 フリーペーパー……229
15 ZINE……242
16 自装本……317
17 豪華本・限定本……319

出版の棚

01 自転車操業……020
02 たった一度の広告……020
03 作家……022
04 エヴリマン……023
05 靴跡……040
06 倉庫さらえ……060
07 文芸編集者……094
08 修練……096
09 作家の不遇時代……098
10 別名……100
11 ゲタとイキ……196
12 四百字詰原稿用紙……198
13 不注意な遺伝子……200
14 小さな出版社……248
15 自著……295
16 編集者……322

本《ほん》の虫《むし》の本《ほん》

2018年8月20日 第1版第1刷発行

著者

林 哲夫

能邨陽子

荻原魚雷

田中美穂

岡崎武志

イラストレーション

赤井稚佳

発行者

矢部敬一

発行所

株式会社 創元社

http://www.sogensha.co.jp/

本社

〒541-0047 大阪市中央区淡路町 4-3-6

tel. 06-6231-9010(代) fax. 06-6233-3111

東京支店

〒101-0051 東京都千代田区神田神保町 1-2 田辺ビル

tel. 03-6811-0662

装丁・組版

納谷衣美

編集協力

松本久木

印刷

亜細亜印刷株式会社

ISBN978-4-422-93079-4 C0095

創元社の本

読む時間

アンドレ・ケルテス 著
渡辺滋人 訳
Ａ５判変型・上製・76頁・本体２２００円

二十世紀で最も重要な写真家の一人アンドレ・ケルテスが、一九一五年から一九七〇年まで世界各地で撮影した「読む」ことに心を奪われた人々の姿を集めた小品集。谷川俊太郎氏の巻頭詩付。

スティーヴ・マッカリーの「読む時間」

スティーヴ・マッカリー 著
渡辺滋人 訳
２２０×２９５ｍｍ・上製・１４４頁・本体３６００円

著者は、ナショナルジオグラフィック誌の表紙を飾った「アフガニスタンの少女」で有名な写真家。さまざまな国、年齢、性別の人々が読むことに没頭する束の間を捉えた写真集。アンドレ・ケルテスの同名写真集（『読む時間』創元社刊）へのオマージュ。